教養の歴史社会学

教養の歴史社会学

ドイツ市民社会と音楽

宮本直美

岩波書店

目　次

序章　ドイツの教養と音楽

第1節　教養というキーワード――ドイツの「市民」問題

「教養の〇〇」という書名は山ほどあるが、それはたいてい「教養として知っておきたい」という意味をこめて入門書の類に付けられているタイトルと言えるだろう。そのくらい教養という言葉は、日本ではごく普通の単語として流通しているが、その原語である Bildung は、実は他言語に翻訳するのが難しいドイツ独特の理念として知られている。この理念がその社会を特徴づけるような役割を果たした時期があった――一九世紀前半、いわゆる三月前期のドイツである。とりわけプロイセンの首都ベルリンが主導し、徐々にドイツ全土に広がることになった「教養」をめぐる諸現象は、それ以後二〇世紀になっても社会的に大きな影響を持ち続けた。その中から生まれた「教養ある市民 Bildungsbürger」という概念は、現在のドイツにおいてもなお、「知識人」とはまた異なり、どこか高尚なイメージをまとって存在している。「知識人」に相当する言葉は西洋各国にあるが、Bildungsbürger に相当する言葉は見当たらない。

本書はこの教養という独特の理念に焦点を合わせ、それが一体何だったのかを、「市民」あるいは「ドイツ」という名でまとめられていく共同性との結びつきの中から明らかにするものである。

教養理念と共同性――この結びつきは唐突に見えるかもしれない。この問題意識の前提として挙げておきたいのは、ノルベルト・エリアスの言明である。彼は、ドイツ語の「文化という概念には、「一体われわれの特性とは何か」と繰り返し問わなければならなかった国民の自意識、政治的並びに精神的な意味における自らの国境をつねに新たにあらゆる面で求め、そうしてまとまっていなければならなかった国民の自意識が反映している」[Elias, 1969a = 1977 : 71]と述べている。彼が「文化 Kultur」を取り上げたのは、フランスに対するドイツ性を浮き立たせるためであったが、私はここで、両国の対比よりも、ドイツにおいては「ドイツとは何か」という問題が止むことがなかったというエリアスの見方に目を向けたい。文化という概念に対するドイツ人たちの「感情的な価値」[Elias, 1969a = 1977 : 72]への指摘は、私の問題意識と密接に関わる。本書が対象とするのは、教養という理念のもとに編成されてゆく市民たちの、そしてドイツ人の共同体意識である。この一見したところでは市民の共同体意識やナショナルな共同性とは結びつきそうもない「教養」が、それらといかに関係していったのだろうか。

エリアスの主張では、ドイツ人と文化理念とが密接に結びついていたことは述べられていても、両者がいかにして結びついていたのかは論じられていない。それを論じようとするのが本書である——ではなぜ「文化」ではなく「教養」なのか。これらの理念の歴史的な意味については第一章で検討するが、さしあたっては、一九世紀に両者はほぼ同じ意味を持つようになっていたことに触れておこう。エリアス自身も「「文化」の理想と教養の理想は……以前から兄弟関係にあった」[Elias, 1969a = 1977 : 79]と述べており、その「文化」論の典拠として挙げられている資料には、教養論も数多く含まれている。それでもエリアスが特に文化理念を強調するのは、彼の立場が、特にフランスの「文明 civilisation」概念との対比によって一層明確に浮かび上がるドイツ的なものを想定しているためである。彼の注目する文化 Kultur とは、この対立図式の上に乗ってこそ立ち上がるドイツのアイデンティティに関わっているのであり、その意味では Kultur は対フランスという構図によってすでにドイツ的色あいを帯びている。一九世紀にはほぼ同義であった教養の理念は、後に同じようにドイツ色が課せられるものの、Kultur 理念よりも早く注目され、ドイツ的なものにまだそれほど結びついていない段階の歴史概念として取り出すことができる。教養理念はナショナルなものである以前に、新人文主義の地盤を持っていたことは強調しておかなければならない。そして Kultur 理念の一九世紀的な意味も教養理念への参照なしには考えられない。一八世紀末から改めて脚光を浴び、その後二〇世紀に至るまでドイツ社会において スローガン的な役割を果たした教養の理念は、一九世紀のドイツを読み解く重要な鍵である。そして「文化」ではなく「教養」に照準する際には、その担い手として「ドイツ人」を想定する前に、「市民」を置く必要がある。教養理念を扱うということは、すなわち「教養市民層」と呼ばれるカテゴリーを扱うことになるのである。

1　教養という言葉の意味——ニーチェ的教養とゲーテ的教養

ここで注目する「教養」について、はじめに簡単に述べておくと、それはドイツの「市民」たちが自己定義を試みつつ展開した文化活動の中で、絶えざる発展と人格形成という抽象的な意味で繰り返し用いられたものであった。本書は、具体的な定義をむしろ拒むような傾向を教養理念の特質と捉え、それ自体がドイツ的「市民」にとっても重要な意味を持ったことを明らかにした上で、さらにそこから「ドイツ」に対する信頼が招かれるメカニズムを展望する。

このような新人文主義的教養理念を仮に「ゲーテ的教養」と呼ぶとすれば、それと区別されるべきものは

「ニーチェ的教養」と呼べるかもしれない。ニーチェの教養俗物批判やその後の教養主義批判の方が注目されることが多かったが、それは教養主義とナチズムの結びつきのゆえである。教養市民層研究もまた、これまではナチスとの関係という問題意識の中で行われることが少なくなかった。しかし本書は、ドイツのナショナリズムそのものを扱うのではないし、教養主義とナチズムの関係に関心を寄せるものでもない。本研究とナショナリズム論との関係を述べるなら、むしろ結論を導いた後に、その遠く彼方にナチスへとつながることを示唆するものである。

多くのドイツ・ナショナリズム研究は確かに、ナチスを準備した様々な状況を仔細に教えてはくれるが、ドイツ人たちが「ドイツ」というもの——それは国家の名称でもあり、国民の名称でもあり、民族の名としても使用され、領土のことでもあり、そしてそれにとどまらない「ドイツ的なもの」すべてを包含する、まさにそれ自体一つの理念なのだが——に特別な思いを込めていたことを説明するには十分ではない。経済問題や失業問題がナチスにつながったとしても、なぜそれが「ドイツ」への特別な思い入れを伴ったのか？　それをナチスの大衆宣伝による効果だと答えれば事足りるほど、事態は表層的ではない。民主化の失敗や政治的な未成熟もまた、「ドイツ」への思い入れを十分には説明しない。従来の説明の中では、一九世紀ドイツのヨーロッパにおける後進性、劣等感や第一次大戦の敗北という論点の方が、人々の「ドイツ」へのこだわりを解く鍵を秘めているようにも考えられるが、劣等感がそのまま「ドイツ」への思い入れに重なったという説明は、見当違いとは言えないまでも単純に過ぎ、奥に潜む重要な問題を掬い損ねている。本研究が教養という理念に注目するのは、「ドイツ」へのこだわり、言い換えれば「ドイツ的なもの」への信頼や思い入れの構造を読み解くためである。

「ドイツ」に対してそのような得体の知れない思い入れがあったことを示している例が、先に挙げたエリアスの言葉である。文化 Kultur という概念にドイツの自意識をこめていたと、エリアスに感じさせたものは何だったのだろうか。またたとえばヘルムート・プレスナーが、ドイツのフォルクという概念には独特の情念（パトス）が込められていると述べたことにも、同じ問いを立てることができる。それは単に民族という分類記号として機能していたのではなかった。そこには「パトス」と呼び得る何かが込められていたと、やはりプレスナーに感じさせていたものがあったのである。

2　ドイツの市民層問題

ドイツにおける教養の理念に焦点を合わせるときに、中心的な論点となるのは市民層問題である。ドイツ市民層の一九世紀における特異な事情ゆえに、教養という理念は他の国や地域では見られない特別な価値を与えられることになった。このことは、教養市民層 Bildungsbürgertum という用語に示されている。

教養市民層という用語は、一九世紀から二〇世紀初頭までのドイツを語る上で不可欠な概念としてすでに定着している。この用語は、一九七〇年代および八〇年代に展開されたドイツの「特有の道」論争を経て、改めて国際的に注目を浴びることとなった。ドイツがナチスを生み出したのは、特殊な事情によるものなのか、あるいは他の地域でもあり得たのか——その特殊性を強調する手段として、イギリス・フランスなどの西欧諸国の「普遍的な」市民社会のあり方と、それが不十分であったドイツという図式がしばしば使われた。ドイツにおける市民社会の未成熟、市民性の欠如、市民層の脆弱さといった点にドイツの特殊性が見出されるにつれ、ドイツは自国の市民社会の歴史を再点検する必要性に迫られるようになる。そのための一つの重要な研究プロジェクトは一九八六年から一九八七年にビーレフェルト大学に置かれた「市民層・市民性・市民社会――ヨーロッパの比較における一九世紀」という学際的研究グループの事業である。ドイツ市民社会についての多角的な歴史研究が進められる中、教養市民層という概念は、ドイツに独特のものとして一つの焦点となった。

国際比較を十分に視野に入れた研究プロジェクトの中から、ドイツ独特のものとして何度も立ち現れてきてしまう教養市民層という概念は(1)、ドイツ近代史の重要な領域を確立した。本研究も、この八〇年代以降の教養市民層研究を土台としているが、特にビーレフェルト学派の成果を出発点としている。

この研究プロジェクトはユルゲン・コッカによって進められたが、実際には幅広い分野から数多くの研究者が集められ、それぞれの専門性を生かした研究が発表されている。しかしその多様性にもかかわらず、ビーレフェルト学派において目立つ共通の立場は、それまでの歴史研究が歴史上の市民層の「実体」を明らかにしようとしたのに対して、市民層とは誰だったのかという「実体」の確定を保留しながら教養市民層の考察を行うというものである。「実体」の確定の代わりに提示されたのは文化への注目であった。

ビーレフェルト学派が教養市民層研究の重要な立場として文化的なものへの注目したことには、ドイツ史における市民層の事情が大きく関わっている。ドイツの市民社会を考える上での困難は、実体としての市民層の曖昧さと、それに対して市民というカテゴリー自体のある種の明瞭さとのずれであったと思われる。ドイツにおいては市民層の定義が失敗することは、コッカによって強調されている[Kocka, 1988＝2000 : 7]。とはいえドイツにおいては市民層の定義が難しいという、現在では当たり前の認識は、ドイツに独特の事情とは言い切れない。なぜなら、それはドイツだけの問題ではなく、イギリスでもフランスでも、歴史的に「市民層」の「実体」を確定することは難しいからである。定義が困難であるとすれば、市民層というカテゴリーを分析に利用することは適切ではないかもしれない。この点で、私はコッカの指摘に注目したい。

コッカは北欧においても、英米においても、「市民層」自体が、あるいは市民層一般が研究テーマを構成することはほとんどないと述べる[Kocka, 1988 = 2000 : 7]。英米における「中産階級」も、それがテーマ化されることはわずかで、そこにおいても、ビジネスマン、専門家、官僚などの異なる職業集団をまとめて扱うことはなく、一括する場合はエリートあるいは上層階級として語られるとしている。ヨーロッパ近代を語る用語として「市民社会」がこれほど多用されるにもかかわらず、各国の歴史学において市民層というカテゴリーが中心的な位置を占めてはいないというコッカの指摘は意外に見えるが、それは市民層カテゴリーを歴史の実態から定義するのが困難であるという事情の反映であると理解することもできよう。しかし、ドイツではそれでも、市民層がテーマ化され続けた。言い換えれば、研究者がいかに操作的に、あるいは厳密に定義しようとしても失敗し続けてきたにもかかわらず、それでも市民層というカテゴリーにはこだわらざるを得ないのである。私はこの事情を次のように理解しようと思う。すなわち、ドイツにおいては「誰が」市民であったのかは分からないにしても、人々にとって「市民(であること)」――つまり実体ではなく理念――が重要であったことは確かであると。このことが、ドイツ史の研究者には、たとえば職業集団ごとの個別研究を行うだけでは済まず、市民層をテーマ化しなければならない事情があるということを示しているのではないだろうか。

ビーレフェルト学派は、市民層というものを扱わざるを得ないドイツの事情を明らかにしていない。ただ、歴史的実体をできるだけ精確に明らかにしようとする従来の歴史研究の姿勢に対して、市民的な生活態度、価値観、交際などの、市民的な文化を「市民性」として注目するよう提案した(2)。「市民」なるものの共通項を、対象の属性にではなく、共通の生活様式に見出したのである。そこで問題となるのは、市民とは誰かではなく、どのようなものが市民的と捉えられたのか、というものである。市民層自体ではなく、市民的な生活・文化を史実として、あるいは社会的事実として見なそうとするビーレフェルト学派の立場は、市民層という特定困難な実体を保留した上で市民層研究を先に進めることを可能にした。

私はその立場を継承し、市民層という実体の特定を留保したまま、教養という理念を通じて「市民であること」とはどのようなものであったのかを明らかにしようと思う。

先に述べたように、私は、ドイツにおいては誰が市民であるかが明らかにできないのに、市民であることは重要であった――それがドイツにおいて「市民層」を問わざるを得なかった一要因であろうと考えている。ドイツでは「市民」という理念自体が人々に重要な問題だと意識されていたのであり、だからこそ英米のような個別の職業集団として市民を捉えきれなかったのではないだろうか。そして、「市民」なるものを想定するときに不可欠な指標となったのが「教養」だった。教養という理念は、市民的な価値観、市民的な文化に含まれるものであり、しかも市民的であろうとするときに必須の理念であった。つまり目指される市民とは教養市民層に他ならなかった。市民的な文化に注目するビーレフェルトの個別研究は、文学を扱うにせよ、旅行を扱うにせよ、その他種々の慣習を取り上げる場合にも、いずれも「教養」という概念を前提としている。そのことがまた、当時の様々な市民的な生活において教養への志向が根底に貫かれていたことを表している。現象の表面に現れる行為には、常に教養の理念が控えていたのである。

その教養の理念を理念としての水準で捉え、そこに内在する論理を解明することが本研究である。従来の教養市民層研究における様々なアプローチに対して、本研究が付け加えるのは、教養という歴史的理念がドイツ社会にどのような現実的な帰結をもたらしたかという問いに対する新たな見解である。

3 「教養市民」と音楽

理念としての教養を分析するにあたって、教養市民層研究への本研究独自の視点として加えるのは音楽芸術Musik/Tonkunstである。

一九世紀当時の教養思想の中では、様々な活動と並んで音楽活動も行われたことに異議を唱える者はないだろうし、その意味で教養理念と音楽芸術が近いところにあることは周知の事柄であり、実際、教養市民層研究の中でも、音楽に関する個別研究は盛り込まれてきた(但し、それが文芸のような他の芸術分野と比べて極端に少ないという点は、念を押しておきたい)。ビーレフェルト学派が主導する市民的文化の考察の射程に、音楽もまた当然のように含まれており、当時の音楽活動が教養への志向性をもって行われたことは暗黙の前提になっているとさえ言える。しかし私が音楽を取り上げるのは、単に音楽が教養活動の一つとして配置されていたと捉えているからではない。むしろ、具体的な現象としては教養の一つであったかもしれない音楽が、「教養」を考察する上で重要な意味を持っていると考えている。

文化領域に目を向けた個別研究がしばしば向かう議論の筋は、一九世紀のドイツが文化活動によってナショナル・アイデンティティを構築していったというものである(3)。一九世紀におけるドイツ文学史の成立、美術・建築史、とりわけドイツ史の成立は、確かにドイツの文化的正統性を国家にも国民にもアピールするものとして機能していた。まだ政治的にも経済的にも遅れをとっていたドイツが文化的な優位性を誇示しようと立ち上がったのは事実であろうし、こうした活動の中にナショナルな言明を発見するのはたやすい。そして音楽もまた、他の文化領域に劣らず強力に、ドイツの優位性を強調しつつ立ち上げられた。

しかし私の音楽への視線は、そうした直接的にナショナル・アイデンティティの構築に資したという物語とは異なり、音楽が、その内在的な性格によってそうとは気づかない形で不可避的に、まさに意図せざる結果として教養市民を形づくったと考えるものである。ドイツとの関係性も、その延長上で捉えられる。つまり、ドイツ性を直接表明するような可視的な現象を考察するのではなく、一見ナショナリズムとは関係なさそうな次元で、音楽によってナショナルな意識の下地がどのように形成されたのかを論じることが本研究の意図である。ここで、教養の不明瞭性を最も顕著に示す音楽が、特に重要な分析対象として浮上するのである。

第2節　聖域としての音楽

1　自律性への信仰

(i) キャノン——偉大な作品群

私が教養理念と内在的な関係を持つと考える音楽の抽象性は、それを分析対象とするときに独特の問題を立ち上げる。音楽そのものをどのように扱い得るのかが、この種の研究の最初の壁となる。

そもそも芸術作品には独自の世界が完結しているのであり、芸術は社会から独立した世界を構成するという価値観、いわゆる芸術の自律性信仰があるが、これは一九世紀の近代美学が生み出したものであった。以来、美学、芸術学、音楽学はそれぞれ独自の分析と考察を重ね、芸術を扱うのはそれらの専門的な学問分野の特権となっていた。しかし徐々に文学作品、次いで美術作品の自律性神話を疑い、そこに潜むイデオロギーを暴露するような社会学的な研究が力を持つようになった。文学・美術におけるそうした傾向に対して明らかに遅れをとってはいるものの、音楽においても、近代美学的な自律性神話は疑われつつある。それを実践するのは、多義的ではあるが「音楽社会学」として位置付づられる研究である。

音楽社会学の個別研究においては、通常その序論において、従来の音楽研究すなわち音楽学のあり方が批判されている。音楽学は音楽の自律性をあまりにも強く前提とするために、それ以外の事象を全く顧みないことに異議を申し立て、端的には「自律性というイデオロギー」を社会学的考察の立脚点とするのである(4)。実際、この自律性への信念と、それを守ってきた従来の音楽学は、音楽芸術を至高のものとし、それ以外の事象を「社会」と総称することによって単純化する傾向にあった。そこでは、ある社会歴史的な文脈が背景として添えられることはあっても、それが時空を超えた価値を与えられている「作品」に本質的に関係づけられることはない。

この強固な自律性信仰を支えている最も大きな要素は、「キャノン canon」＝正典、すなわち偉大だと認定された作品群への信仰である。この語はすでに英米文学批評の領域では分析カテゴリーとして定着するに至っている(5)。内在的な価値を持ち、永遠の価値を持ち、それゆえに社会や時代からは独立のものとして聳え立つかのような人類の文化遺産と見なされるキャノンは、その存在自体が芸術の自律性の証と見なされてきた(6)。そうした作品は、その時々の社会の情勢に左右されることはないのであり、だからこそ永続性を持つのだという考え方である。しかしこの思想が神話でしかないことを、音楽社会学は主張し、立証してきた。音楽の専門的かつ特権的ディシプリンとしての音楽学および音楽美学が拠ってきたものとは、端的にキャノンと見なされる作品群である。「天才」による「偉大な作品」ばかりに目を向けてきた音楽史研究に反対し、そのキャノン作品に潜む政治性を暴こうとする動きは、文学批評の直接的な影響という事情からも、その先進国とも言える英米圏から生じた。この関心のもとでは、二流扱いされていた作品が取り上げられ、また当のキャノン作品がいかにして「一流」として崇められるに至ったかが洗い直される。

(ii) 音楽社会学

「音楽社会学」、あるいは音楽の社会学という問題領域は、社会学の誕生と共に発見されており、すでにオーギュスト・コント、エミール・デュルケム、ゲオルク・ジンメルによって言及されている。そしてマックス・ウェーバーの『音楽社会学』によって、この領域は一つの学問分野として確立したかに見えた。[7] 言わば社会学の大物に公的な市民権を付与された感のあるこのディシプリンは、しかしながら、その知名度ほどには統一性を持っておらず、対象、目的、方法のいずれを取ってみても、研究の数だけ音楽社会学があると言った方がよい。[8]

音楽社会学をディシプリンとして名実ともに確立するために、いくつかの試みがなされてきた。しかし、音楽社会学的な個別研究が積み上げられる一方で、そうした試みがある程度の共通理解を得て落ち着くということはなかった。その状況は、一九九〇年代になってもなお、音楽社会学の概説書において同じ主張が繰返されていることにも示されている。たとえばＭＧＧ(*Die Musik in Geschichte und Gegenwart*)新版の「音楽社会学」項目を執筆したクリスティアン・カーデンは、広く受容できるような包括的定義はないと述べている(9)[Kaden, 1997：1618]。

しかしこうした音楽社会学の言わば混乱状況にあっても、私は音楽社会学的関心の一つの共通目標は、キャノン神話の検討にあると考えている。確かに、ウェーバーが音楽への考察を加えた時には、キャノンの解体という問題意識はなかったであろうが、しかしその研究の意義はアルフォンス・ジルバーマンによれば「音楽経験のように明らかに内面的で、一見主観的な経験領域でさえも、社会学的に、ということはすなわち彼の合理化の概念によって取り扱うことができることを社会学的思想家に示唆した」[Silbermann, 1957＝1966：81]ことにある。これを私の関心に合わせて捉え直せば、音楽という対象に、従来の音楽学及び音楽美学以外の学問分野の関心と方法でアプローチすることを実践してみせたという点にこそ意義を見出すことができる。ウェーバーは個々の音楽作品を扱ってはおらず、キャノン自体に対する問題意識も表明してはいない。しかし、実際に行なったことは、キャノンとそれ以外の作品について共通にあてはまる「音の合理的基礎」についての考察であり、結果的にはキャノン作品だけが音楽研究の対象ではないことを実証してみせている。対象としての音楽をキャノン作品に限定しない立場は、キャノン作品の価値を信じることによって成立してきた音楽学と音楽美学への異議申し立てにもつながる(10)。その意味で、キャノン信仰そのものを検討の対象とすることは、音楽学および美学とは一線を画する音楽社会学にとって重要な関心の一つとなるのである。

しかしキャノン神話を解体しようとする作業は、実際には容易ではない。そこではまず「作品」の扱いが問題となる。キャノン神話解体の問題意識が文学研究や美術批評において先行しているのに対して、音楽研究が遅れている一因はここにあると考えられるが、音楽作品を社会学的に扱う難しさは、音楽作品を扱う専門知識的な難しさにある。音楽社会学においては、作品を中心に置けるか否か、すなわち作品を分析する知識とスキルを持っているかどうかが本質的な論点とされてきた。まさにこの資格の点でのみ、音楽学は音楽社会学において優位に立っていた。作品を扱えないということは、音楽を扱えないということであり、つまるところそれは音楽を通して社会を見ることも不可能というわけである。社会学者はこの点で、引け目を感じざるを得ず、それはまた、多くの音楽社会学的研究がいわゆるポピュラー音楽か民謡に偏り、しかも歌詞の分析に集中するという事態によっても証明される。もちろん、それはポピュラー音楽の普及度が現代社会における重要性を示しているためとも言えるが、市場レベルでは少数派にありながらも厳然と権威を持ち続けているクラシック音楽について十分な研究が行われたとは言いがたい。音楽についての専門的な知が独占され、それによって、音楽の専門家以外は手を出しにくい聖域が作られていることも、音楽作品の自律性信仰に寄与してきたと言えよう。[11]

ポピュラー音楽や民謡、西洋以外の伝統音楽については、音楽社会学の名にこだわる必要もなく、広く文化社会学の範疇で考えることができるし、またその方が実際に建設的でありかつ現状に即している。では西洋のクラシック音楽もそれと同じように捉えればよい——そういう見解もありえるだろう。多くの編著書では、そうしたジャンルを横断するような狙いを定めて実践している。たとえばスーザン・マクレアリは「本書の最もおもしろい点は、西洋／非西洋音楽、高尚／ポピュラー音楽の間の古くからのバリア意識を拒んだこと」[McClary, 1994 : xi]だと述べている。しかし、クラシック音楽もポピュラー音楽も同等に混在させて扱えばよいわけではない——正確に言えば、まだその段階には達してはいない。その段階に達するためには、クラシック音楽を扱う上で超えなければならないハードルがまだある。それが自律性信仰と不可分なキャノン神話である。キャノン作品への強力な信頼と信仰が厳然とある限り、クラシック音楽はその他の音楽とは別格の、特別の音楽として扱われ続けるのである。これが西洋の音楽芸術に特有の、重大な問題である。

2　分析対象となる「音楽」とは何か

音楽社会学は音楽作品そのものを扱えなければならない――この要請は、音楽社会学の入り口を狭めてきた強迫観念のようなものである。この問題についての論争の代表者はテオドール・アドルノとジルバーマンであった。争点となったのは、音楽社会学の対象である。ジルバーマンにとって、その中心的対象は音楽体験であり、音楽生産と消費の相互作用であり、音楽作品そのものは遠ざけておくというスタンスが取られた[Silbermann, 1957：72-74]。さらに言えば、「ジルバーマンにとって音楽的内容は音楽社会学の対象ではない」[Inhetveen, 1997：33]のであり、その立場は経験主義であった[Silbermann, 1957＝1966：86-87]。一方アドルノにとって音楽社会学の出発点かつ主要な対象だったのは作品であった。アドルノによれば、偉大な作品には真実があり、それは客観的精神の領域であるがゆえに、作品分析が客観的なものとされた(12)[Inhetveen, 1997：38]。

この二つの立場を調停しようとする姿勢は、たとえばゲルハルト・エンゲルの主張に見られる。「アドルノの作品解読を中間に置いて、経験主義的傾向と応用傾向とを配置」[Engel, 1990：38-41]するのが良いとするエンゲルの主張は、順当に理想的なものと言えるが、しかし私はここでも、作品への過大なこだわりを焦点化したい。これらの立場をバランスよく配置すればうまくいくという単純なものではなく、音楽作品自体を扱うか否かが音楽社会学を語るうえで、中心的な問題点になっているからである。

作品を分析することを求めるアドルノに安易に同調することはできない。すでにこれまで批判されてきたことだが、アドルノの立場はエリート主義的であり、様々な音楽を扱うとしながらも、結局のところ西洋の「偉大な」音楽作品にこそ「真実」があるという立場を取っており、キャノン作品を前提としている点は、私の立場として見過ごすことはできない。これは単にアドルノが個人的に考えていたというよりは、批判理論の一つの系譜にほぼ共通して言えることであり、特に大衆社会批判を行なった思想家たちが、管理され機械化された人間の救済の道を美的なもの、そして芸術に求めたことはしばしば指摘されている(13)。当時の社会批判が、その打開への道としての芸術と密接に結びついていた論理についてここで深く立ち入ることはできないが、芸術をある種の楽園として描く態度は、作品分析の技術的なハードルと併せて、音楽芸術の自律性を成立させることに寄与したと考えられる(14)。

だが、作品の中に社会学的な真実を見出そうとすれば、対象とする作品の選択が次の問題として認識されなければならない。すべての作品にそれぞれ真実があるとするならば、作品の数だけ社会が描けることになるが、だとすれば、ある同時代の同じ地域での社会の共通性をどこで確保するかが問題となる(15)。アドルノはもちろん、すべての作品を扱おうとしているのではなく、「偉大な作品」にのみその特権を認め、「客観的精神」を持つことが「偉大な作品」であるという、同語反復的な主張を行う。この点でアドルノの主張は根本から揺らぐことになる。どの作品が社会学的な分析に適しているのかが根拠づけられなければ、その後の綿密な分析の成果までもが無になる危険性もあるのだ。

音楽の価値を素朴に信仰する人々は目を背けるかもしれないが、キャノン作品は発表と同時に自然に偉大だと認められたのではなく、様々な音楽外的な条件によってキャノンとして仕立てられる。私は、いかにしてある作品がキャノンとなったかを分析することが、まさに音楽社会学の重要な課題の一つであると考えている[16]。これを問わずに、キャノンとされた作品だけを取り上げて分析することは、キャノンという結果から原因を論証する同語反復のようなものである。作品の分析を行う際にも、その対象作品が実際に置かれている文脈を考察しなければ、相変わらず超越的で自律的な芸術作品信仰の中にいるのであって、つまるところ、キャノン作品自体に社会が内在するとの前提から楽曲分析を音楽社会学の対象とするのは楽観的と言わざるを得ない。では楽曲分析が常に二の次であるかといえば、そうではない。キャノン作品に対する超越性や自律性信仰の根拠の無さを作品内部から論証する試みは、キャノンの社会的構築過程を明らかにするのと同様に、説得的である[17]。作品分析を行わずに、社会史的探求によってキャノン形成を論じても、作品そのものの内在的な価値への信仰は温存される可能性が高いからである。

社会的文脈の経験的な分析と作品自体の分析とを相補的に研究することこそが音楽社会学にとって不可欠である——との主張は平凡ではあるが、これを否定することはできない。但し、私が問題とするのは、両アプローチの非対称性、つまり、作品分析が優位を保ってしまうという現状であった。キャノン作品を戦略的に分析し、その政治性を暴く姿勢を取るマクレアリ自身は、ジェンダー変数を投入した成果として「ようやく音楽作品の内容と体験に到達できた」ことを挙げている[18]。確かに彼女たちは、音楽学出身者でありながら、ジェンダーという社会的カテゴリーを楽曲分析に採用した。だが彼女たちが賞讃するように、楽曲分析をすることで音楽の内容に踏み込んだとして、それは人々が音楽を聴くことと直結していると言えるのかどうかという問題が次に生じる。楽曲分析と解釈は、実際に人々が音楽を「聴く」体験と素朴に同一視してよいのかという問題が残るのである。音楽学者であれ社会学者であれ、作品分析をする研究者は多くの場合、このずれの有無を全く考慮に入れていない。

この重要なずれに注目し、心理学的な知見に基づいて興味深い実験結果を提示したのは、ニコラス・クックである。彼は、西洋音楽のトレーニングを受けた者とそうでない者とを分けて、その「聴き取り方」の明瞭な違いを明らかにした[19]。そして彼は美的な知覚がすでに予備知識に依存するような聴取を「音楽学的聴取」と呼び、単に直接的な美的満足のために聴くことを「音楽的聴取」と呼んで区別した[Cook, 1990＝1992 : 188]。従来のほとんどの音楽学も実験心理学も、音楽学的聴取を正統な聴取と捉え、それのみを対象としてきたことは、ここで強調されてよい。クックが言うように、「「ただ聴くこと」の直接性・自発性を積極的に評価することはけっして当たり前のことではなかった」[Cook, 1990＝1992 : 199]のである[20]。

ここでクックの説を取り上げたのは、音楽社会学は作品にも実際の聴取体験にも注意を払わなければならないと原則的な主張をするためではない。指摘したいのは、作品とその内容分析に対する過剰な期待から距離を置くことの重要性である。音楽社会学が、作品自体に踏み込めないハンディを抱えることがたびたび非難の対象になってきたことはすでに確認した通りだが、では踏み込むべき作品とその分析とは何か、ということから問わなければならないのであって、作品分析を主張する人々の多くはこの点を素通りしている。クックの説を真摯に受け止めれば、人々が聴いている音楽とは何かを反省しなければならなくなる。音楽の専門的な知とされる作曲理論に従って楽曲分析しつくしたとしても、それがそのまま聴取の体験であるとは言えないのである。したがって、キャノン作品の政治性を暴こうとする挑戦的なマクレアリでさえ、この点では「作品の内在的な力」を前提にしてしまうこととなる。

こうした複数の立場を鑑みて、私が提示するのは、音楽社会学の対象としての音楽は、ある社会において音楽と見なされているものだということである。決して作品自体、あるいはその代替物としての楽譜が音楽なのではなく、芸術的価値が高いと言われている音楽をそうと受け止めてホールで聴く体験、あるいはＢＧＭとして音楽を聴く体験などが、現実により即した形での捉え方であろう。この点では、私の立場は聴取経験を重視するジルバーマンと近いが、彼が「作品」をあえて遠ざけたのとは異なり、音楽と呼ばれているものとしての音楽作品、言い換えれば理念としての音楽をも射程内に入れることを加えている。この立場には、作品自体の神聖性や不可侵性への躊躇はない。社会的に重要なのは、キャノン作品であれ「二流」作品であれ、ある音響にどのような意味付与がなされているかということであり、文脈から独立した真空状態での純粋な音楽などあり得ない。この見方は社会学的には当然のことではあるが、音楽の自律性信仰、キャノン信仰があるからこそ敢えて強調しておく必要がある。

音楽をめぐる様々な現象が文化の一つであるならば、そこで時代・社会・ジャンルなどに応じていかなる意味付与が行われているのかを解明することが音楽社会学の主たる仕事となる。

「芸術」という概念もまた以前の思想家たちが救済の希望を託したような意味を失っており、日常的な使用頻度が高まった分だけ、その価値が消耗してきた感がある。クラシック音楽の世界でも、経済的な理由から客層を広げるべくポピュラー化路線への変更を実践するなど、従来の芸術音楽の堅苦しいイメージを払拭しようとしている。実際に芸術理念なくしてもクラシック音楽は受容され得る。しかしながら磨耗したかに見えるその場面においてさえ、この概念が引きずる残像の目に見えない機能を意識する注意深さが、少なくとも今はまだ必要であろう。その正統性の欠如を暴露して終わるのではなく、それでもなお維持されていることに対して、問いはまだいくつも立てられる。

そして従来音楽学との距離をうまく取れなかった音楽社会学は、「音楽を理解する」という音楽学の目標を共有する必要はない。社会学的な探求が目指すのは「音楽を理解する仕方」の解明であり、そこには様々な視角の可能性が考えられる。強調したいのは、ここで私は音楽社会学の目標を一つにまとめて共有しようとしているのではなく、音楽作品そのものを理解しなければならないという、芸術信念ゆえに掲げられてきた一種の強迫的な至上命題の放棄を提案しようとしていることである。これまでの躓《つまず》きの石とも言える芸術概念を無視するのではなく、その扱い方を慎重に吟味することによってはじめて、音楽芸術も非西洋の音楽と同じように文化の一形態であるという、文化社会学的な探求の出発地点を確立することができるだろう。

第3節　本書の構成

最後に、本書の展開を概略しておく。冒頭で立てた根本的な問いは、教養という理念に照準し、それが市民やドイツの名で表される共同性への信頼とどのように結びついてゆくのかというものであった。

教養理念を概念史的に考察するとき、この理念を説明するためにしばしば用いられた概念として、「市民」「市民性」「文化」「内面性」「非政治性」などが同時に浮かび上がる。もっとも、これらの概念が教養理念を説明したというよりは、その関係は錯綜しており、時にはこれらの概念が教養理念によって説明されることもあった。いずれの概念も境界を明確にするような定義がなされたわけではなく、かつ実際には教養理念との関係も相補的と言わざるを得ないが、これらは教養理念に注目したときに分かちがたく立ち現れる下位カテゴリーとして捉えられる。教養理念とこれらの理念とに共通して確認できるのは、具体的な把握を拒むという意味での非規定性である。教養の理念にも、教養を説明するための諸概念にも、この抽象性は大きな意味を持つことになる。

一方で、抽象的な教養理念には、どのような具体的な行為が伴っていたのかを明らかにしなければならない。ここでその例として取り上げるのが音楽活動である。その活動が「教養市民層」のものであったことは、ほぼ異論の余地のないものとして一般的には認識されているが、本書では主として属性によって仮定した教養市民層の活動としてではなく、あくまで教養という理念に実際に関わって展開されていた活動として、音楽領域に目を向ける。教養をめぐってなされた活動は、音楽に限らず、多方面の文化活動に確認できるが、これまで扱いの難しさから避けられてきたという理由、そしてそこに教養理念の論理を探るための重要な鍵があるという仮定に基づいて、音楽と教養の関係を重視する。教養をめぐる音楽活動の例として本書が考察するのは、アマチュア合唱運動、J・S・バッハの受容、音楽の言説活動の三つである。これらの音楽の諸活動からは、教養理念に見られたのと同様の非規定性がどのような信頼を招いたのかというメカニズムが解明されるが、教養理念にも応用しうるこの分析にとって、その対象としての音楽の価値はきわめて高い。後に検討するように、教養理念の非規定性が最も顕著に現れる具体的活動が音楽だからである。

ここで本書が実際に取る手続きを述べながら、全体の構成を予告しておこう。

第一章では、直接的な先行研究領域にあたるドイツの教養市民層研究の概要を述べる。教養市民層研究の成果から、本研究にとって有効な概念を揃えると共に再定式化し、そのうえで教養という歴史概念がどのようなものであったのかを分析する。

教養の実践的活動としての音楽活動を分析するのが第二章、第三章、第四章である。第二章は特に社会史的叙述部分が多くなるが、それは本書で重視するアマチュア音楽活動が、従来の音楽史においては表舞台には登場しなかったためで、当時の実際の活動をある程度詳細に記述する必要があるためである。音楽史的にも十分な注目を浴びてこなかった音楽活動を社会史的に述べた後、その現象について考察を加える。具体的には、教養とアマチュア合唱運動との関連性の解読である。

第三章では、市民性概念を検討するが、ここでの素材は一九世紀におけるバッハ復興運動である。この現象は音楽史的にもよく知られていることであって、本書において詳細に記述するまでもないが、ここでは従来の音楽史が見過ごしてきた要素をむしろ重視する。バッハの音楽的価値ではなく、市民性の問題を中心として、そこには音楽聴取の慣習が深く関わっていることを論証する。バッハ復興運動と聴取問題という、音楽史においてメジャーな問題領域を、これまでにない視角から再解釈をするのが第三章である。

第四章では、音楽の言語活動を考察する。一九世紀の音楽美学、とりわけ絶対音楽理念にまで昇華する純粋器楽の観念はよく知られているが、現在の音楽観を決定づけることとなった一九世紀の音楽美学を、教養というパースペクティヴから改めて読み解く。

第二章から第四章は、音楽の歴史を叙述したうえでそれを分析するという、音楽史の読み直し作業ともなっている。それが、本研究の実践する音楽社会学的方法でもある。一九世紀当時の音楽雑誌の著述に依拠するなど、私が新たに提示する発見もあるが、本研究の主眼は史実の発見ではなく、むしろ新たな読み直しである。音楽史の叙述部分は、単に事実の記述ではなく、これまで提示してきた教養や市民性という、従来の音楽学が無視あるいは軽視してきた要素を、音楽領域に適用して分析することによって、これまでになかった知見を提出することが本研究のねらいである。

そして、一九世紀の音楽活動を独自に分析したそれぞれの結論から、教養理念の問題との結びつきを再考するのが第五章である。第二章～第四章で行なった分析から、教養の理念に仕組まれた社会のロジックとその逆説的帰結を結論として導く。

第一章　教養を求める人々

第1節　市民のアイデンティティ――教養という希望

1　教養市民層――「特有の道」論争以後

本研究の出発点は、ドイツにおける教養市民層研究の数々の成果にある。ドイツ市民層研究が新たに活性化したのは一九八〇年代だが、その中でも影響力の大きいプロジェクトとして、次の二つが挙げられる[1]。一つは、ハイデルベルク近代史研究グループからビーレフェルトのグループに連なる研究であり、もう一つは、フランクフルト・プロジェクトである。前者は、そもそも『歴史の基本概念 *Geschichtliche Grundbegriffe. Historisches Lexikon zur politisch-sozialen Sprache in Deutschland*』という大部の事典を編纂するとともに、労働者研究での膨大な業績を挙げたハイデルベルクの研究グループが、その後一九八〇年以降に結成した教養市民層研究会を母体としている。その中心人物でもあったコッカが、一九八六年から開始されたビーレフェルト大学における研究プロジェクトを主導したほか、研究者の一部は両研究会に関わっている。その成果は、『一九世紀の市民層――ヨーロッパ内比較にみるドイツ』[Kocka, 1988]や、『一九世紀の教養市民層』[Kocka, 1985]などにまとめられている。このプロジェクトにおける市民層理解の基本的立場は、その把握の難しさ、定義の困難を確かめるとともに、その境界不明瞭性のなかに共通の市民文化(生活様式や価値観)の存在を認めようとするものであった。その市民文化を特徴づけるキーワードとして「教養」も掲げられている。

他方、フランクフルト・プロジェクトの指導的人物はロタール・ガルであり、彼の主導のもとに、関心を集中させた研究が行われた。その大きな特徴は、都市の市民層の実態調査にあり、数多くのドイツの諸都市を取り上げて、都市ごとの市民生活や経済状況、社会関係についての綿密な調査が実施されている。ここでは、教養や文化という曖昧な概念を分析に使用するのではなく、選挙人名簿や納税帳などのデータを駆使した詳細な実態把握が目指されており、描かれる「市民層」も、ビーレフェルトのそれに比べて、より明瞭な像を浮かび上がらせている。

特に一九八〇年代以降にさかんになった市民層研究のうち、この二つが大きな流派をなしているのだが、本書が負っているのはビーレフェルト・グループの視角である。フランクフルトの研究が徹底した史料調査に基づいて市民層の実態を明らかにしようとするのに対して、ビーレフェルトは、歴史学的な実証性を担保しつつも、しかし市民の生活様式や価値観といった把握困難な抽象性をあえて保持しようとしている。「教養」という理念を考察対象の一つに取り込もうとする私の立場にとっては、そうした抽象性へのまなざしが欠かせない。実体とは断言できない社会意識を、妥当性――ここではもっともらしさの意で述べているが――を足がかりにしながら操作概念として取り出すことが、本研究にとって重要な作業なのである。ビーレフェルト・プロジェクトの立場においても、「教養市民層」を実体としてではなく、操作的に立てて考察したときに、今まで気づかれなかったいくつかの問題が見えてくるという点にその意義が認められている。ドイツの社会史研究が立てた問題意識は、その存在を捏造しようというものではなかったことを、改めて強調しておきたい。

歴史的主体の実体化を優先しないというビーレフェルトの立場を共有して私が注目するのは、理念としての教養が、ある階層の人々に結びつけて語られたという点である。極端に言えば、教養市民層なるものが実在しなかったとしても、少なくとも人々がある種の理想として描いていた虚構の――あるいは想像上の――階層意識にこそ目を向けるのが、私の立場である。その際には、教養市民層が一つの階層として成立していたと言えるか否かが問題になるのではなく、そうした社会意識がどのような意味を持ちえたのかを解明することが目標となる。

2　市民的文化への視線

教養市民層 Bildungs-bürgertum という概念は、研究者によって若干のずれをもって定義されるが、「一八世紀末から一九世紀初頭にかけてのドイツで『教養』'Bildung' なる理念を核として輪郭をととのえていった、身分としての性格の濃いエリート階層」[野田、1988：21, 255]とするような包括的な定義から、フリッツ・リンガーによるさらに限定的な定義のように、「教養市民層とは中等学校を卒業した全員のことを指し、また、大学で勉強するための唯一必須の条件となった Abitur（中等学校卒業試験）の合格証を持つすべての者」および「同程度の教育を受けた女性たち」と見なされる(2)[Ringer, 1992＝1996：39–40]。またヴェルナー・コンツェ及びコッカによれば「Bildungsbürgertum とは、市民層のうち、その社会的な生活状態と個々の職業機会が教養特許 Bildungs-patent の所有によって決まる人々」[Conze & Kocka, 1985：11]と説明されている。教養市民層 Bildungsbürgertum の研究者の多くが対象とするのは、「教養」が学歴という「資格証明」によって特権化されている階層としての教養市民層であり、時期的には一九世紀後半から二〇世紀初頭のヴィルヘルム期におけるそれである。ウェーバーが言及している「教養層 Bildungsschicht」あるいは「教養身分 Stand der Gebildeten」の概念も、この時期の特権化された教養を核とした市民層のことであり、それは官僚制との密接なつながりを持つものであった(3)。

大学教育に依拠した教養市民層の捉え方に対して、本研究は資格よりもむしろ教養という理念の抽象性をこそ重視するものであり、先に挙げた野田宣雄の立場に近いところにある。教養という理念がその資格だけでは捉えきれないことを、本章において明らかにしよう。そもそも Bildungsbürgertum という語自体は一九四五年以降に使用されるようになった術語であって[Conze & Kocka, 1985 : 11]、一方一九世紀初頭のドイツにおいてはすでに教養を持つ市民層という観念は流布していた。教養市民層研究というと、その集団がある特権化を成し遂げたとされる一九世紀後半の時代と共に語られることが多いが、理念と階層意識との結びつきの意味とは何かという問題を考えるに際しては、むしろ狭義の「教養市民層」確立以前にこそ目を向ける必要があると考えられる。私が射程に入れているのは、「一八〇〇年頃のドイツでは教養を持つ身分は曖昧な形ではあったが高く評価されていた」[Tadday, 1993 : 13]という表現から窺えるような、教養と市民の緩やかな結びつきであり、またそれゆえに広義に「教養市民層」と呼び得る集団の理念型である。

「教養市民層」――つまり、市民層の問題を「教養」という理念にアクセントを付けて考察しようとする立場の表明――は、政治的・法的権利、経済活動といった、従来の市民層研究の視角をひとまず後景に押しやる。代わりに光を当てる対象は、一般的に文化と呼ばれる生活様式や価値観となる(4)。

だが文化に注目するにも、具体例は無数にありうる。教養市民層の生活に迫る前に、文化への研究視角において重要な位置を占め、かつ教養市民層研究にとっても中核となりうる一つの領域について、ここで触れておかなければならない。それは言語への視角である。

周知のように、言語への注目は広義のナショナリズム論の中で展開されることが多く、とりわけ、ベネディクト・アンダーソンの議論のインパクトが大きかった。共通言語としての国語形成過程への注目を足がかりにして、ナショナリズム研究は、共同体意識の形成という問題設定によって政治学以外の場にも居場所を見出したと言えよう。本研究も、教養市民層問題を軸にしながら、共同体への信念を解き明かそうとする問題意識を持っている以上は、この言語の問題を軽視することはできない。

ドイツの歴史研究やナショナリズム論においても、言語に注目した文化ナショナリズム論の影響は明らかである。たとえば西川正雄は、ライン川の東側の中部ヨーロッパで複数の国家に分かれて住んでいた人々を「ドイツ人」という一つの集団にしようと考えた知識人たちが、その紐帯として着目したのがドイツ語だとしている[西川正雄、1994：49]。確かに、一八世紀末から一九世紀初頭にかけて、ヘルダーらの知識人がドイツ語を「再発見」したし、一八一五年に公刊されたヤーコプ・グリムの『ドイツ語文法』も、共通言語による共同体形成の議論を補強する材料であるように思われる。しかし、私の見方からすれば、言語の標準化も重要な現象ではあるが、ドイツに限らず、近年のナショナリズム論は国語の役割を過大に見積もっているのではないかと疑わざるを得ない。ドイツ語が一九世紀にある程度の標準化と普及を果たしたことは、政治的統一を果たす前に言語統一がなされたという議論に巻き込まれやすいが、言語の標準化がドイツという国民意識を育成したとするような主張は、やや性急と思われる。(5)この問題は、従来なされてきたような、鉄道網の発達や関税同盟の議論とも併せて、多層的に考える必要があろう。

しかし、言語が社会意識に与える規定力を認めつつも、国語の議論に重点を置きがちな近年のナショナリズム論に私が異を唱えるのは、単に言語中心主義的傾向を批判するためではない――つまり、言語をめぐる現象だけでナショナリズムを語るのは偏っているのではないかという類の批判をするためではない。ナショナルな意識の形成過程と知識人の国語への注目との関係という図式は改めて問題化し、再考する必要があるのである。ドイツ語とナショナル・アイデンティティを扱ったハーゲン・シュルツェは、一九世紀における国家試験によって、ドイツ語の地方イディオムや方言が、ハイカルチャーとしてのドイツ語へと発展したと述べており、ドイツの教育を受けたエリートにナショナル・アイデンティティを付与したのは文化的境界であるとしている[Schulze, 1985：45–46]。

こうした、近代における国語文法および教育の整備に着目したナショナリズム論に対して、ヴォルフガング・ハルトヴィヒは同様にドイツ語への関心に注目しながらも、それがドイツにおいては一五、一六世紀から生じ始めていたことを主張するとともに、特に一七世紀にはエリートのドイツ語への関心が広まり、ドイツ語協会が設立されていったことを指摘している[Hardtwig, 1994]。特に注目すべき組織はヨハン・クリストフ・ゴットシェットによってライプツィヒで一七二四年に設立された「ドイツ語協会 Deutsche Gesellschaft」である[6]。その会員は侯爵領宮廷の、あるいは国家の役人であり、そこでは週一度の会合が催され、講話、書簡、翻訳、文法、語彙についての議論がかわされていた。しかしその内容が、単にドイツ語の言語学的な問題に終始していたのではなく、むしろ、徳育と結びつけられていたという点は注目に値する。人々の徳の有無 Tugendhaltigkeit が、そこでは講話力に直結するものと考えられ、それが貴族的・宮廷的振舞いおよび貴族的価値観を有する貴族に対抗する市民の自己呈示となり得たと考えられている[Hardtwig, 1994：45]。ハルトヴィヒが述べているように、徳と市民的価値観のカタログが、このドイツ語協会という場で積極的に結びつけられていたこと[Hardtwig, 1994：46]を考慮するとき、この協会の名が想起させる表層的なイメージ――ドイツ語への愛国的な関心といったもの――を、単純に受容することはできなくなる。そこにはナショナルな問題の前に階層の問題が存在していることに気づかされるからである。

確かに一八世紀以降、エリート層が国語に関心を寄せて、それを体系化した。しかしながら、ここで見落としてはならない重要な要素は、ドイツにおけるエリートの要件は何であったかという問題である。それは総じて大学教育であり、その大学教育において中心的位置を占めていたのは、ギリシア・ラテンの古典語の知識であった。近代ドイツのエリートを成立させたのは、古典語の知識であって、体系化されたドイツ語の知識ではない。エリートたちは、大衆レベルでのドイツ語の普及に精力を注いだかもしれないが、自らのエリートとしてのアイデンティティを母国語に置いていたわけではないのである。この点からも、階層アイデンティティとナショナル・アイデンティティの絡まりを、慎重に読み解くことが必要になってくる。(7) エリートとしての指標はむしろ普遍語たる古典語にありながら、彼らの国語への愛着と信頼はいかにして保持されたのかを解明しなければならないのである。中世以来のヨーロッパの知識人共同体＝大学を中心にしたラテン語共同体が、一八世紀に至って徐々にそれぞれの母国語と祖国への関心に解体したという段階的で予定調和的な説明で片づけられるほど、一九世紀の知識人層とその社会は単純ではなかった。

このように、ドイツ語への関心の問題が、単にナショナリズムの一般的な一過程として措けば十分なのではなく、そこに階層アイデンティティ問題が絡んでいることに注意を払うと、言語の問題は、より広い枠組みで扱う必要性が生じる。ドイツ語協会で行われていた活動を一瞥しても分かるように、そこには自らを体現する振舞いの問題、さらに言えば階層文化の視角が不可欠になってくるのである。そしてもちろんその次には、階層の文化であったはずのものが、ナショナルなものといかなる関係にあるのか――関係を持ってしまうのか――を考察しなければならない。

文化への注目という点に関して、もう一つここで触れておきたいのは、音楽芸術である。先に述べたように、教養市民層研究の一つの視角として「文化」が成立しているという状況の中にあっても、当時の人々の芸術に関わる活動を中心的に扱った研究はほとんどない。市民社会を様々な方向から探求しようとする教養市民層研究の中で、この領域が見落とされがちであるような現状は改めるべきであろう。というのも、音楽史を見れば、一九世紀はそれまでの価値観・習慣が大きく変化した時期であり、それはまさしく教養市民層の精力的な活動によって進められたからである。彼らにとって音楽その他の芸術活動は、日常から離れた特別な問題ではなく、日常生活の中に浸透しており、市民という階層意識にも重要な影響を与えているということを、我々は知らなければならない。

本研究は、教養市民層の歴史と音楽の歴史との切り離せない関係を読み解こうとするものであるが、その関係を端的に示すのは、両者の協同を阻んできた一要因である芸術の自律性信仰そのものが、ほかでもなくまさにこの教養市民層によって形成されたという事実である。我々は、この点を忘れて、作品内部の考察に引きこもることはできないし、芸術活動を除外した教養市民層研究を受け入れることもできないのである。

3　市民のアイデンティティ

教養市民層と呼ばれる集団の考察には、その前提として、ドイツの市民層そのものの複雑さを踏まえておかなければならない。市民研究に従事した社会史家によれば、市民とは特定の法律によって定義されてはおらず、また同じ職業によって同定することができず、血統や権力への参加機会という点でも特徴づけられず、そしてまた名誉でもなく、つまりこれを一つの身分として見なすことは困難であること、そして最終的にはその時々の緊張ないし敵対関係にある集団への抗告によって、すなわちはじめは貴族、後にはプロレタリアートに対して市民は限定され、その限りにおいて一つになったことが提示されている[Conze & Kocka, 1985 : 10]。この指摘は、市民と呼ばれてきたものの実態がいかに多様で複雑かつ一貫性のないものであったかということを実証してきた歴史研究の一つの帰結であろうが、この概念の複雑さがもっとも顕著だったのはドイツであった。

ドイツでは市民という概念自体にその問題の根が潜んでいる。イギリス、フランスは citizen/burgess あるいは citoyen/bourgeois というような、市民に関する複数の語をすでに中世以来持ってきたのに対し、ドイツ語圏では Bürger の語しかなかった(8)。そのため、イギリスやフランスではドイツにおけるほどこの語は変化に富んではいない[Riedel, 1979 = 1990 : 13]。もちろんそれは、中世ドイツがその二つの用法を必要とする社会ではなかったことをも意味しているのだが、それゆえに一九世紀以降、この一つの語に後から必要になった意味が付加されることになったのである。中世において Bürger は貴族・農民と並ぶ一つの身分として明確に定義されていたが、その意味するところは、都市の城壁内に居住し、土地と家を持ち、特権としての「市民権」、すなわち営業権を持ち、かつ市民宣誓を行なった者のことであった[松本、1981 : 32-33]。したがって本来

Bürgerとは商人ないし手工業者のことを指していたのである。その後、この概念は絶対主義、そしてフランス革命の影響を受けて変容してゆくことになるが、フランスがブルジョワとシトワイヤンを明確に区別したような必要性がドイツにはなかった。それは単にそれに相当する語が存在しなかったためばかりではなく、「古い帝国の分断された地盤においては自立的な市民意識がほとんど形成されえなかったという点」にも原因を認める見解がある[Riedel, 1979＝1990：153]。しかし一八世紀にはドイツ社会内部から市民と呼ばれる層にいくつかのタイプが――いくつかのタイプに分ける必要が――生じていた。たとえば一七九四年に制定された「プロイセン一般ラント法」においてBürgerは都市市民権の保有者／貴族・農民以外／一般的な意味での市民、というような三つのレベルで用いられ、さらに同時期、都市から離れた概念として、財産あるいは教養、またはその両方をメルクマールとした「中間身分・中間層」としての用法も見られ始める。一九世紀のBürger概念を検討したうえで松本彰は、Bürgerを貴族・農民と並ぶ一つの身分として捉える見方は通念として根強かったと述べているが[松本、1981：37]、この指摘は先に挙げたコンツェ及びコッカによる広義の市民定義ときわめて近いところにあり、つまりこの時期の「市民」には、明確な定義ができないままに様々な層が含まれることになったわけである。市民としての共通性は、貴族ではなくまた農民でもないという点にこそ残った。もともとは「市民権」あるいは「市民宣誓」という基準によって同一化できたにもかかわらず、一八世紀後半にはそのうちに多様性を含まざるを得なくなっていたこの集団は、後世の研究者の目から見て一つのカテゴリーとして便宜的に扱われているのではなく、確かに同時代人によってそのように経験され、呼ばれていた社会文化集団なのである[Conze & Kocka, 1985：11]。しかし彼らにとっては、市民という概念自体は昔からあるものの、もはや積極的な定義は不可能であって、市民とは貴族・農民ではない人々としか了解し得ないことになる。つまり結果的には残余としてのカテゴリーを引き受けざるを得なくなったのだと言い換えられよう。フランス革命時にシトワイヤンが積極的に語られたようには、ドイツのビュルガーが脚光を浴びなかったのは、この概念自体の所在無さが関係しているだろう。概念自体は由緒正しいはずなのに、誰が市民なのか、何が市民の要件なのかが曖昧で規定することができなくなっていたという点に、ドイツの市民概念の重要な特徴があるのである。

名称の所与性と内実の多様化と不明瞭化によってもたらされた消極的定義——そうした状況下で自らを何とか積極的に定義しようとする動きが起こることは想像に難くない。コッカはドイツの市民層について、内的な統一性も他の階層との明確な区別も欠いていたにもかかわらず、全体としての市民層は一九世紀のドイツにおいてどこよりもはっきりとした形を整えていったと考えているが[Kocka, 1988＝2000：37]、彼が述べているのは、実体としての市民階層は特定できないが、それでも市民層はドイツにおいて重要な何かであった、ということであろう。ドイツのこうした状況からして求められる姿勢は、市民層に対する緩やかな共通性の確保である。この点を前提としてドイツ市民層問題を考えるのが、ビーレフェルト学派に代表される立場であり、市民的な共通文化という暫定的で不確定な領域をそれまでになく重視するものである[9]。

貴族が弱体化するとともに、一八世紀末には市民層にとっての共通の指標が探求されるようになった。そこに登場するのが財産と教養であるが、フランスでは財産所有層＝ブルジョワという市民層が形成されたのに対し、ドイツにおいては財産を所有する市民とは別に、教養を持つ市民層が形成された。市民層の二つのタイプの区別について、カール・マンハイムは次のように言っている。「近代市民層には最初から二つの社会的な根があった。市民層は一方では資本の所有者、他方では教育を唯一の資本とする諸個人から成っていた。そこから財産と教養のある階級ということが言われたわけだが、しかしイデオロギー的には教養層と財産のある階級がすっかり重なりあっていたのではない」[Mannheim, 1929＝1968; Ringer, 1969=1991 : 1]。この区別の上に、さらに松本が「「教養」の「所有」者が、現実には「所有」者階級＝ブルジョワジーと重なりつつあったにもかかわらず——あくまで後者の階級とは区別された一つの身分として、……むしろ積極的な価値を与えられていたのがドイツの教養をもったBürger＝Bildungs-Bürgerであった」[松本、1981 : 48]と述べているように、ドイツでは教養を持った市民という概念こそが脚光を浴びた(10)。一八世紀後半から一九世紀初頭にかけて、フランスやイギリスでは全く同じものを見出すことができないような集団がドイツで出現したのであり、それがすなわち教養市民層 Bildungsbürgertum であるとされているのである(11)[Ringer, 1992＝1996 : 39]。

ドイツの市民層と結びつくことになった教養とはどのようなものだったのだろうか。すでに触れたように、市民の特異性は、一八世紀後半までに元来の「都市市民」としての核を失っていたこの層の境界の曖昧さ、残余としての集団規定を引き受けざるを得なくなっていた心許なさといったものにあると言えよう。こうした自らの身分に積極的な定義を試み始めたのは新人文主義の運動であったとされている。マンフレート・リーデルはその代表例としてゲーテを引用しているが、それによれば「市民には君は何者かと尋ねることは許されない。君は何を持っているか、どんな洞察を、どんな知識を、どんな能力を、どれほどの財産を持っているか、と聞いてみることができるだけ」なのである[Riedel, 1979＝1990 : 170-171]。このとき、「君は何者であるか」と問うことができる者として想定されているのは、貴族である。貴族は高貴な生まれ、血統という地位を生得的に持っている人々であったが、新人文主義者たちは「生まれ」よりも価値あるものとしての市民像を示した。彼らの提唱する市民とは、その獲得物によって成立する。つまり教養にせよ、財産にせよ、血統によって生前に約束されているものではない。それらは生得的地位に代わる新たな地位を保証するものであり、したがって市民の条件とは後天的に獲得したものにあるとされた。そうしたものでさえも、ピエール・ブルデュー的に考えれば純粋に後天的に自力で獲得したものであるということには疑問が投げかけられようが、しかし、彼らの思想において重要だったのは、教養や財産の再生産構造ではなく、「貴族」という言わば絶対性に対抗し得る所有物であった。その際にドイツにおいては財産ではなく教養が注目されたことにはブルジョワの未発達という条件もあるが、しかし結果的に価値を与えられた教養は、財産を持っている市民にもそうでない市民にも、原理的には獲得可能なものであったために、一層共通の普遍的な指標となり得たとも言える。教養とは、客観的に規定できない市民にとって、市民であることのアイデンティティの支えになり得るものとして注目されたのである。それは、貴族が生まれながらにして持っている決定的な指標——何ものであるかという——に代わる、市民の自意識と誇りを約束する役割を付与された理念であった。

4　教養と国家

多層的かつ多義的な展開を見せた教養理念のうち、一つの重要な役割を果したのは国家による教育改革という局面での教養理念である。敬虔主義の言語から世俗領域に現れた教養理念は、個の内からの自己発展への道という意味を獲得したが、教養理念が教育実践活動と結びつくこととなり[Vierhaus, 1972 : 511]、それは一九世紀における教育改革として遂行された。国家は理想的な国民を形成することによって国家統一と国力強化を緊急に果たさなければならないと考えられ、そのような国民を育成する鍵と考えられたのが教養だったのである。国家には教養ある精神と知識が必要であることが幾度も主張され、人々を教養ある人間に教育することによってはじめて国民が形成されると信じられたが、特に目立って求められたのは教養による分別と自制心の育成であり、教養とは政治的な成熟度を表す指標とも見なされた[Vierhaus, 1972 : 542]。その中で、国民とほぼ同義に、かつ教養の獲得を意識して使用されていたのが国家市民(ないし国家公民)Staatsbürger の概念であった。こうした共通の国家的要請を背景に、ヴィルヘルム・フォン・フンボルトらはすべての人々を等しく教化する普遍的教養の概念に固執し[12]、教養理念に基づいた国民教育思想が広められた。ヨハン・ゴットリープ・フィヒテにおいても、教養が完全なネイションを形成すべきこと、一人の例外なくネイションになるべきこと、そしてそこにおいてあらゆる差異が解消されることが主張されている[Vierhaus, 1972 : 527]。そこではすべての人が自由で平等であるようなネイションが想定されていたのだが、その点ではこうした議論に現れる教養理念もまた、万人への開放性という意味での普遍性という理想を保持していた。しかしながら、同時にここには新人文主義的理念の理想からの言わば逸脱が見られる。国家主導によるネイション形成を目指す教養議論においては、個々人の全く自由で自発的な発展という発想は決して歓迎されてはいない。特にフランス革命以後は過度の教化 übergebildet、または誤った教化 verbildet への警告が目立つようになり、真の教養は境界を越えようとするものではないという、適度な教養の重要性が強調された[13]。この点から言っても、教養人教育のための国家介入は不可欠とされる。求められたのはあくまで国家に有益なものであり、つまり国家によって管理・操作されるものであった。盛んに行われたこのような議論は、専ら教育改革という明確な課題に向けられ、それはギムナジウムや大学の設立や制度改革、及び国家試験という形で具体化された。

しかし、この文脈での教養議論において要請されていたのが、先に挙げた国家市民であったということは注目に値する。それは確かにBürgerと呼ばれていたが、彼らが国家に有益で均質な国民として求めた国家市民の概念には、社会階層としての市民の意は認められず、また同様にそれは市民層の自己同定に結びつくものでもない。Staatsbürger の Bürger とはむしろ住民あるいは公民と考える方が妥当と思われるものであるが、こうした含意の幅は、Bürger 概念の多義性の証左とも言えよう。Staatsbürger という語は、この時期に見られ始めた造語だったのだが[Riedel, 1979＝1990：206; 松本、1981：33]、しかしこれが当時のドイツ社会を特徴づけるような地位に立つことはなかった。国家との結びつきを明示するこの名称は、「教養を持つ市民層」のような重要性を獲得することができなかったのである。この語が市民の階層アイデンティティに関わるものではなかったことからすれば、それは当然のことと言えようが、市民層はこの概念を結果的には受け入れず、一方、教養の名を冠することにはこだわり続けた。つまりこれは言ってみれば、国家市民思想の失敗である。概念自体にアイデンティティのモメントが織り込まれているか否かだけが問題なのではなく、市民層が国家による保証を拒否し、あくまで自力による教養を自身の基盤として採択したということもまた、ここから窺うことができる。(14) 実際、この思想、すなわち国家公民の思想のもとに徴兵制を施行しようとする動きに対しては、教養市民層が強い抵抗を示していた[Kühne & Frevert, 1996＝1997：71-72]。Staatsbürger に対しては、市民層は帰属意識を芽生えさせなかったのである。但し、国家による教育制度改革、つまり国家保証による教養の資格化が主唱者たちの面目を施す結果となった。(15)

国家市民／公民の概念が根付かなかったとすれば、ではドイツ社会にとって何がより重要な役割を果たすことになったのか——それを問うとき、浮かび上がってくるのはやはり理想を内に保ち続ける教養理念である。

後に教養市民層の負の側面が批判されることになろうと、理想的な教養理念は常に持続低音のように響いており、それゆえに教養理念そのものへの過大な期待が消えることはなかった。理念への信頼は頑として存在し続けたのである。むしろその信頼があったからこそ、後世の研究者たちはそれに矛盾する負の側面ばかりを重要な発見として暴露する方向に偏ってきたと考えられるが、ここでは新人文主義的な教養への信頼の意味を、すなわちそのことが一体何を導き得たのかを考察することにしよう。付け加えておけば、私のここでの問いは「なぜ」教養理念が理想視され続けたかではなく、むしろ何らかの理由で社会が求めた理想の一つとしての教養が存続したという事実が招いた意味と効果にある。

第2節　大学教育は教養の証明か——資格と教養のずれ

ここまでで紹介した教養理念の定義の中にもすでに出てきたように、教養を大学教育および国家試験による資格と結びつけて捉える立場は少なくなかった。教養市民層研究の中でも、資格社会論[16]は、重要な視角の一つとして確立している。ここでは資格論のベースとなっている大学と国家試験の歴史的経緯を述べた上でその意味を考察し、本研究が採用する教養理念との関わりを明らかにしよう。

1　大学教育と官僚

ドイツの諸領邦の大学制度と資格社会化への道についてはハンス・プラール[Prahl, 1978]によって詳述されている。本研究にとっての前史にあたるこの部分は、概説にとどめざるを得ないが、しかしこの前史が、一九世紀の教養市民層を考察する上で重要な視点を与えてくれる。

プラールによれば、ドイツにおける大学は、一六、一七世紀から自立的な組織とされつつも、次第に領邦君主の監督下に置かれる国家施設となっていった。この傾向は一七世紀末の絶対主義の時代以降に明確になり、この時点で大学は国家施設となり、教授は官吏となり、学生は国家に尽くす役人の卵として位置づけられた[Prahl, 1978＝1988：107]。領邦君主の下に置かれたということは、君主が試験規定や学位規定の決定権を握っていたということであり、少なくとも形式上は学位審査さえも監視したということである。もっとも、プラールも、実際に君主がどの程度干渉したかは疑問だとしているが[Prahl, 1978＝1988：119]、いずれにせよ、大学の施設というものが、このように国家と君主に直属するものとして成立していった経緯を理解しなければならない。それは、大学が国家にとって重要な役人を教育・輩出する機関として機能する構造と密接な関わりを持っている。

しかし大学は、ほどなくして「貴族化」の道を各領邦共通にたどることになる。大学の学位として定着したドクトルの学位授与はますます儀礼化し、その授与式典は華美になる一方であった[17]。大学において貴族の子弟が力を持つと共に、こうした学位取得にはかなりの出費が必要とされるという点で、学位取得には出身階層の制約が実質的に設けられることになる。一六、一七世紀からすでに学位売買への嘆きは見られるのだが、学位制度は徐々に商業化していった。学位のこの有名無実化に対して、国家が積極的な関与をしなかった理由について、プラールは、それが君主にとっては教授の給与抑制に好都合だったからだと説明している[Prahl, 1978＝

1988：124]。つまり、貴族の子弟が教授に賄賂を贈って学位を取得する慣習を黙認することで、国からの俸給を低いままにしておくことができたというのである。

しかしここで、ドイツの各領邦の大学が官僚養成機関であった点に目を向けなければならない。領邦国家体制が整うにつれて、宮廷・都市・教会のそれぞれの領域で、行政上の人材が益々必要とされるようになった。そのためにも特に法律家の需要が高まり、専門教育が重視されるようになったのが一八世紀である。実質的な行政を担う人材として、購入した学位は何の意味もなさない。学位売買を黙認した国家は他方で、その需要に応じて、大学教育の後の研修と試験の制度を確立した。従来は家柄の正しい貴族によって独占されていた官僚の職は、この司法研修および国家試験制度の導入によって、一八世紀にはドイツの広い範囲で改革され始めることになった[Prahl, 1978＝1988：128]。絶対主義体制の整備と共に、ドイツの国家試験制度が成立していったのである。

これは、有名無実化していた大学の「学位」を温存したまま、実を測る「試験」を課すことによって、国家の行政水準を向上させようとした戦略であった。ここで私が特に注目したいのは、大学と国家試験は独立のものではなく、連続したものであるという点であり、つまるところ、官僚になるためには、二度のふるいにかけられるという点である。確かに、試験制度という公平な選抜方法によって（それがどこまで厳格に公正に行われたかはここでは保留するが）、貴族による独占という硬直した状態を打開する道はひらかれた。貴族出身者以外がそこに入り込む可能性ができたことは確かである。しかし、それでもなお貴族が優位になり得た仕組みを――この「試験」に付随する仕組みを見極めておかねばならない。実力者をリクルートしようとするこの国家試験は、誰もが受けられるものではなく、あくまで大学教育を受けた者にその資格があったという点で、大学への入学と卒業に財力的に有利であった貴族の子弟が受験者の多くを占めることになる。そしてさらに重要なのは、試験までに実務を学ぶ研修期間である。この数年間にわたる研修は、無報酬で行われた。つまりは、この長期間を収入なしで学び続けられるだけの経済力が要求されていたのである。このようなシステムにおいては、経済力のない市民が、純粋に実力だけで公職を得るのは容易ではない。国家試験の導入は、直ちに公職の開放を招いたというのではなく、市民の参入も許容しながらも主として貴族の内部での実力者のふるい分けを行うシステムとして機能していたと解釈する方が適切であろう。

公職への道が、試験制度が設けられようともそれまで通り貴族に有利なものであり、それが事実上貴族を審査する機会となっていたことは、ドイツに特有の現象と見なされる。この点についてはエリアスを参照してみると、フランスの貴族は身分の誇示に関心を向け、ドイツ貴族は公職を得ることに尽力した。彼の分析によれば、フランス貴族にとっては宮廷社会が重要であったのと同じように、ドイツにおいては大学が重要な意味を持ったのである。この大学という場がやがて、市民層にとって重要な拠点になることは後の歴史を見れば明らかだが、その前にここで強調しておきたいことは、市民だけではなく貴族にとっても大学が意味あるものだったということである。[18]それはドイツの場合、貴族であっても官職に就くためには国家試験に合格しなければならなかったためだが、このことがまた、国王の意向のみによって登用を決定するような絶対主義体制ではなかったドイツの各領邦国家の一面を示しているとも考えられる。

一八世紀までのフランス貴族が大学や国家試験に関心を向けなかったということは、そうした資格が貴族にとっては重要ではなかったことを物語っているわけだが、反対にドイツでそれが求められたということは、ドイツにおいては貴族が持つタイトル(称号や血統)がフランスほど決定的に機能していたわけではないことを示している――一八世紀末には市民がそのタイトルに対抗しようとしたにもかかわらず、である。

2　教養としての古典語――精神的貴族であるために

一八世紀までのドイツの大学と国家試験は、特に行政分野における有能な人材リクルートという現実的な役割に応えるものであった。一九世紀の教養市民層はしばしば資格との関連で議論されているものの、その資格自体は一八世紀以前に成立していたことも確認しておかねばならない。そして、この段階の大学教育や資格にはまだ、市民のアイデンティティとも関わる教養との強い結びつきは認められないということも注目すべき点である。

すでにドイツの大学が国家試験と直結し、資格を付与する社会の中で重要な役割を果たしていたことは明らかだが、この役割を保持したままで、一九世紀には大学改革が広まっていくという展開を次に検討しなければならない。教養との明白な関連はここに始まるのである。

一六九四年、ハレに近代になって初めてのドイツの大学が設立されるが、ここで初めて講義がドイツ語で行われた。ハレを模範にして一七三四年にゲッティンゲンに、一七四三年にはエアランゲンに新しい大学が作られ、次第にドイツ語が授業の公式言語になっていくとともに、実験室や研究所が設けられるようになり、実用的で有益なものが重視されるようになる(19)[Prahl 1978＝1988 : 144-145]。一八世紀には新しい大学と並んで実務向けの専門的な施設が設立され、それまでの大学が行なってこなかった職業教育を引き受けるようになった(20)。

しかし、一九世紀に入ると徐々に実用志向になりつつあった大学に改革がもたらされる。改革の先陣を切ったのは一八一〇年に創設されたベルリン大学であるが、この大学の改革理念がその後のドイツの一般的なモデルとなる[Prahl, 1978＝1988：190; Peisert & Framhein, 1994＝1997：17]。その理念に影響を与えたのは、ゲッティンゲン大学から起こった新人文主義の思想であった。この思想は大学における実用化志向の一方でおろそかにされた古典研究を見直そうというもので、特に古代ギリシアの古典に触れることに重きを置くものであった。古典に触れることによって、個人をそのまま豊かで調和のとれた形に仕上げること、すなわち陶冶《とうや》された人格を作ること[Ringer, 1969＝1991：13]が、この思想の主眼であったが、この価値観こそが、一九世紀の大学改革の理念にそのまま引き継がれた。一九世紀初頭の大学改革者たちの目標は、個性の開花であった[Prahl, 1978＝1988：178]。

ベルリンに新しい大学を実現させたのは、わずか一六ヶ月間のみプロイセン内務省の文化教育局長を務めたフンボルトであったが、様々な改革思想の中で、ここでの議論にとって重要なのは、大学における哲学の位置である。(21) 彼にとって哲学が重要なのは、理性の開花を助けるために純粋な学問(22)を優先させるためであり、個に十全にして調和的な自己発展をさせるのが哲学であると考えたためであった[Prahl, 1978＝1988：183]。その哲学こそは、諸学問の頂点に立つべきものと考えられたのである。諸ディシプリンが孤立化することは望ましいことではなく、それらは「諸学を有機的に統一する総合大学」(universitas literarum)において組織的に統合されることが目指された[Peisert & Framhein, 1994＝1997：17]。彼の大学構想は、組織的には伝統的な四学部制のモデルであるが、従来の教養学部の内容を予備教育的なものとして、大学に直結するギムナジウムに移し、教養学部自体は哲学部として一新されることとなった。哲学とは、個々の学問を統合するものであり、諸学の頂点に位置するものと考えられたのである。

彼の総合大学とは、一般的人間形成に寄与すべきものであった。哲学部を構成していたのは、古典語、美学、文学、数学、考古学、古典文献学である。これらの学科が重視される一方で、総合大学の理念においては応用技術的な科学は軽視された。そうした科学部門は、一八世紀から設立されていた専門単科大学によって担われたが、一八九九年まで工科大学に学位授与権を認めないなど、ディシプリンとしての「格」の面では下位に置かれ続けたのである(23)[Prahl, 1978＝1988：207]。

大学刷新によって、大学への予備教育的役割を付与されることになったギムナジウムは、その修了試験が大学入学資格を問うものとなり、大学との連結を強めることになる。アビトゥーアと呼ばれるこの試験は一八一二年に導入されたが、その時点ではまだ各大学が独自に行う入学試験も実施されていたため、アビトゥーアの権威はまだ確立したとは言えなかった。しかし一八三四年には大学による入試が完全廃止されたことにより、ギムナジウムだけが大学への切符を授与できる特権的な機関となる[Ringer, 1969＝1991：18]。ギムナジウム修了試験が大学進学への独占的なルートになったということは、アビトゥーア試験に「官吏採用試験の第一段階としての明確な地位付与」[進藤、2001：114]が行われたということである。そして、アビトゥーア試験の中心はギムナジウムにおける教育内容の中心であった古典語であったことからは、普通の(実業系ではない)ギムナジウムの特権も確認できよう。これにより、アビトゥーアから大学教育、そして官吏採用試験という段階を経て問われる古典語の知識がエリートの資格として制度化されたことになるのである。従来の資格社会論は、この試験制度に焦点を合わせたものであり、教育資格と国家試験によって職業資格が得られるという「方程式」の確立を特徴として挙げている[望田、1995：3; 進藤、2001：141]。

アビトゥーアの試験の中心が古典語にあったのと同様に、大学教育および官吏採用試験においても古典語の重要性は変わらなかった。官僚になるための試験が実務には関係ないはずの古典語の知識を問うものであったのはなぜかと言えば、その知識こそが公務員にふさわしい人格を証明するための一つの手段だと見なされていたからである。三月前期の公務員の理想的自画像はギリシア・ローマの古典および古典語の教養を備えた人物だとされていた。(24) 公務員に望まれた人格とは、教養を備えた人物だったのである。

大学改革の理念で個性の開花が強調されていたように、最終的に国家の官吏となる人材に求められたのは豊かな人間性を備えた人物であった。それは、「敬愛する原典に触れることによってその内実を吸収する」[Ringer, 1969＝1991：6]ことによって純粋な学問を身につけた人物である。二〇世紀に入ってもなお実科系の科学が蔑視されていたように、ドイツの大学はあくまで古典語の教育を重視し、公務員試験においてもその価値観は保持された。古典語を学んだことによって精神的品性を備えた人間は、しばしば「精神的貴族 Geistesadel」と呼ばれていた。リンガーによれば、大卒者官僚は、一種の精神的貴族として認められ、学識によって自分たちの出身階級より上位にランクされるべきだと要求した[Ringer, 1969＝1991：6]。試験において問われたのは、精神的品性なのである。その品性は、純粋な学問すなわち利害・実利からは無関係なものへの従事によって養われると考えられたために、実科系の科学はその対極にあるものとして蔑視された。大学教育の目的は就職のための準備教育であってはならず、一般教養の涵養《かんよう》であり、「精神の貴族階級」への入り口であるべきであった[Prahl, 1978＝1988：296]。一九世紀の産業化という社会の現実は、実学の重要性を無視できないものにしたが、それにもかかわらずワイマール共和国成立時の大学改革においてさえも、プロイセンの文部大臣カール・

ハインリヒ・ベッカーは再びフンボルトに学んで、文化国家を構築しようとし[Prahl, 1978＝1988：281]、その一方で実学は批判され続けた。

このように、公務員となるための一連の試験で試されたのは、その業務に必要な知識や技能ではなかったことが分かる。「精神的貴族」たることが求められたことからも、その試験は、人間性・精神性を問うものであり、いかに高潔な人物であるかを問うものとしての役割が与えられたものであった。この点にこそ、一八世紀以前の国家試験の意味との重要な差異を見出さなければならない。その試験によって得られる「資格」とは、現在考えられるような実際的な技能・知識獲得の目安の証明ではない。公務員になるにふさわしい人間性を備えていることの資格なのである。この点を明らかにしてみると、ドイツを「資格社会」と見るだけでは、それが社会的に通用していた手続きではあったにせよ、資格試験自体が持っていた独特の意味を捉えきれない。確かに、官吏任用試験は、職業資格ではあったが、そこで証明されると考えられていたのは、教養を備えた人間性という抽象的なものだったのである。もちろん、人間性を試験によって確実に把握することなどできない。その捉えどころのないものを、古典語の学習を手がかりにして――代わりの手段として――測ったということなのである。

中等・高等教育において古典語を重視する傾向は、ドイツに限られたものではなかった。多かれ少なかれ、ヨーロッパの諸文化圏は、ギリシア・ローマ時代に立脚しているものと考えられている。実際、イギリスとフランスでは、一九世紀における高等教育・大学改革の中で、ドイツとほぼ同じ道筋をたどっていた。

いち早く産業化を経験したイギリスでは、それと連動して実学的な教科（自然科学、近代史、近代外国語など)に力を入れる必要性が叫ばれたが、この段階にあっても、パブリックスクールの改革者であるトマス・アーノルドらが強く反対していた。その根拠は、「ギリシア、ローマの精神が我々自身を築き上げている精神の基本である」[藤井、2001：31に引用]というものであり、一八三四年時点でのパブリックスクールの必修科目のうち六割が古典語で占められ、さらに歴史と聖書の授業では古典語の教材が使用されたことから、実質的には八割が古典語に関わるものであった[藤井、2001：30]。一九世紀末の両大学では、学生からの人気という面では、近代的教科が勝ったが、二〇世紀になっても、最も優秀な学生は古典学に集まるものとされ、その学問的威信は揺るがなかった[藤井、2001：54]。

イギリスでは、一九世紀を通して、プレ・スクールからパブリックスクールへ、そしてオックスフォードおよびケンブリッジへというルートがエリートの歩む道として確立することになったが、そこで提供されていた教育は、古典語を中心に据えた教養教育であって、実学志向の専門教育は排除されていた[藤井、2001：57-58]。このような教養教育重視の価値観は、第一次大戦の時期まで続いた[安原、2001：205]。

その傾向は、フランスにおいても同様に見られる。古典語偏重という従来のカリキュラムに対して、一八五二年には文系と理系の進路を選択できる制度(分岐制)が設けられたが、この制度の導入によって、ラテン語の能力が低下したことが批判される結果となった[渡辺、2001：81]。教育についての議論は、古典語を重視する保守派と近代的実学教科を重視する革新派との間で盛んに行われていたが、保守派にとって「科学」は、その言葉だけで軽蔑に値するものであった。一八五二年に、それまで医科大学入学のために必要とされていた文学バカロレアがいったん免除されたにもかかわらず、六年後には復活することになった。これは、「無教養で無学な者」、つまり古典語の知識を持たない者が入ってくることを、何よりも医者自身が恐れたためであり、医者自身がエリートの指標として機能していた古典語の威信に固執したためであった[渡辺、2001：83]。渡辺によれば、少なくともフランスの文脈では、古典語は建前として「人格」の陶冶の証として主張されるにせよ[渡辺、2001：98]、実際には階層上の差異化のシンボルとして働いていたのである[渡辺、2001：83]。前期第三共和制における中等教育の議論においても、古典擁護派と近代科学擁護派とが対立したが、改革派ですら、古典語の全面的な廃止を唱えるものではなかった[渡辺、2001：91]。こうした議論は一九世紀後半まで続き、一九〇二年のレイグ改革によって、ようやく古典課程と近代課程が同等に扱われることが定められる[渡辺、2001：95]。

このようにイギリス、フランスの状況を概観してみると、各国の教育観、教養観とそれについての議論が、ほぼ同じ様相を呈していたことが分かる。そうだとすれば、これはヨーロッパ全体に共通に見られる事象であり、ドイツだけを取り上げる意味はないようにも思われる。しかし、ここで簡単に全欧的な現象として結論づけるのは早い。一見同じように見えながら、あるいはある程度は同様に現象していながら、それでもなおドイツが特異であった点は何だろうか。

第3節　教養とは何か——手の届かない理想

ここまでのところでは、一九世紀の大学改革とも密接に関わり合いながら、官吏になるまでの諸段階がふさわしい品性を備えているかどうかの人間性を測るための手続きとなっていったことが明らかとなったわけだが、実はこの点にこそ教養理念が関係している。ここでようやくその内容、すなわちこの理念の歴史的な定義をたどることにするが、それにより、大学と官吏任用試験との直接的な関わりも必然的に浮かび上がってくる。

教養という一九世紀ドイツを特徴づける理念については、すでに歴史研究・概念史研究によって整理が行われている。ここでは、一九世紀における教養理念の様々な定義を吟味することによってある程度共通の要素を引き出した先行研究に依拠して、教養という理念が当時どのように理解されていたのかを確認することにしよう。

(i) 学識

教養理念の言わば前身として、学識という概念がある。ドイツでは一八世紀から、学識ある人 der Gelehrte と、教養ある人 der Gebildete が用語法の混乱を経験しつつ、使われてきた。両者が概念史的にどのような経緯をたどったのかは、西村稔の議論に詳しい。

西村によれば、一八世紀後半の『一般学識者事典』[25]においては、学識者が三つのレベルで記述されている［西村、1998：123］。その第一は、「学識的な技芸または学問について重要な功績のある人々」であり、第二は、「学識を営業手段と見なす月並みな学識者」、第三は、「好事家、半学識者」である。ここでは、第一から第三の人々まで、学識者の名で指される層の多様性が示されていると言えるだろう。言ってみれば「まともな」学識者から、そう呼べるのかどうか怪しい人々までが、世間ではその名のもとに括られていたということである。

そして「月並みな」あるいは「半」という言葉から、第一の定義が真の学識者として位置づけられ、それ以外は、その要件を十分に備えていないものとして扱われている。西村がこの定義について指摘しているように、ここでは学識者の要件として、「大学」が持ち込まれてはおらず、学識者と文筆家がほぼ同義に使用されることが示されている[西村、1998：124]。これらの用法以外に、西村は、同時期に不明瞭ながらも学識者＝文筆家との了解もあったとし、そこでは大学教授も、大学教育を受けていない者も、文筆業を行なっていたと述べている[西村、1998：124-141]。当時は、文筆業だけで生計を立てることは難しかったため、文筆家として数えられるのは少数であり、ほとんどが、副職として文筆活動に従事していたのである[西村、1998：202-203]。

西村は当時の定義のいくつかを検討したうえで、一八世紀における「学識者」の意味を、以下のように整理している。まずは、大学で教育活動を行う人のことであり、次に、学識的教育を経て大学教師以外の職にある者(医師、弁護士、中等学校教師、顧問官、司法・行政官僚、聖職者)、つまり一九世紀以降アカデミカーと呼ばれる人々のことであり、第三の意味としては、文芸界で活躍する人のこと、である。しかし一九世紀に入ると、徐々に第一の意味が学識概念の中心となり、アカデミカーが教養人とされるようになる[西村、1998：202-203]。このとき教養理念と大学教育の結びつきがはっきりと意識されるようになるのである。

(ⅱ) 個人の人格的修養

それまでの学識概念を言わば駆逐するように注目されるようになったその教養とはどのような理念だったのだろうか。本書において中心的な位置を占める概念に言及するにあたっては、ドイツ史上の重要な歴史概念を包括的にまとめた『歴史の基礎概念』を出発点とするのが妥当であろう。この八巻から成る大部の事典は、一九八〇年代の市民層研究再考の動きに先行し、後の研究の重要な布石ともなったハイデルベルク近代社会史研究グループの一つの成果である。(26) その事典の中で「教養」の概念史を執筆しているルドルフ・フィアハウスの議論を主たる土台として見ていこう。

Bildung という語自体は古くからドイツ語に存在していたが、その時々によって多様な広がりを持ち、また強調点を変えた。もともとは像・模倣そして造形・形成の意味を持っていたこの語が人間の成長に結びつけられるようになった一つのきっかけは、中世後期以来の神秘主義・敬虔主義にあるとされる[Vierhaus, 1972：509–510]。この意味での Bildung は一八世紀後半にますます世俗化するが、その時教育 Erziehung と重なりながらも、この概念がより教育の実践的行動を含意するようになるのに対して、Bildung は自己形成・個人の内側からの発展という意味を持つようになり、徐々に区別して使用されるようになった。同じ一八世紀後半には、ナショナルな教育の必要性を説く議論にも用いられ、そこでは政治的教育・教養として論じられることもあっただけではなく、啓蒙思想の文脈でも教養理念が注目された。啓蒙思想の影響を受けた教養理念は、より個性・発展を重要な意味として掲げることとなり、それが古典主義・ロマン主義・ドイツ観念論・新人文主義といった当時の様々な思潮に乗ってドイツ中に広がることになった[Vierhaus, 1972：514–515]。一九世紀以降ドイツ社会に重要な影響を与え続けることになった(27)この時期の教養理念とは、知識というよりもむしろ、人格形成と道徳教育を結びつけた概念[Mosse, 1985＝1996：14]であり、啓蒙思想に特徴的だった教育・進歩の意味とは徐々に距離を置き、(28) 人間がよりよくなる精神的・道徳的過程として主張されるようになった。その基本的な構想はヘルダーにあるとされる。(29) 特に新人文主義の教養理念は、総じて人間の持つ個性の開花ないし啓発を目指すものであり、「《内面的》に自己発展していく人格性」[Riedel, 1979＝1990：169]であったということが、教養および教養市民層の研究において一般に認められている。そしてこの意味での教養は、「教養小説」のジャンルの筆頭に挙げられるゲーテの『ヴィルヘルム・マイスターの修業時代』によって一層広められることになる。教養理念が意味するところは当時から多様であったことが指摘されているが[Vierhaus, 1972 : 547; Roth, 1996 : 121]、様々になされた教養定義の中で最大公約数的なものとしては、教養理念に基づいて教育改革を行なったフンボルトの理解がしばしば持ち出されている。すなわち「人間の真の目的は……みずからのもろもろの能力を一つのまとまりある全体に向けて最高度に、しかももっとも調和のとれた仕方で発展させることである」というものである[30][Humboldt, 1985 = 1989 : 48]。つまり教養とは、人間個人の内面を発展させてゆくことだと考えられた。Bildungとは、むしろその動詞的な含意を強く持っていた[Vierhaus, 1972 : 515]。この点については松本彰も、教養とはsich bilden = 自己を形成する行為、過程の意味が強く込められた語であったと述べている[松本、1981 : 50]。このことから、教養を持っているという状態よりも、個々人があるべき完成状態へ向かう自己形成の途上であり、その営みを継続しているという過程こそが教養理念において強調されていたと言うことができる。教養を求めた人々、あるいは教養を持っていると目され、尊敬された人々とは、自己完成への努力を続けている人間であり、個性を統合された全体性へと作り上げることを目指す人間であった。

こうした見方は教養と同義のものと見なされていた文化の概念にも当てはまった。野田宣雄によれば「文化とは現世内での自己完成への人間の努力であり、『文化人』『教養人』とは現世内的に自己完成をはからんとする人々にほかならない」[野田、1988 : 44]のであり、『歴史の基礎概念』事典の中で「文化」の項目を担当しているイェルク・フィッシュもまた、一八世紀後半にKulturが教養の意味で用いられていたことを確認している[Fisch, 1992 : 709]。リーデルは「〈文化〉は市民としての人間の教養(形成)」を意味していたと述べており

[Riedel, 1975＝1990：54]、またリンガーによっても文化が「人格の修養」という意味を持ち、心と精神の陶冶に、すなわち教養理念に深く関わっていたことが指摘されている[Ringer, 1969＝1991：55]。当初は教養、文化、啓蒙、教育といった概念が区別されて定義されることもあったが、少なくとも一八世紀から一九世紀にかけては、これらはいずれも「社会生活の修正、勤勉さ、人間の社会的状態をより良くする努力」といった内容を持つに至った[Vierhaus, 1972：508]。

これらの概念史上の整理に対して、特にここで注目すべき点は、これらの語はそれぞれに出自が異なるにもかかわらず、一八世紀の近代的解釈を経た結果として、ほぼ共通の志向性を見せていたということである。Bildungは元来「像」「模倣」という意味を持っていたのに対して、一八世紀半ば頃、発展によって生み出すないし形を与えるというような形成的意味を獲得し[Vierhaus, 1972：509]、一方Kulturは「開墾・開拓」という本来の意味に対して、やはり一八世紀になってから、人間の教化あるいは改良という新たな意味を与えられることになった[Fisch, 1992：706-708]。このように、教養・文化といった理念のもとに日々実践してゆく市民の生とは、よりよい状態へ向かおうとする不断の努力として捉えられていた。

個人の内面的成長という教養の思想は、文学界において一つの明瞭な形となって表れた。それは一八世紀末から一九世紀におけるドイツの「教養小説 Bildungsroman」というジャンルの成立である。ゲーテに代表されるこのジャンルは、主体としての個人が完全を目指す過程を描くというものであり、「形式的な究極目的——その時代の普遍的な完全性を目指す能力が個人に備わっていること——を表現し、このユートピア実現の可能性（と限界）を叙述するという文学の一形態」[Voskampf, 1988＝2000：263]である。このような自己形成の重視傾向は、同じく「教養小説」のジャンルが確立したイギリスには見られない傾向であった[31]。

このように、教養について一九世紀に語られていた内容——教養の個人性とでも呼ぶべき傾向——を集約して確認してみると、先に述べた大学改革の方向性との重なり合いが明白になる。哲学部を最高位に置く大学教育が目指したもの、そして官吏任用試験が掲げたものは、個性の開花、人間形成、精神的品性であった。それらが教養理念のもとに含意されたのである。市民によって注目された教養は、この点で大学教育および公務員に強く結びついていたのである。

しかし、教養理念と大学改革および公務員試験がこのように一体化した価値観の中にあったことを確認した上で、強調しなければならないのは、それにもかかわらず、従来の教養市民層研究はこの集団を定義し得ないものと結論づけている点である。大学教育とそれに直結する公務員というルートが教養理念と重なっているのなら、教養市民層の定義はこのルートを経た人々と明確に規定できるはずである。もちろん、研究者それぞれが自身の目的に従って便宜的に狭義に定義した例は多くある。しかし、歴史的実体としての「教養市民層」は、結局は何によっても把握できないということを前節において確認した。教養とは大学教育と公務員試験によっても十全には条件づけられなかったのである。フィアハウスもまた、教養理念の歴史的展開を包括的に考察した上で、この理念の多様性——美学・道徳・学識・文学・経済・軍隊・社交の領域にまでわたる——を指摘し、結局のところ特定の教養理念の独占が否認されていたと結論づけている[Vierhaus, 1972 : 528]。教養とは、あくまで個性の発展という抽象的レベルで理解するものだったということである。

(iii) 結果ではなく過程

教養理念が意味するものは、個人の内面的成長に関わるものであった——だが実際は、個性の開花、あるいは精神的品性として語られる教養の理念を、その字義通りに受け取っても、何も明らかではない。我々が見なければならないのは、むしろこの理念が抽象的にしか語られていなかったことである。

リンガーは「一八〇〇年頃には Bildung を通して自己を高めるという思想は何よりも出生に基づく永続的な社会的区別に対する社会的に進歩的・普遍主義的な挑戦だった」[Ringer, 1992 = 1996 : 100] と述べているが、市民層が掲げるこのような教養理念こそが、生得的でかつ永続的に不変の地位を持つ貴族に対抗して、自身の努力や心構えの意識的な継続が価値あるものだとする信念の表明となっていた(32)。貴族に対置する形で自己を証明しなければならなかった階層が採った方法は、出生と共にその生の終わりまで保証される血統の正統性とは対照的に、その生自体の様式によって自身を示す方法であった。彼らが教養の理念のもとに体現しようとしたものは、何者かではなく、どのように生きているか、だったわけである。教養理念のもとでは常に「どのように生きるか」を示すこと、つまり動詞的意味が重視されることを認識すれば必然的に、教養理念にとって重要なのは何らかの到達状態ではなく、不断にそれへと向かう過程、その時間の継続、あるいは時間を埋め続けることであると捉え直すことができる。したがって本来の教養とは資格によって固定的に付与されるものではなく、また資格を取得して完了するというものでもなかった。それよりもむしろ個人の内面的完成への努力を続ける行為こそが市民の証とされたのであり、つまり教養とは、常に自己形成を目指し続ける市民の「生の様式」のようなものであったと解釈すべきである。

自己完成への不断の努力、その過程こそが市民の証であるとすれば、要件としてそれを支えているのは、自己完成の非実現である。つまり、自己完成という何らかの確定的な状態へ至ることは、市民の生にとって最終的にはあり得ないからこそ市民としての証明が可能になるのであり、その実現は生きている限り遅延されるか、あるいは禁止されていると言ってもよい。このような「生の様式」はウェーバー的なプロテスタントの救済信仰と職業倫理と同型のものであろう。市民であろうとするためにこそ、最終的な到達地点を置かずに常に過程の段階にあり続けるのである。またそれゆえに、実現へ至るための手段・方法(教養の実践)については明確な提案が数多くなされたのに対して、その完成状態とはどのようなものであるかが具体的に提示されることはなく、当時のどんな教養観を見ても、「個性の開花」や「内面の成長」といった抽象的な表現が繰り返され、そのまま保持されているのだと考えられる。つまり、教養の根本理念は何ら具体的な最終目標を伴ってはいなかったのである。

教養理念においては、それが血統や称号を持つ貴族に対する市民の自己意識の基盤であったからこそ人生の過程が重視され、市民であることが常に過程であるために、いかなる最終地点も設けられなかったということを、教養の概念史から読み取ることができる。

(iv) 市民性

教養理念および市民の自己意識の問題とは切り離せない概念として「市民性」にも目を向けておこう。ここで言われる「市民性」とは、一九八〇年代以降の教養市民層研究が新たな視角として注目した歴史概念かつ分析概念でもある「市民性」である。[33] 教養とは一九世紀においては、どのように生きているかという向上過程にあることで市民たろうとする理念であった。それは言い換えれば、どんな属性によっても明確に規定されきれない市民層は日々の振舞いそのものの中に、自らのアイデンティティを求めるということである。その具体的な生活——価値観や精神性、服装、行動様式などによって幾重にも織り成される——を、歴史的に詳細にしようとする立場が、ビーレフェルト学派に代表される教養市民層研究の傾向である。特に市民性に注目するヴォルフガング・カシューバは、イギリス、フランスの市民層はほぼ階級的に編成されていたのに対し、「ドイツでは市民的な野心やアイデンティティのイメージがさしあたって「文化」において共通の表現を見出せたに過ぎない」と述べている(34)[Kaschuba, 1988＝2000：63]。そしてそうした生活について実証的に明らかにする重要な概念として「市民性」が研究者たちの間でも注目されることとなった。

カシューバによれば、歴史的には「市民的 bürgerlich」とは法領域の言葉であり、それに対して「市民性 Bürgerlichkeit」とは単純な権利状態を表す語ではない。それはむしろ、「財産・職業・趣味・教養など様々な基準からなる社会的ステイタスの概念であって、生の様式」[Kaschuba, 1988：10]のことであり、このように市民性が社会文化的価値の文脈に置かれるようになったのは、一九世紀のことであった。市民は自身を文化として、すなわち徳・行動様式・規範の総体として構成したと考えられるのであり[Nipperdey, 1987：143]、「市民性とはその対象の本質を表すのではなく、ハビトゥスを表すべきものとされた」[Lämmert, 1987：196–197]。これらの主張から分かるように、市民性とは、決して「市民」の文化の何か本質的なものを抽出したのではなく、日々実践され構成される様式に後からその名を付与するものであった。無論それは積み重ねによってある程度類型化された範となるのだが、しかし一つの特徴によってそれが語られることはないのである。

教養市民層の研究家たちは、人々が市民たろうとして市民的な何かを求めた行動の総体を「市民性」という分析カテゴリーによって叙述し、分析しようとしたわけだが、この概念が教養理念とどのような関係にあったのかを整理しておかなければならない。市民たろうとする人々が掲げた理念が教養で、市民であることを示すための教養実践の数々が市民性であるというような定義は同語反復である――もっとも、歴史の実情としては、この説明は誤りとも言えないだろう。市民性とは、当時の市民にとっても、歴史家にとっても、教養を求めて振舞った人々の生き方に関わった概念である。つまり、教養理念があくまで「個性の開花、向上し努力し続ける過程」という極めて抽象的な次元にとどまっていたのに対して、市民性は、決定的な定義要件を欠きながらも、市民としての人間の生き方を示そうとする概念であり、言い換えれば具体的な人物像や人生観に近づいた概念であると言えるのである。カシューバらが市民性の名称のもとに市民的な具体的生活スタイルを扱っているように、その生き方や人物像の「例」の総体が市民性であると言える。どんな振舞いをすることが、どんな価値観を持つことが、どんな生き方をすることが市民的なのかという、具体的な例はここで語られる。しかし、たとえば教養小説や日記、旅行といった具体例があくまで一例に過ぎず、その具体例のどれを取っても「市民であることの証」にはなり得ないということは、これまでの歴史研究が様々に試みても教養市民層を確定できないという結論に達していることからすれば認めざるを得ない。市民性とは、教養を身につけた人物像すなわち教養市民の具体例のサンプルを総称した概念だと言えよう。

市民を消極的に把握するとすれば、「貴族・農民以外」という境界が有効であったわけだが、彼らの積極的なアイデンティティは、allgemeine bürgerliche Kultur、すなわちドイツにおいて分断されていた諸領邦、諸都市に共通の生の様式によって支持されえた。教養や文化は市民の自己意識の基盤であると同時に、非市民への差異化の道具であったことは多々指摘されていることだが[Kaschuba, 1988 : 18; Kocka, 1988 : 27]、私はここでは差異化原理よりもむしろ、市民としての統合の機能に注目する。文化の不断の構成によって市民的であることを示す生の様式は、原理的により多くの人間が参加することを許容した。具体的な生活スタイルが徐々に形成され始めても、市民的価値観を共有すること、ある行動様式に従うこと、市民的な服装をすること——それらの実践によって、自己意識の中でも、また他人の目からも、市民であるという確信を得ることができるのである。結果として、市民文化は非市民文化の「市民化 Verbürgerlichung」をもたらしたという指摘もなされている［Bausinger, 1987］。市民文化の普及についてはヘルマン・バウジンガーのように併合性の観点から見ることも可能ではあるが、しかし非市民の代表としてのユダヤ人にとっては、当時の教養・文化への注目はむしろ解放への足がかりとなる肯定的なものであった［Mosse, 1985］。

いずれにせよ、当時の文化活動が、その無資格性ゆえにより広い範囲の人々にとって魅力あるものであったことは、疑いの余地がない。ハルトヴィヒによれば、様々なフェアアイン（協会）組織が社会全体を教養という市民的規範へと方向づける手段となり、手工業者や労働者のフェアアインにとっても教養理念がその推進力になっているとされており［Hardtwig, 1984：42-43］、またバウジンガーは、労働者層は教養の解放的な効果を信じていたと述べている［Bausinger, 1987：134］。よりよい状態への発展途上という過程において市民性の共通性を確保しつつ、個別具体的な様々なスタイルへの参加を広く許容するこの構造には開放性を読み取ることができ、その意味で市民文化とは普遍化の要素を持っていたと言うことができる。しかし逆に言えば、市民層を客観的に確定できないからこそ、貴族・農民以外の人々を統合しうるその広さ、すなわち普遍性こそが市民文化の生命線ということになる。市民文化の階級・国境横断的なこの脱境界化・普遍化傾向は、それまでの貴族文化・都市市民文化・農民文化には見られなかった独自の特徴であることが指摘されているが［Kocka, 1988：30］、その普遍性を保持する戦略の上でも、その中心的理念は抽象的で不確定的なまま——すなわち規定できないまま——、かつ高い価値を保っている必要があったのであり、現実の市民グループがその自発的協会活動においていかに排他的な措置をとろうとも、この理想的な開放性が放棄されることはなかった。

(v) 非規定性

教養理念、そしてほぼ同義に捉えられた文化概念、さらに市民の生き方を示す市民性概念について、ここでまとめておこう。これらの理念について注目すべきは、その定義がいずれも抽象的で不明瞭な次元に保持されているという点である。教養や市民性が、市民の自己意識の基盤として高く掲げられたにもかかわらず、何をすれば教養・市民であるのか、どのような状態であれば教養を獲得した市民と言えるのか、という確実な地点は設けられなかった。教養理念の歴史研究から明らかになることは、到達地点は明確にされないまま、過程が重視され、そして到達不可能性だけが確認され続けたということである。それは、教養理念がそもそも貴族の決定性に対して、努力し続ける過程を重視した時点で仕組まれた必然的な帰結でもある。市民性もまた、具体例を示すための指標ではあったにせよ、それは一例に過ぎず、何が市民的であるのかは最終的には保留され続けているのである。

一九世紀以降ドイツ社会に重要な影響を与えることになったこれらの理念は、いずれも明確に把握できないもの、すなわち規定し得ないものであった。教養理念の概念史を追えば分かるように、そこに確認できるのは、理念の定義の不十分さではなく、規定し得ないことが過度に強調されているということである――教養の理念をつぶさに追ってみても、その定義として浮かび上がるのは不断の自己発展というような過程の強調ばかりであった。教養とは把握も到達もできないものであったとしか言えないのである。教養も市民性も、明確には把握され得ない何かであったという、これらの理念の特徴は、本書の今後の議論において非常に大きな役割を果たすことになる。

そして、教養がむしろ規定され得ないものだったからこそ、その理念のもとに実態的な内容を充塡する様々な活動——文芸や音楽活動など——が活発に行われたと考えることもできよう。その充塡活動には、原理的には誰もが参加できるという開放性・普遍性もが保証されており、この理想的な理念がより広い範囲の人々を引き付けることとなったのである。西村が述べているように、官僚という身分もまたその充塡の一例であり、実情はともかく、それは原則として万人に参入できるもので、身分を超越したものと考えられた[西村、1998：394]。

(ⅵ) 外面よりも内面

教養理念が結局は規定も把握もしきれないものであったとすれば、当時の人々は教養について何を求めていたのだろうか。それを考察することは、やはり教養が明確には定義できないものであったことを示す重要な根拠となるだろう。

教養理念に関わる当時の主張の中に見出せる一つの重要な特徴は、「内面性」の重視である。教養理念が、そもそも出生と同時に何者であるかが血統や称号という形で決まる貴族に対抗するための市民の戦略であったことを想起すれば、すぐさま理解できることではあるが、教養によって志向されたのは、人間の内面的価値とでも呼び得るものであった。そこには、人間の価値を生まれでなくその人自身の努力や生き方によって見極めようとする価値観の転換も含まれることになる。リンガーは、教養理念が内面的成長と完全な自己発展についての宗教的・新人文主義的概念に根ざしていることを指摘し、古典的原典に接する過程によって人間は変わり、陶冶・教養という資質の獲得が貴族に対する潜在的な対抗要素になると述べている[Ringer, 1969＝1991：55]。教養理念の中でさかんに言われた「人間性」「人格」「個性の開花」といったものはすべて、人間の価値を個人の内面から見ようとする態度を示唆している。

内面が強調された例の中には、フリードリヒ・シュライエルマッハーが「教養人のために」行なった宗教講演も含めることができよう。感情神学としてやはり一九世紀前半のドイツに影響力を持つことになった彼の立場は、教会という場や宗教的な儀式よりも、個々人の内面に信仰心を持つことの重要性を説くものであった[Schleiermacher, 1799]。また、たとえばエンゲルハルト・ヴァイグルはベルリンのサロン——そこには教養を備えているはずのアカデミカーが数多く訪れていたのだが——について論じる中で、それがフランスのものとは異なり、女主人の屋根裏部屋が個人の内面を告白する場として機能していたことを明らかにしている。そこには社会的役割から抜け出た本来の個人が集う場だったというわけである[Weigl, 2001]。先に述べた大学教育と官吏任用試験においても「精神的貴族」であることが求められたことも、内面の高貴さを求めた例に数えてよいだろう。こうした例には、人間の外面ではなく内面、そして成果ではなく過程を重視しようとする価値観が表れている。

この価値観は、いくつかの領域に典型的に表れている。その一例は文明と文化という有名な対立概念に認められる。ドイツ語の文化 Kultur は、ザムエル・プーフェンドルフとヘルダーによって、キケロの「精神の耕作 cultura animi」から借用されたもので[Ringer, 1969＝1991：55]、先に触れたように、教養理念とも重なり合う意味を持っていた。文化もまた、人格の修養、陶冶を意味するものだったのである。この理念は一八世紀末には、主としてフランスの「文明 civilisation」概念との対立概念に仕立て上げられる。文明概念は一七五〇年代にマルキ・ド・ミラボーが提起したものとして通用しており、それは「振舞いの抑制、洗練された態度、上品さ、そしてその国民の中で礼儀作法が細かい法律の代わりをするように皆が心得ている知識」[Elias, 1969＝1977：118]であると考えられた。すでに一七八四年にカントが文明と文化を区別しており、それはナポレオン時代にはフランス、ドイツの国民性を表す一つの指標とされ始めた。結果としてナショナルな意識に直結することになるこの対立図式やそれにまつわるナショナルな意識にはない。しかしながら本研究の強調点は、仏独の対立図式やそれにまつわるナショナルな意識にはない。結果としてナショナルな意識に直結することになることは確かだが、それ以前に注目しなければならない問題がここにはある。それは、文明概念(35)が専ら社交上の振舞いすなわち外面的な所作の提示を意味しているのに対して、文化概念はむしろ外面には表れない人間の精神的な成長を指しているという相違点である。このことはリンガーも述べており、文明は外面的徴表、社交儀礼、表面的な洗練、実用的な知、外面的進歩の結果などを含意し、文化は陶冶される人間の内面的状態を意味するものだとしている[Ringer, 1969＝1991：57]。

ここで理解しておくべきことは、ドイツにおいては外面的なものよりも内面的なものが評価されたことの証左として、文化 Kultur 概念が立てられたということである(36)。それは確かに、対フランス、そして対貴族の意識につながるのだが、しかしまずは内面こそが重要であるという意識があったことにこそ注目しておかなければならない。

その上で、内面性が重視されたことの意味を考えてみよう。内面として語られるのは、教養理念にあったような人格の陶冶、精神性という漠然とした表現のみで、特に何を指しているわけでもない。内面とは何かという問いを立てても、何が内面かは不明瞭で、ましてその成長をはかるすべが明示されることなどない。内面性への注目から言えることは、教養理念のときと同様のものである。具体性も明確な目標もなく、ただ精神の向上過程を素晴らしいものとするような価値観の表明である。しかし、文化 Kultur という概念で示される内面性への注目が、教養理念以上にはっきりと示しているのは、外面性への明確な嫌悪である。つまり、目に見える指標すべてを拒んで、それらを価値のないものにするための標語が文化だったと言える。むしろ内面性への志向は、それ以外のことを言ってはいない。あらゆる外面的な指標への不信が繰り返し表明され、それによって外面性の価値が無効化される。文化概念の核心的な役割は、この外面性の嫌悪にこそ認めるべきであろう。

(vii) 非政治的であること

外面的なもの、目に見えるものに対する不信の表明は一九世紀のドイツにおいても二〇世紀になっても、至る所で見られた。ドイツにおいては特にはっきりと実業系の学校に対する蔑視があったこともそれを示している。リンガーによれば、一八五〇年代には「目に見えるものばかりに執着する精神傾向」に対して批判があり[Ringer, 1969 = 1991 : 20]、また教養とは実用的知識の対極にあるものとされた[Ringer, 1969 = 1991 : 54]。外面性への不信は、貴族の持っている血統や称号、儀礼的な振舞い、目に見える成果が確認できる自然科学系の学問、「パンのための学問 Brotwissenschaft」(37) に対する批判にも見られた。だからこそ、直接には役立たないと思われる古典の地道な学習が精神性を高めるものとして注目されたのである。教養理念のもとで言われた精神の向上、個性の開花とは、むしろ外面的に測ることのできないものであるからこそ、目には見えないものであるからこそ、価値あるものと考えられた(38)。

外面的なものへの不信と拒絶を顕著に表すもう一つの例は、「非政治性」への価値づけである。この考え方は、実利に惑わされることを拒むのと同様のものであり、利害に絡んだ駆け引きなどの行為を嫌悪するものである。一九世紀から二〇世紀初頭のドイツにおいては、非政治的であることが高潔な人間であることの証とさえなっていた(39)。そして、教養人たる読書人の政治理論においてすら、その特徴が観念論的でありかつ非政治的であることが指摘された[Ringer, 1969＝1991：79]。またエリアスは、そもそもドイツ語の文化概念には、政治的・社会的事実との間に強固な隔壁をめぐらす強い傾向があると主張している[Elias, 1969＝1977：69]。同じような傾向を、教養市民層の文筆業について研究した西村稔は、一九世紀の作家観にも見出しており、それを社会的アンガージュマンの欠如と呼んでいる。すなわち、当時においては真の作家＝詩人 Dichter たるものは、凡俗を超越した精神的価値のあるテーマに関心を持つべきであって、現代社会の問題を扱うような者は三文文士という意味でのリテラーテン Literaten に過ぎないと見なされたというのである[西村、1998：416]。

このような、言わば日々の世情に振り回されるようなものとしての政治は、教養を求める市民には似つかわしくないものと考えられたのだが、それをさらに極端に表明しているのが二〇世紀のトーマス・マンである。彼は特に「ドイツ的」なものとして、非政治性を挙げているが、ここでは敢えてナショナリズム的な議論とは距離を置く。それよりも注目すべきは、彼が「ドイツ的教養概念には政治的要素が欠如している」と述べている点である[Mann, 1918＝1968：165]。ドイツ的市民性が非政治的であることの価値を特に強調した彼は、実際に政治運動に加わったリヒャルト・ヴァーグナーに対してさえも、政治に対する憎悪という点にドイツ性と市民性を見出そうとしている(40)。

政治性を回避し、むしろ非政治性の方を重視したのは、確かにエリアスの言うように、一九世紀の知識人たちが政治活動から排除されており、政治の場で力を発揮し得なかったために、非政治的領域（学問や芸術などの精神的業績）に甘んじるしかなかったということも無関係ではないだろう。しかし、政治参加し得なかったために、それ以外の領域の価値を高めようとしたのなら、市民が政治的実権を握った時点で、あるいは軍国主義化および産業化が成功して英仏に劣らない国力を付けた時点で、非政治領域は用済みになるはずである。しかし、ドイツの教養理念への価値観――そこには非実用性や非政治性も含まれるのだが――は、国家の置かれた状況が近代化により優勢になろうとも、廃棄されることはなかった。時に、教養に群がる人々の現状が大衆化や堕落として批判されることはあっても、「本来の」教養理念そのものの価値が失われることはなかったのである。

ここで例として見てきた文化Kulturや非政治性の概念、そしてその根底にある教養とその内面性重視の価値観から取り出せることは、一貫した外面的なもの・可視的なものへの不信である。可視的なものの中には、すぐに結果が判明する実利や政治も含まれていた。そして、教養理念に込められていたのは、決して外面には表れない成長、目には見えない価値だったのであり、つまりは把握し得ないものの価値であった。先に提起した、教養理念は把握不可能なものであったことは、文化概念や非政治性の志向、内面性の強調という現象によっても補強されることになる。教養に関わるこれらの価値観の中では、具体的に捉えられないものへの評価が共通に見出せる。その内容はいつも外的指標ではないものであり、明確に規定できないものだったのである。

(viii) 公務員の二つの顔

教養がどのようにも規定され得ないのだとすれば、ここで重要な問題が浮上する。従来の研究からしても、教養市民層を語る上で最も重要な要素として認められてきた大学教育と国家試験による資格は、教養理念とどのような関係にあるのかということである。それらは、教養を備えた人間性をはかるためのものだったはずであるし、当時の人々にはそう考えられていたのである。しかし、教養理念そのものが、非規定なものであるとすれば、「規定」の典型である資格というタイトルは無価値なものにならざるを得ない。にもかかわらず、一九世紀以降のドイツが「資格社会」と言われるまでに、過剰な資格を生み出していたのはどういうことなのか。

だがまず我々は、資格も含めたあらゆるタイトルが、あらゆる把握の試みが、存在しつつも実は信頼されていなかったことを認めないわけにはいかない。そしてまさにそれゆえに、教養市民層は歴史家の様々な試みにもかかわらず、大学教育や資格試験によって定義しつくすことができなかったのである。

教養を保証するはずの資格が、社会的には機能しつつも、価値としては不信の目を向けられていたことを示している例は、ほかならぬ資格保持者すなわち、公務員とアカデミカーの行動にある。大学教育と資格試験によって、「教養」を証明されているはずの彼らは、それにもかかわらず、教養を求める活動を実践していたのである。この公務員の言わば二重生活については、西村が詳細に述べている。

一九世紀には、大学教育を受けた後、官僚をはじめとする社会的威信の高い職業に就いた人々が、広くアカデミカーと見なされることになる。西村は官僚が文筆家としても活躍していたという事実に注目する。(41) 彼は、ロマン主義時代の文芸作品に「二重人格」の(分身)小説(42)が多いことにも注目して、官僚という地位と、本来の内面的自己が実現されうる場としての文芸とのずれを強調した。彼らの様々な雑誌への寄稿記事は、世論の喚起装置ではなく、それ以上に個性や主観的精神の吐露の場として位置づけられる[西村、1998 : 310]。西村が提示するのは、生活のために官僚の地位に就いた人々が、内面的には、副業である文筆活動において、本来の自己を表現するという構図である。

たとえば、フォイエルバッハは、哲学よりも地位と収入が得られる学問、「パンのための学問」のために、「内面的には合わなかった」法律学に進んだのであり、憲法学者のゲオルク・イェリネク、法史学のオットー・レーネル、その他の法学者たちも自身の内面的な欲求を諦めて、地位・収入・名誉のために法律の専門家となった[西村、1998：10-11]。法律学という、生活のためになる学問は、外的事情によって選ばれたものであり、自身の内面はそれとは違うところにあるという意識、ラートブルフによれば、特に文芸の領域に内面が託されるはずであるという意識が、ここから確認できる[西村、1998：11-12]。

だがそもそも、中等教育から大学に至るまで、カリキュラムは人格養成としての古典語に圧倒的に占められており、この道をたどる者は、内面が陶冶されているはずであった。しかし西村によって紹介された法律家や法学者たちの意識においては、法学すらも「パンのための学問」なのであり、それを専攻することは、本来の内面に反することとして捉えられているのである。

西村が注目する官僚たちの生活、そしてそこから彼が指摘する外面的な職業と、内面的な自己の分離について、さらに考察を加えよう。まさにこの現象が、資格という外面的指標の不十分さを表していると考えられないだろうか。

ギムナジウムから大学、資格試験を経て官僚に至るルートは、その内容としての古典語教育によって支えられていた。大学と国家試験による証明は、官僚としてふさわしい人格を備えた人物であることの証明、であるはずであった。しかし、その試験に合格した官僚たちは、本来の自己を求めて文芸界に自己実現を試みるのである。教育改革議論でなされていたように、大学における古典語教育が人格陶冶と問題なく同一視されている場合には、このような意識のずれは生じにくい。あるいはまた、その等式が形式的な建前に過ぎないと見透かされている場合——すなわち人々が割り切っている場合——にも、それが内面に反することとして、嘆く動因にはなりにくいであろう。しかし、ドイツの法律家たちが同一視することも割り切ることもできずにいたということは、彼らが、制度化された大学教育を内面の陶冶として十分のものと納得してはいなかったこと、さらには、「真の」内面性を希求していたということを示唆している。つまり、教育と資格試験による教養の証明が、実は破綻していることを嘆いているのであり、その破綻を当然のもとして受け止めることができずに、どこかに「真の」、「本来の」内面性があることを、それがあると信じていることを、浮かび上がらせているのである。ここに、古典語の知識を、単にエリートの指標として見なしていただけではないドイツのエリート像を描くことができよう。学習や試験を、手段として活用することに徹しきれなかった彼らの意識自体の中に、ドイツの一つの特異性が表現されていると考えられる。

教養を古典の知識として試験ではかろうとしたのは、ドイツに限られた現象ではない。そして、教養が実際には測れるものではなく、古典語の試験と資格はあくまで代替手段であったこともドイツ特有の問題ではない。しかしここでドイツに特異だったと言っているのは、ドイツの官僚たちが、そのエリートとしてのキャリアを代わりの証明として割り切ることができずに、真の、あるいは本来の教養を求めたことである。つまりそれは、本来のものは別のところにあるという信念のもとに、資格が所詮は代用であり、仮のものに過ぎないことを、すなわち外的指標への不信を表明してしまっているということである。本来の自己の内面性は、外的指標以外の場に求められ、ドイツのエリートは、人格証明であるはずの教育と試験が、実際には人格証明とはなっていないことに気づいていたと解釈することができよう。

このずれに目を向ければ、歴史学者によって試みられた教養市民層の定義の難しさも、納得できるものとなる。職業によっても身分によっても、この階層を確定することができなかったのは、そうした視角では捉えきれないところに、教養市民という意識が——厳密に言えば、教養という意識が——担保されていたためと考えられるのである。言い換えれば、職業や身分によって、ある程度は「実体」としての教養市民層を把握することもできるが、この理念が含意していたのは、それにとどまるものではなかったということである。このことからも、ドイツにおける教養という概念が可視的な、あるいは把握しやすい枠組からは逃れる何かを含むものであり、その「捉えきれなさ」を慎重に吟味しなければならないことに気づかされる。教養とは、古典語の知識でも、資格試験でも、官僚という地位でもなく、ただ内面的陶冶といった抽象性で把持するしかないものであって、我々もまた、その抽象性の意味を損なうことなくこの理念を分析しなければならないのである。

西村が、官職に対する自我と個性の優位[西村、1998：317]を示す現象として文芸の領域を取り上げたのに対して、私はこれまであまり注目されてこなかった音楽領域への視点を提示しようと思う。この領域での活動に光を当てることによって、西村の提起した外面・内面という二重性がより明瞭になるだろう。予め強調しておきたいのは、資格として社会的に通用していたはずの教養を持っている人々が、なお「教養」を自覚的に志向する芸術活動に従事していたという点である。それは文筆活動と同様、生計を立てるための本職とは別の場で、つまり余暇に実践されていた。後に見てゆく芸術活動は、現在の我々の生活からすれば、仕事と趣味という形態を取っているのだが、当時の文脈ではこの二つの領域の活動が教養という核心的な概念で結びつけられていたことを軽視してはなるまい。余暇の娯楽とも見なしうる芸術活動は、娯楽ではなく教養を掲げた活動であったのであり、そこで職業の領域とは別の教養が目指されていたのである。内面的陶冶としての教養は、大学や資格の枠にも支えられつつ、しかしその枠を出たところでも探求されていた——そのことを端的に示すのが文学および芸術活動なのである。したがって、芸術活動を考察することは、教養という把握しがたい概念の意味内容にアプローチするために有効な要素であると考えられる。大学や資格試験では捉えきれなかったこの概念を明らかにしてゆくためには、芸術活動への注目が重要な意味を持つのである。

(ix) 教養の曖昧さ

本章では、従来の教養市民層研究の成果をもとに、一九世紀初頭のドイツにおける市民が何によっても定義できなかったこと、そして積極的な自己定義ができない市民たちがそのアイデンティティの基盤として教養という理念に特別な意味を見出したことを見てきた。そしてその教養理念が一体何を意味していたのかと言えば、それは個々人の個性の開花あるいは人格の陶冶というような抽象的な表現で語られるものでしかなかった。教養についての膨大な資料から概念史研究を行なった結果からしても、それは茫漠とした意味でしか捉えられなかったのである。[43]そして教養理念のそうした抽象的な意味から言えることはただ、常に発展過程にあるために、到達地点としての明確な目標を置いていない理念であることのみであった。教養とは、何か外的な規定によって把握できるものではなかったことは、教養市民層研究が、ドイツの市民層も、そして教養も定義困難であるという結論を提示していることからも認められよう。そして教養理念にとってはサブカテゴリーとも位置づけられる隣接諸理念——文化、内面性、非政治性など——もまた、何か具体的で明確なものを示すものではなかった。

本章が教養という理念自体を注視して導けたことは、それが非常に曖昧で分かりにくいものであったということである。しかしそれにもかかわらず、教養という理念は一九世紀のドイツにとって一つのキーワードとなった。そこにはどのような意味が潜んでいたのだろうか。教養という理念自体を追っても、おそらくその意味を解明することはできない。そのためには、ただ内面的な個性の発展というよく分からない理念に、当時の人々が実際にはどのように関わっていたのかを見る必要があろう。教養という理念のもとに、人々は具体的には何をしていたのか――その一つの重要な例が、芸術活動にあると考えられる。教養の代替指標のはずであった大学および官吏任用試験というタイトルを持つ人々が実践していた芸術活動、特に音楽活動は、概念史的検討では明らかにならない教養に内在する論理を解き明かすための具体的な素材なのである。

第二章　教養のアリバイ――アマチュア音楽活動

第1節　サークル活動の中の音楽

大学教育および官吏任用試験によって、教養を証明されたはずの公務員たちは、それにもかかわらず、内面的な自己を求めて——本来の教養を求めて——、たとえば文芸活動に従事するという二重生活を送っていたということを西村は明らかにした[西村、1998]。その二重生活の別の例として本書が取り上げるのは芸術領域、中でも音楽活動である。

フランク・ビュットナーは、教養と芸術の関係は自明のものと思われながらも、それがどのように関係していたのかはほとんど考えられてこなかったとして、その関係を考察した[Büttner, 1990]。そして、そこからフンボルトをはじめとする当時の言説においても、芸術はその道徳目的によって教養と結びついていたこと、すなわち芸術は人々を教化するものとして捉えられていたという結びつきを提示した。

ビュットナーが例に取る領域は主に美術の領域であるが、音楽についても同様のことが言える。一八三五年から一八三八年に刊行された『音楽の百科事典 *Encyclopädie der gesammten musikalischen Wissenschaften oder Universal-Lexikon der Tonkunst*』[Schilling, 1835-38]においても「教養」という項目が設けられている。そこでも前章で確認した通り、この理念が「文化」と同様に用いられること、人間の状態の根本的な発展として理解されるものであること、人間が全面的かつ調和的に教化されることが記されるとともに、音楽は「普遍的教養の手段」として位置づけられる[Schilling, 1835-38＝1974：633-634]。音楽と教養理念そのものの内在的な関係については、第四章で改めて検討するが、ここではひとまず、一九世紀前半のドイツ社会において、芸術が教養に関わる具体的な活動として広く認識されていたということを述べておこう。

本章で注目するのは、大学教育や公務員試験という資格以外の場で教養理念を追求していたフェアアインVerein 活動である。ドイツでは一九世紀にフェアアインという自発的な協会あるいはアソシエーションが無数に設立された。分野的には多岐にわたるフェアアインの多くが、そこに「教養」を掲げていたことは、フェアアインについての詳細な研究が共通に指摘している点である。

フェアアインは、一九世紀の市民たちが相互に社交生活を繰り広げた点で注目されることが多いのだが、そこでは社交と並んで、一般的で目的を持たない教養の獲得と普及という目標が掲げられ、その活動を通して文学・芸術・学問が実践的に形づくられていったという結果にも目を向けるべきであろう[Sobania, 1996：189]。そして少なくともこれらの活動の中では、それまで抽象的で不確定的であった教養の要求は、特定の内容を持っていたのである[Roth, 1996：129]。

一七八九年から一八四八年までのフェアアインを研究したハルトヴィヒは、こうしたフェアアインが一般的allgemein な目標を持っていたことを指摘し、特に教養というスローガンが市民層に共有されるだけではなく、職人や労働者にまで模倣される経緯を明らかにしているが、数多くのフェアアインが掲げた教養という目標の例として、自然科学、歴史、音楽、美術などの分野を挙げている。各フェアアインが徐々に連合化し統一化していったことから、それを通じたネイション形成にも関心を寄せている彼は、中でも合唱協会、特に男声合唱協会(1)が重要な役割を果たしたと述べている[Hardtwig, 1984：17]。芸術は個々の自己感情を、そのコミュニケーション能力と同様に高めるべきものであった[Hardtwig, 1984 : 41]。教養の実践として広く普及していたフェアアイン活動の中で、芸術、そして音楽も重要な位置を占めていたのである。

一つの都市に絞って一九世紀の市民生活を詳述している歴史研究においても、同様の指摘が見られる。一七七五年から一八七〇年までのケルンの市民、特にその自発的アソシエーション活動の調査においては、三月前期の市民社交の場として、社交クラブ、芸術協会、音楽協会、体操協会、家庭的な社交の場であるガストハウス、劇場の六つが挙げられている(2)[Mettele, 1998]。一七九〇年から一八八〇年までのアウグスブルク市民に関する研究においても、フェアアインの形で行われた社交として一八三〇年代までにポピュラーだったものは、①一般社交のフェアアイン(射撃協会も含まれる)、②文化伝達のフェアアイン、③社会的・経済的フェアアインにまとめられているが[Möller, 1998 : 168-180]、②の文化フェアアインの例には、芸術協会、劇場協会、音楽協会が挙げられており、この種のフェアアインにおいて特別な意味を持ったのは、アマチュアの私的な活動や愛好家コンサートとプロの音楽活動とが柔軟に混在していた音楽フェアアインだとされている[Möller, 1998 : 175]。

フェアアインの代表例として、必ず音楽協会 Musikverein が挙げられることからも、教養の実践的な場として音楽という領域は当時の人々に自明であったと見なすことができる。また特に「音楽協会」の名を持たなくても、一般の社交クラブに音楽活動が取り入れられていたことも併せて述べておきたい。社交クラブの活動には、実際には音楽活動が積極的に取り入れられており、多くの社交フェアアインでは、大きな催しの際にコンサートと講演が企画されていた。そうした「音楽の夕べ」には、フェアアインのメンバーがアマチュアとして参加したり、町のアンサンブルが招聘されたりしたのだが、大きなイベントではない定期的な会合でも、毎週合唱や四重奏が行われていたことが明らかにされている[Sobania, 1996：186]。

教養市民層研究において、これまでは音楽はほとんど取り上げられてこなかったのだが、しかし教養の実践的活動において音楽がむしろ不可欠な要素となっていたことは、様々な先行研究の副産物からも明らかである。

では教養の資格証明がなされたはずの人々が、再び教養理念を追求しつつ音楽領域ではどのような活動をしていたのか――それを明らかにするために、本章では合唱協会運動を主題化するが、その前に、音楽活動の全体像をスケッチしておこう。注目すべきは、当時の音楽活動が大学教育を経た公務員たちによって先導されることが多かったという点であり、その意味で、音楽活動の担い手は狭義の教養市民層に属していたという点である。音楽フェアアインの基礎を築いたカール・フリードリヒ・ツェルターも、後にベルリン大学の教授となった教養市民であった。

教養理念をめぐる活動としてまず挙げられるのは西村が注目したような文芸活動で、音楽領域においても一九世紀には各種のメディアにおける文筆活動が活発に展開されることとなった。特に一九世紀前半は、批評活動の大部分は音楽以外に公職を持つアマチュアに担われていた。現在にも名を残す音楽雑誌を次々に刊行したのは、こうしたアマチュア批評家や編集者であったことからしても、この種の活動を単なるディレッタンティズムと軽視することはできない。また、一九世紀前半には、特にアマチュアの楽譜コレクターが重要な役割を担ったのだが、彼らの多くは収集するだけではなく、その演奏にも貢献し、さらに音楽史や理論に関わる論文なども発表している。

音楽について影響力のあるエッセイを書き、また一九世紀の古楽復興運動にキーパーソンとしての役割も果たしたアントン・フリードリヒ・ユストゥス・ティボーは、著名な法律学者であった。彼はハノーファーのギムナジウム卒業後、ゲッティンゲン大学、ケーニヒスベルク大学、キール大学において学業を積み重ね、最終的にはハイデルベルク大学の法律の教授となっている。彼は大学時代から宗教声楽作品や民謡の楽譜を収集しており、ハイデルベルクではアマチュア合唱の監督をも引き受けた。ティボーと同様に、古い声楽曲を収集し、古楽サークルも開いたラファエル・ゲオルク・キーゼヴェッターもまた、医学博士でありかつ著述家でもあった父を持ち、自らは大学で哲学と法律を学び、後にはウィーンの軍事顧問官となった。彼は若い頃からピアノや声楽をはじめ数々の楽器もレッスンを受けており、コンサートでは歌手として参加することもあった。後にバッハ協会の設立者の一人に名を連ねることになるカール・ゲオルク・V・フォン・ヴィンターフェルトも、ハレ大学で法律を学び、ブレスラウの判事に就任している。彼もまた、公職のかたわら、イタリア旅行などで古い声楽曲と出会い、楽譜を集めたり、写譜を行なったりしていた。

音楽のプロである音楽監督の地位を得た人々でも、大学教育を受け、公務員となっていたケースが少なくない。小説家として、そして作曲家として知られるようになったエルンスト・テオドール・アマデウス・ホフマンも、弁護士の父を持ち、自らも「自身の意志ではなかったが」ケーニヒスベルク大学の法学部に入学して法律を修めている。修了と同時に下級弁護士となり、その後法律の最終試験に合格してからは副裁判官、行政顧問官にまでなっている。公務員として着実な道を歩む一方で、精力的に文学活動・音楽活動を続け、音楽だけでも経済的に成り立つようになってからようやく、ワルシャワに移転して音楽家として本格的に活動するのである。その後、バンベルクの音楽監督にも就任している。

もちろん、大学教育を受けずに音楽家として活躍した人もおり、あるいは大学から脱落して音楽家へ転身することもあった。この頃の音楽教育は、ほとんど個人レッスンによってなされており（それが音楽家にとっても重要な収入源だったのだが）、それは将来音楽家へと転身することも可能にするほど、専門的なものであった。演奏家になるには、大学を経ずに幼少時代から個人レッスンを重ねて早いうちからコンサート活動を行うことによってそのキャリアを積むことが一般的であった。

このようにして見ると、音楽の領域で活躍するには様々な可能性があり、それゆえに、公務員に就いた人々が音楽を本格的に実践することも異例のことではなかったわけである。ここで挙げた例は、後世にも名を残した人々であるが、音楽の専門家とはならないまでも、その活動に参加していたより多くの人々の姿を、合唱協会という場を通して明らかにしよう。(3)

1　教養の実践としての合唱

まずは、合唱協会が広がってくる背景として音楽活動全般について述べておこう。ヴァルター・ザルメンは、西洋におけるコンサートは一般に知られているよりもはるかに多様な形態と機会によって催されていたことを明らかにしている［Salmen, 1988］。そこには宮廷のコンサート、サロンコンサート、教会コンサート、劇場コンサート、室内楽コンサート、歌曲の夕べ、リサイタルといった、比較的知られたものばかりではなく、保養地コンサート、大衆のコンサート、労働者・勤労者コンサート、美術館コンサート等、聞き慣れない名称のコンサートが、特に時代や地域を問わず、数多く紹介されている。その名称や分類が曖昧であったり、適切ではなかったりすることはあっても、歴史的にコンサートがいかに多様なものであったかをほとんど同列に並べて紹介する意義は、従来の音楽史的な知識からすれば、大いにあろう。その中で、本書の対象時期と地域から見て注目に値するのは、彼の名づけるところの、ホームコンサートであり、またアマチュア・コンサートである。ホームコンサートとは、一七世紀からすでに盛んに行われるようになったものであるが、その名称は「私的コンサート」、「ファミリー・コンサート」、「音楽の夕べ」等とされているもので、いずれもブルジョワの邸宅内かその庭園で行われる小規模な音楽会であり、コンサートの最小単位を形成する演奏活動であった［Salmen, 1988＝1994：164］。その特徴は、演奏家の大半が愛好家（アマチュア）であったことであり、また教会音楽、劇場音楽、室内楽といったジャンルを場所や機会にこだわることなく自由に演奏していたことである。それは「親密な家庭的雰囲気」の中で「合奏によって相互の理解を深めようとするもの」であった［Salmen, 1988＝1994：163］。また一方、公開コンサートおよび半公開コンサートにおいて一八世紀半ばから支配的だった形式がアマチュア・コンサートである。このアマチュアには「今日多くの人が考えている資格のない素人、というイメージは決してつきまとってはいなかった」(4)［Salmen, 1988＝1994：176］。つまり、一八世紀末あるいは一九世紀初頭においては、市民と呼ばれる多くの人々は単に聴衆として存在していたのではなく、職業音楽家と共に楽器を演奏し、共に楽しみ、演奏を披露するという実践的な音楽活動にも参加していたのである。

音楽史上の一般的な認識によれば、この時期のいわゆる市民社会の音楽とは、経済的・時間的な余裕を持ちはじめた都市の市民が、旧体制下では王侯貴族のものであった芸術活動に手を伸ばすようになったという前提に基づいて語られるが、彼らが始めた実践的な音楽活動の中で特に一九世紀以降、筆頭に挙げられるのは合唱である。音楽活動のための協会がなぜ専ら合唱であったのかという素朴な疑問には注意を要する。もちろんそれ以外のジャンルのクラブも設立されてはいた。たとえばフィルハーモニー協会やムジークフェアアインと名のつくものはたいていアマチュア・オーケストラの協会であった。しかし数の上でそれらを凌駕し、より重要な社会現象となったのは合唱協会とその活動なのである。彼らが求めた音楽活動の中で、合唱というジャンルが彼らにとって最も身近にあったことは疑うべくもない。啓蒙思想の影響から、人間の自然な音楽的素質は声だと考えられた背景も指摘されるが[Pinthus, 1977 : 128]、声の音楽は何よりも近づきやすさに大いなる魅力があったというのがより現実的な要因であろう。合唱活動に際しては高額な楽器を購入する必要もなかったし、一九世紀初頭までに技術的に高度化していた器楽ほどには、特別な演奏技術も必要とされなかったのである。そうした合唱活動が、実際には歌っていた曲種には差こそあれ、教養市民層ばかりではなく、下層市民にまで波及した[Mahling, 1966 : 197; Raynor, 1975 = 1990 : 177; Salmen, 1988 = 1994 : 70]のは当然のことと考えられよう。しかしながら、この活動は音楽作品そのものの生産に、より正確に言えば、「傑作」と見なされる作品の生産に結びつかなかったと見なされているがゆえに、音楽史の中で重要視されることはなかった。もちろん、この活動は、ザルメンが提示する様々な形態の音楽活動の社会史からすれば、その一面にすぎないと言えようが(5)、私はそこに重要な問題群が潜んでいると考えている。音楽領域の中での合唱運動の特異性は、その活動がコンサートにのみ重点を置いたものではなく、むしろ自主的な協会を設立しての定期的な活動であったことにある。協会を組織しての活動は、音楽領域のみならず、当時のドイツを考えるうえで非常に重要な現象なのである(6)。それについては後述するが、従来はほとんど注目されてこなかったため、そこに内在する、特に音楽史的というよりは社会学的に重要な問題にも気づかれてこなかったということを念頭に、まずは社会史的にその活動状況を提示することが必要であろう。

(i) ベルリン・ジングアカデミー

合唱運動とは、一九世紀においてヨーロッパ中に見られたものだが、特にドイツにおいて盛んに繰り広げられた音楽活動で、具体的には都市に住む市民のたいていは自発的な組織――Vereinという名称に代表される――の中で行われた活動である。合唱のフェアアインに限らず、当時のドイツでは、フンボルトの政策とも不可分である市民の教養熱に支えられて、詩歌創作や芸術討論等の文学的・学術的目的を持つ団体が至る所で形成され、ドイツはクラブ・協会活動の模範的な国にまで発展したと言われる[Boehn, 1911=1993：345]。ドイツにおいては大小様々な都市でそれぞれ合唱団が次々に設立された。こうした団体の歴史研究にはドイツの地元の都市研究がその勢力を見せている。当時無数に設立された合唱団について私が網羅的に調査をすることは不可能であるが、一八六四年の『ドイツ合唱年鑑 Taschenbuch für Deutsche Sänger』によれば、ベルリンのみに限定しても、混声・男声合唱団を合わせたその数は八九を下らなかったようである[Mahling, 1980：107]。しかし現段階で重要なことは、このような数多くの合唱団を逐一調査することよりも、むしろそうした合唱団体の基本的な性格をその代表例から引き出すことである。その際、プロイセンのベルリンでいち早く設立された合唱団を取り上げることが適当であろう。というのもその団体――ベルリン・ジングアカデミーとは、一九世紀の合唱運動、合唱協会設立に指導的役割を果たしており、規模・影響力・業績から言っても、最も重要な機関だからである。ドイツで設立された市民合唱団体は多かれ少なかれこのベルリン・ジングアカデミーを模範として作られたものであった(7)。

ベルリンの宮廷で楽長ヨハン・フリードリヒ・ライヒャルトのもと、第一チェンバロ奏者を務めていたカール・フリードリヒ・ファッシュは、一七八三年にライヒャルトがイタリアで古様式の教会音楽を研究して持ち帰ったベネーヴォリの一六声ミサ曲に強く感銘を受け、それを筆写するとともに、自らも四つの合唱群のための一六声ミサ曲を作曲した。彼がそれを演奏するために弟子や友人を自宅に招いたことが、後にジングアカデミーとなる合唱サークルの始まりであった。一七八七年からは、その会合にファッシュの弟子であった女性たちも参加するようになり、早くもその形成段階から混声合唱を実践し始めていた。枢密軍事顧問官であるカール・ルートヴィヒ・ミロウの娘は、会合に参加していた女性の一人であるが、一七八九年にはミロウ家で集会が行われるようになる。徐々に集まる人数が増え、そこが会場として手狭になると、一七九一年に外科医ヴォイトゥス夫人の屋敷に場を移し、ここで火曜日に例会を持つこととなった。このとき会員は二七名になっていた。この人数はジングアカデミーの日誌に記されているが、この記帳を始めた一七九一年五月二四日がこの団体の創立日とされている。そして同年九月に聖マリア教会で行われた公開演奏は、この団体の第一回演奏会であると同時に、ベルリンの教会で初めて混声による宗教曲が歌われた例であった[Auerbach-Schröder, 1966 : 97]。彼らはファッシュの合唱曲の他にコラールやパレストリーナ様式のア・カペラ合唱曲も歌っていたのだが、それらすべてをソプラノ、アルト、テノール、バスの混声四部でこなしていた。

その後さらにメンバーが増え、一七九三年に芸術アカデミーのホールで練習を行うことになったが、一一月五日に、この場所に因んでジングアカデミーという正式な団体名が付けられた。ジングアカデミーへの入会希望者がさらに増えると、入会には現会員の紹介と理事会の承認が必要とされ、その頃までに別に設立されていたジングアカデミーの予備合唱団に入るためにさえ何年か待たなければならないほどだった。このような厳しい入会条件を持っていたことから、また会員同士が親族・友人関係であることが比較的多かったことから、市民による団体活動にしばしば指摘される通り、ジングアカデミーが閉鎖的な団体であったことは否定できない。

図1　1830年頃のベルリン・ジングアカデミー［Bollert, 1966］

また、ジングアカデミーの練習見学は評判となり、それを一目見たいと希望する人々も出てきた。その際にも監督の許可証が必要とされ、限られた者だけが三、四週間に一度設けられるその機会に見学することができた。そこに選ばれたのは芸術家、学者、あるいは大臣であったが、王族や王自身がしばしば客として臨席することもあった。王室とのこうした結びつきは、ジングアカデミーの名声と地位を高めるのに大きく作用したと言えよう。ジングアカデミーはベルリンにおいて歌劇場に次ぐ重要な音楽組織となった。

ジングアカデミーは揺るぎない評判を獲得するに至り、一八二七年には自前のホールを持つまでになった。自前の建物の計画はツェルターの友人で、枢密建設監督官長のカール・フリードリヒ・シンケルによって進められた。この間に会員数は二〇〇名を超えている。シンケルの設計になる建物は、内部に階段や列柱を持つ豪華なものであった。

財政を長らく支えていたのは、第一に会員の会費、コンサート収入であったが、自前のホールを持ってからは、ホールを他の団体に貸して使用料を得る方法も講じられた。

ジングアカデミーは大規模化するにつれ、組織的に整備されていったが、当初は確固たるプランを持っていたわけではなかった。日誌がつけられるようになった一七九一年が創立年とされているが、組織としての基本的な性格が明らかになったのは、一八一六年に最初の規約が成文化された時点であろう。この規約によれば、ジングアカデミーとは神聖で真面目な音楽の実践によって会員の教化をはかる目的を持つものであり(第一条)、参加できる程度の特性と芸術的教養を参加資格とすること(第二条)、入会のためのオーディションとその手続き、時期について(第三、四条)、会費について(第五条)、脱会とその例外(第六、七条)、週二回の練習日に関する規定(第八条)、監督・指揮について(第九条)、監督補佐について(第一〇条)、理事の役割と人数について(第一一、一二条)、財務について(第一三条)、理事会について(第一四条)、が定められている(8)[Bollert, 1966 : 61-68]。

この規約の前文および第一条に認められる協会の目的は、何よりもまず「神聖で真面目な音楽」を演奏し、その実践的訓練によって会員の「教化」をはかることである。つまりこの合唱団の目的は、実際には社交的要素があったことは事実だとしても、そこに集まってくる人々がそれぞれ教養を求め、それを身に付けるよう努めることにあったのである。このような会則の制定と目的意識ゆえに、この時期のアマチュアによる音楽活動は、それ以前の娯楽的な音楽活動とは区別して見る必要があろう。

その他の重要事項は、各声部から一人ずつ、男女各四人の責任者を、監督とともに合唱団員が選出すること、そして監督自身も合唱団員が多数決投票で選出するという規定である。ウィーン体制下にあって、このような民主的な手続きが採られていたことは注目に値するが、ジングアカデミーは決して革新的な思想をもつ政治団体としての性格は有していなかった。それは、王室との結びつき、そして設立目的、この時点までに形成された慣習への固執に見ることができる。

ツェルターのファッシュ伝によれば、ジングアカデミーには様々な地位、年齢、職業の人々が集まっており、「三〇、四〇人以上の会員を持つこのジングアカデミーは、音楽的能力を持った多世代の人々からなるファミリー」であった[Auerbach-Schröder, 1966 : 100]。しかし様々な職業とはいっても、運営上の理由から会費が高額であったためでもあろうが、会員の肩書きが示す社会層の幅は決して広くはない。ここに見られる肩書きはたとえば、衛生官、行使館参事官、宮中顧問官、市参事会員、法律顧問官、枢密顧問官、最高法院顧問官、鉱山監督事務官、視学者、枢密文書保管所顧問官、医師、牧師等、およびそれらの夫人である。このような肩書きからは、大学教育を受け、そして官僚となった人々が多かったことが分かる。この機関の閉鎖的性質は前に述べたが、その結果、会員内にはいくつかの代表的な一族の集団ができた。また、ジングアカデミーが各界の有力者によって構成されていたことも、この団体の影響力が強化されていった一因であろう。

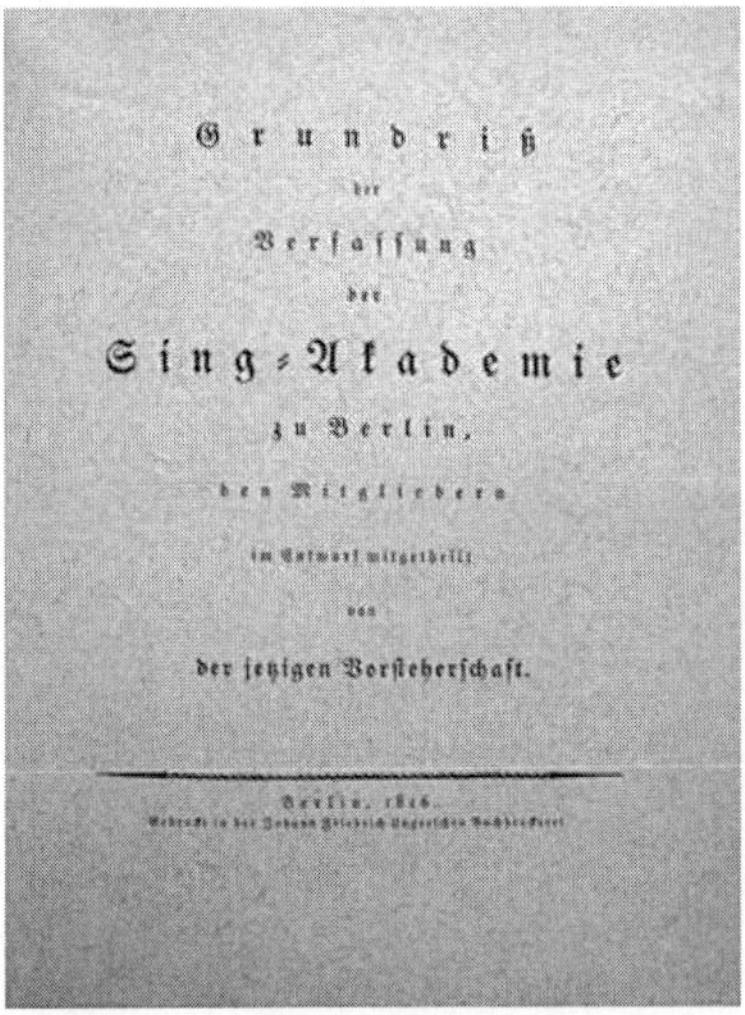
Grundriß
der
Verfassung
der
Sing-Akademie
zu Berlin,
den Mitgliedern
im Entwurf mitgetheilt
von
der jetzigen Vorsteherschaft.

Berlin, 1816.

図2　ベルリン・ジングアカデミー会則(1816年版)表紙[Bollert, 1966]

ベルリン・ジングアカデミーはファッシュの過去の教会音楽への関心から始まったために、以後もその方針を維持していったように考えられがちであるが、し

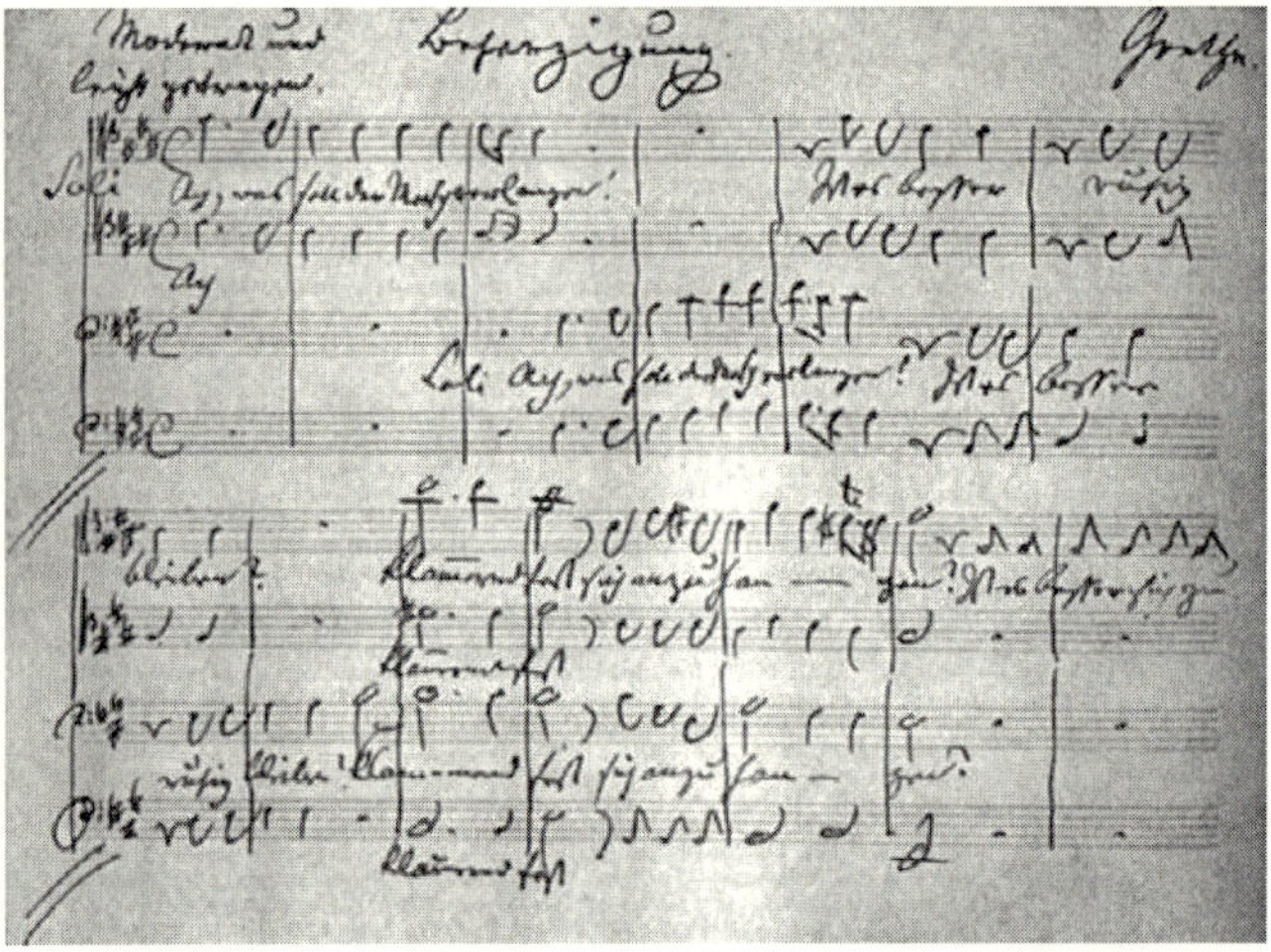

図３　E. グレルの音楽–詩アルバムへのツェルターの書き込み
[Bollert, 1966]

かし後の協会のあり方については、創立者のみの関心がなお強く作用していたと考えるよりも、むしろそれが会員の要求するものであったと見るべきであろう。それは個人的な趣味の問題なのではなく、そのような音楽が教養を得るために必要かつふさわしいものと信じられたのである。教化のために持ち出されたのは、過去の教会音楽であった。そのような意識が、この団体の後の業績、すなわちバッハの《マタイ受難曲》の再演という大事業につながるのである。

一七九一年に入会したツェルターはファッシュの最後の弟子で、彼の死後ジングアカデミーを引き継ぎ、以後三〇年近く監督を務めた。彼はまず一八〇七年にリピエーノ学校を設立した。これはジングアカデミーの伴奏を受け持つ楽器奏者を養成する機関で、一八二六年にエドゥアルト・リーツが結成したフィルハーモニー協会はこれを母体としていた。さらには一八八二年、これがベルリン・フィルハーモニーとなる。またツェルターは一八〇九年にはジングアカデミーの一部の会員を集めてベルリン・リーダーターフェルという男声合唱団をも設立する。
ツェルターが設立した諸機関、またそこでの彼の教育活動の評判は各地に届いており、ジングアカデミーには他都市から公的に、彼の教育方法を見学する使節が訪れた。たとえばブレスラウからは、フリードリヒ・ヴィルヘルム・ベルナーが一八一二年に、ジングアカデミーと同様の機関設立を計画するプロイセン政府の使節として訪れた。彼がブレスラウに戻った後、一八一五年にアカデミー協会(後に教会音楽のための合唱協会となる)が設立された。一九世紀前半には、各地で同様の合唱協会が設立されるのである。(9)

ツェルターとカール・フリードリヒ・ルンゲンハーゲンの弟子で、後に四代目の指揮者となるエドゥアルト・グレルは一八一七年にジングアカデミーに入会し、生涯そこでの活動を続けた。またツェルターが設立したリーダーターフェルの指揮者としても活躍した。彼は生前から古い教会音楽、特にパレストリーナ様式の音楽の優れた解釈者と見なされており、ジングアカデミーの姿勢に沿った一九世紀のア・カペラ運動主唱者の一人である。

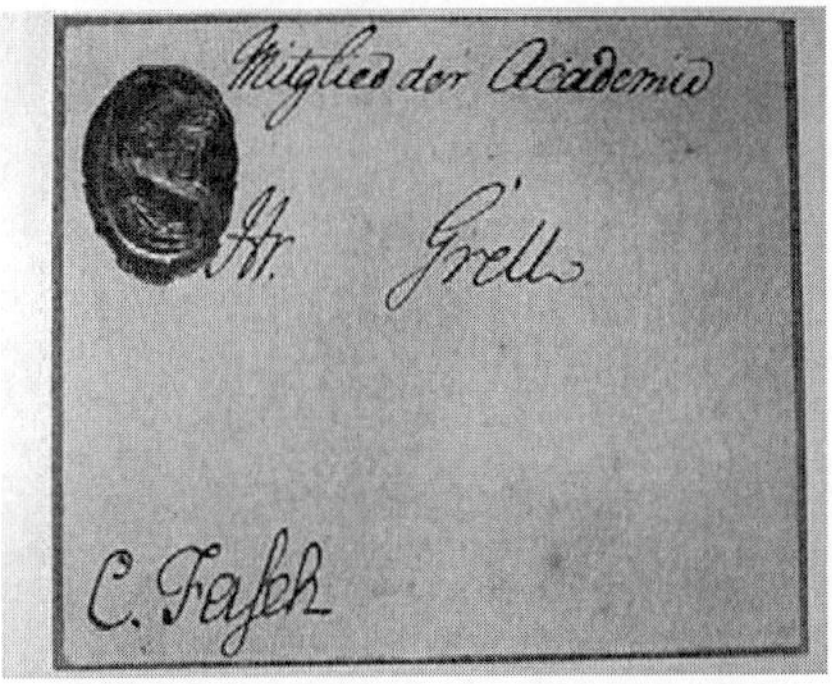

図4　オットー・グレルの会員証(1794年)[Bollert, 1966]

ツェルターの弟子としてはオットー・ニコライの名も挙げることができる。彼もジングアカデミーのメンバーとなり、その演奏会には独唱者として出演していた。それだけではなく、新たなリーダーターフェル(一八三一入会)、リーダー・フェアアイン(一八二九)、リーダーターフェル(一八三二、準会員)等の合唱団にも入会し、これらの合唱団のために作品を提供していたが、後にはオペラ作曲家になった。その他、当時の有名な音楽祭であるニーダーライン音楽祭(レムシャイト、ルールオルト、デュイスブルク等)を指揮したルートヴィヒ・エルクも一八三六年から一八四七年の間、ジングアカデミーの会員であった。そして彼はベルリンで合唱団設立活動も行い、一八四三年には民謡を歌うための男声合唱団、一八五二年には混声のための同様の組織を作ったのである。これらの活動は現在、ほとんど知られておらず、その名前さえ残っていないに等しいが、しかし実際の市民的音楽活動を支えていたのは、こうした音楽家たちだったのである。もちろん、彼ら自身も当時にあっては、それなりの名を馳せ、その作品も演奏されていた。そしてまた、ベルリン・ジングアカデミーには、このような音楽活動に直接的、指導的な関わりを持つ人間ばかりではなく、各界の名士に数えられる人々が参加していた。そこにはマイヤーベーア、カール・マリア・フォン・ウェーバー、スポンティーニといった歴史に名を残している作曲家たちの他に、シュライエルマッハー、ビスマルク侯、ヘーゲル、フンボルト、シャドウ、シラー、シンケル、シュレーゲル、そしてゲーテらが参加していたのである。当時の合唱活動は、アマチュアの活動であるだけに様々な方面の人々を引き付け、したがって音楽領域以外の人々にも開かれた活動であったと言うことができる。

(ii)リーダーターフェルと合唱サークル

ドイツにおける合唱協会の中で最初の団体であり、模範として多大な影響力を及ぼしたベルリン・ジングアカデミーの他に、その関係者が他の合唱団に直接影響を与えた例を挙げておこう。ここで取り上げるのは、ベルリン・ジングアカデミーの二代目監督となったツェルターであるが、彼は他にもいくつかのアマチュアの音楽団体を設立した。彼による組織は合唱団ばかりではないことにも、音楽活動の一つのあり方が見受けられるが、彼の合唱団の特徴は、ベルリン・ジングアカデミーとはまた異なる意味で後に影響を与えるものであるため、ここで紹介しておく。

彼の合唱運動の出発点がジングアカデミーであったことは、彼が自身で設立した合唱団がジングアカデミーの言わば派生団体であったことから明らかである。すなわちそれらのメンバーはジングアカデミーの会員で構成されていたのである。ツェルターが設立した最初の合唱団はジングアカデミー会員たちの私的な集まりから始まった。この集まりは声を訓練し、小品を練習することなどに取り組んで、歌唱練習を楽しんでいたが、このグループから一八〇一年に「イタリアの音楽学校に倣った歌唱学校 Singschule nach Art der italienischen Konservatorien」が成立した。ここでは、その母体となった歌唱練習グループの課題や規定が受け継がれた。そしてジングアカデミーがそうであったように、ツェルターはこの組織にも、初歩的な練習は不必要な程度の音楽的能力がある人を要求し、練習内容の密度を濃くするよう目指した。ツェルターが次に創設したのは、リピエーノ学校 Ripienschule（一八〇七）であった。これは、その名が示す通り、ジングアカデミーの定期演奏会に共演するオーケストラのための、器楽奏者を養成する団体である。ツェルターはこの機関を設立することによって、宮廷楽団からの一層の独立をはかったのである。またここでは、バッハや前古典派の器楽曲なども演奏されていた。そして三つめに作られたのは、リーダーターフェル（一八〇九年）である。これをもってジングアカデミーを中心とした、アマチュアの音楽訓練のための、彼の私的な小サークル作りは終わる。

これらの団体はベルリンとプロイセンの新しい音楽生活の中で支柱ともいうべき役割を果たした。国家機関であるアカデミーの音楽局を実際に支えるものとして、幅広い社会層における公の音楽文化の推進に貢献していたのがこれらの機関であった。またそのためにこそ、これらは特に、教師・カントルを養成するという教育目的を持った機関である必要があった。ツェルターはアカデミーの教授として、「カントルのためのゼミナール」の設置を提案することで、この目標をさらに追求した。[10]

ツェルターは、優れた音楽は人間を広く、深く、能動的にするという社会的意義を持っている、と考えていたが、その教養理念は彼の設立活動全体に反映している。彼にとってその前提とは、音楽活動を育む連合であり、そのような活動を可能にする音楽的基礎訓練であった。さらに彼はこうした組織を、部分的にではあっても、国家機関に組み入れることが重要であると唱えていた。[11]その考え通りにこの種の合唱組織と国家機関が結びつくのは、のちにジングアカデミーと呼ばれる団体が、ホールを使用するという実際的な目的のためにせよ、芸術アカデミーに接近したことに始まる。また彼は、国家との結びつきを、音楽組織ばかりではなく音楽家個人にも要求した。ツェルターは、音楽の没落を嘆いていたが、その原因を音楽家の大衆趣味への迎合にあると考えており、そのため、音楽家もアカデミー会員となって、国から俸給を受けるよう主張した。

このような考え方をツェルターは一八〇三年に成文化したが、[12]それが実現されたのは六年後の一八〇九年のことであった。音楽組織の国家機関化を実現するための第一歩としてツェルターは回想録を作成し、それをもとにして、フンボルトが国王に請願書を提出した結果、[13]芸術アカデミーに音楽局が設けられることとなった。ツェルターには国から俸給が与えられることになり、さらに一八〇九年六月二九日のアカデミー特別会議では彼を教授に任命することが正式に決められた。

ツェルターの音楽団体設立活動がほとんど戦略的に進められたということばかりではなく、諸機関が閉鎖的なものであると同時に、それぞれがつながっており、つまり団体網という性格を持っていたことも注目に値する。ツェルターが関与した団体の中で、ジングアカデミーはその中心をなす機能を担っていた。さらに歌唱学校は音楽実践のための予備的な訓練を行うものであり、またリピエーノ学校は実践的可能性を実現し拡大するはたらきを持つ、というように、それぞれに独自の機能があった。これらに対し、官吏層の音楽活動の中心的存在となっていたのがリーダーターフェルであった。

この団体は男声合唱団であるが、この形態を選択したきっかけの一つはオットー・グレルの送別会にあった。彼はプロイセン敗北後の時勢によって公職を失い、エステルハージ侯の歌手に転職するためにジングアカデミーを脱会することになったのだが、この送別会にはジングアカデミーの六五人のメンバーが出席し、ここで混声合唱とともに男声合唱が歌われた。作曲も作詞もジングアカデミー会員によるものだったが、それが好評であったことが、男声合唱団を形成しようという気運を盛り上げた。

一八〇八年にリーダーターフェルの設立が決定されると、ツェルターはその規約作成に取り掛かった。リーダーターフェルに初めて言及したツェルターの覚え書きによれば[Nitsche, 1980 : 16]、一八〇八年一二月二一日にヴォイトゥス夫人の家にジングアカデミーのメンバーが集まり(14)、リーダーターフェルに関するいくつかの事項を決定した。その中には、月一回の集会を持つこと、集会では慎ましい食事の間に仲間の集いの歌を歌うこと、ドイツ的に真面目で陽気な雰囲気を持つ人々の集団であること、などがあった。この最初の記録において重要なのは、リーダーターフェルがジングアカデミーから出てきたということである。ジングアカデミーが私的なサークルという性格を失っていたため、人々はより狭い、排他的なサークルを作ろうとしたのである。そのため、会員数に制限が設けられたのだが、これは以後堅く守られ、追加は名誉会員という形でのみ可能であった。リーダーターフェルはさらに別の性格、すなわち音楽と社交を尊重する側面を持っていたが、ツェルターはリーダーターフェルの準備会議の講演でこの面を強調した。リーダーターフェルでは、会食の時に陽気な歌を歌うことによって朗らかに心を高め、詩と音楽を完全に享受し、仲間との交流を深め、連帯意識を持つことが目標とされた。

リーダーターフェルの会員数は二五人(二四人の合唱団員と指揮者)に決められた。ジングアカデミーでの状況と同じく、入会希望者は多数だったので、五人の予備会員枠が設けられたが、彼らは正規会員が脱退したときにはじめて正式な会員資格を得た。そしてさらに名誉会員枠が作られた。会員は特に高官、知識人、芸術家から成っていた。製造業者、手工業者は稀で、つまりこの団体は官僚および学問的・芸術的職業にある上層市民によって構成されていた。(15) この構成は偶然のものではなく、それは会則自体に謳われている。そのためにこうした構成は以後共通して見られることとなった。またリーダーターフェルでは初見で歌うことになっていたために、音楽の基本的な素養が要求され、さらにジングアカデミーの会員でなければならなかった。

会員はジングアカデミーの会費を払っていたのに加えて、ここでも二コースの会食費用と入場料、そして三ヶ月ごとの会費を支払わなければならなかった。したがって収入にゆとりのある人々のみの参加が前提とされていたわけで、これがこのサークルの排他性を決定的にした。(16) さらに閉鎖的性格が表れたのは、きわめて複雑で儀式的な入会手続きである。入会希望者は音楽的素養と経済力を持っていなければならなかったうえに、メンバーから人望を得る必要があったが、このことがやはりこのグループ独特の同質性へとつながった。

またこの組織にはマイスター、副マイスター、書記、ターフェルマイスターという四つの役職が設けられており、これらは毎年選挙によって会員の中から選ばれた。ツェルターも同様に選挙を受け、それによって役職を外されたことも稀ではなかった。そしてこの投票方法もまた、リーダーターフェル特有の儀式ばったものであった。選挙はグループ意識を守るのに役立ち、同時にその形式の背後にある個人の意志の自由という理想を実現するものであった。

一八一九年にはルートヴィヒ・ベルガーとベルンハルト・クラインによって新たにリーダーターフェルが設立される。これはツェルターの組織を模したものであったが、新しい政治的風潮を反映しており、会員数制限を廃して門戸を広げたものであった。以後、この男声合唱団は混声合唱に参加する人々よりも広い層を取り込んで特に一九世紀後半に隆盛を極めることになる。(17)

ベルリン以外の各地で、ジングアカデミーやリーダーターフェルの影響を受けた団体は無数にあるが、その名が確認できる主なものをいくつか挙げておこう。アウグスブルクでは一八三〇年にリーダークランツ、一八四三年にリーダーターフェルが設立され、ボンでは一八三〇年に古い音楽を歌う合唱協会が作られた。ブレーメンでは、一八一五年にジングアカデミー、一八二七年にリーダーターフェルが作られ、デッサウでもフリードリヒ・シュナイダーによってリーダーターフェル(一八二九)が、ドルトムントでもリーダーターフェル(一八四〇)が、ドレスデンでもリーダーターフェル(一八三〇)が作られた。フランクフルト・アム・マインではシェルブレがベルリン・ジングアカデミーをモデルとして混声合唱団チェチリア協会(一八一八)を創設し、リーダークランツ(一八二八)も作られた。ハノーファーでは混声合唱団であるジングアカデミー(一八〇二頃)が、リーダーターフェル(最初のものは一八三〇)が作られた。カッセルでもシュポーア主導によりチェチリア協会(一八二二)が設立され、キールでは一八二〇年に、ケーニヒスベルクでは一八一八年に歌唱協会 Singverein と一八二四年にリーダーターフェルが作られた。ライプツィヒには特に多くの合唱協会が作られている。リューベックでは一八三三年に歌唱協会が作られ、マインツでは一八三一年にリーダーターフェルが作られるが、これは間もなく混声合唱団となった。マンハイムやミュンヘンにはリーダーターフェルとリーダークランツのほか、いくつかの合唱団が作られ、オスナブリュックやシュトゥットガルトでも同様であった。ザルツブルクやウルムではその他にジングアカデミーも設立されている。ここに挙げたのは、一八四〇年頃までの記録だが、一九世紀半ば以降は、その数が一層増えることになる。

一九世紀前半に設立された合唱団は、ジングアカデミーやツェルターの団体のように組織化されていたものばかりではなく、「サークル」と言った方が適切であるような合唱団も数多く存在した。しかし、それだからといって、サークル的な合唱団の意味は決して小さくはなかったことは強調しておかなければならない。半ば私的なサークルであっても他の都市の音楽家や音楽愛好家の耳にも届くほどの評判を持ち、各界の重要人物が参加するようなサークルもあったからである。私的な合唱活動とも思われがちなこうした合唱サークルについて、ここではその有名な例を紹介しておこう。特にゲーテが一八〇七年に、ツェルターが一八二〇年代に、さらにキーゼヴェッターが一八一六年に、自宅で開始したサークルはその代表例である。この私的な集まりの中で、最も長く続いたのはティボーのサークルであった。

ティボーは、一八〇五年に法律の教授としてハイデルベルクに赴任する以前から、古い宗教的声楽曲や民謡に関心を持っており、楽譜収集を始めていた。彼はハイデルベルクに来てから、女性詩人で教育家のカロリーネ・ルドルフィの家で毎日曜日に集会する合唱サークルに参加し、そこで指揮をしていた。彼女の家は、音楽愛好家が集まる、一つの社交の中心地となっていた。一八一一年に彼女が亡くなると、ティボーはその監督を引き継ぎ、集会の場を彼の自宅に移したのである。

彼はその会場を「歌唱ホール Singsaal」と称し、またこの集会は毎週木曜の晩に行われたことから「音楽木曜会 musikalische Donnerstag-Gesellschaft」[Pfeiffer, 1989 : 203]と呼ばれた。この会は実質的には一八一四年に始まり、彼が没する一八四〇年まで続いたのだが、ハイデルベルク市民の関心を集めるだけでなくドイツで広く知られるようになった。(18)

ここにはルドルフィの時代と同じように音楽を愛好する男女が集まったが、その入会者を厳しく選んだのはティボー自身であった。彼は歌唱能力のある人間を選抜したが、それは、選び抜かれた高貴な芸術愛好家だけが音楽を知り、音楽の趣味を磨き、それによって高い音楽的知見を得る能力がある、という考えを持っていたからであった。音楽的素養のある人だけを集めて、芸術的に高い目標を掲げる姿勢はベルリン・ジングアカデミーとも共通している。ティボーは特に会員選抜と音楽の選択に関しては己の意志を押し通し、暴君とさえ言われる[Pfeiffer, 1989 : 203]ほどの独裁者ぶりを見せていたが、会員の方は喜んで彼のやり方に従った。その意味でこの団体は、共通の芸術的目標を分かつ排他的集団であったとも言える。また合唱は、彼の理想に従って、ピアノによる通奏低音を伴ったア・カペラで歌われた。さらに彼がこれを非公開の会合とすることに徹して、公開演奏という発表の場を設けなかったのも特徴的である。これは公開演奏によって公衆への依存度が高まるのを防ぐためであった。但し、年に四度だけ、練習を外部の人々が見学できるような機会を設けた。これほど閉鎖的な合唱サークルであったにもかかわらず、参加者あるいは見学にはドイツ各地から多くの人々、特に有名な芸術家が訪れ、それによってこのサークルの影響も広がった。

ティボーの確固たる芸術理念は、一八二五年に彼が著した『音楽芸術の純粋性について *Über Reinheit der Tonkunst*』[Thibaut, 1825]に見ることができる。彼はそこで、低質化する現代音楽の趣味は古い宗教的な合唱作品を学ぶことによって洗練され得るという考えを提示しているが、これはライヒャルトやE・T・A・ホフマンとも共通した意見であった。そしてティボーは特にその代表的な音楽として、パレストリーナとヘンデルの作品を取り上げた。彼のサークルが広く影響を与えた第一の要因はパレストリーナを歌っていたことにある。すでにライヒャルトなど、ローマへ行った人々によって、あるいはウィーンの教会の伝統によって、パレストリーナは注目され始めていたが、一九世紀のパレストリーナ受容において決定的な役割を果たしたのはティボーであった。彼が真にその音楽を理解し、再評価したわけではなかったにしても、ハイデルベルクを訪れた重要な音楽家、たとえばメンデルスゾーンなどに与えた影響は大きかった。その結果、各地の合唱団もそのレパートリーをならい、同時にパレストリーナ復興運動としてのチェチリア運動に貢献することになった。

一方ウィーンではキーゼヴェッターが、一八一六年一月から彼の自宅で、古楽演奏会を始めた。これは実質的には古い声楽作品だけを取り上げるサークルであった。

当時、古楽に人々の関心が十分には注がれていないことを遺憾に思っていたキーゼヴェッターは、ヴィルヘルム・ハインゼの『ホーエンタールのヒルデガルト Hildegard von Hohenthal』（一七九四）やE・T・A・ホフマンの『新旧の教会音楽 Alte und neue Kirchenmusik』（一八一四）といった評論に感銘を受け、またイギリスにおける「古楽アカデミーAkademy of Ancient Music」（一七一〇～九二）やベルリン・ジングアカデミーにならって、このコンサートを始めたのである。特にベルリン・ジングアカデミーは彼にとって最も強い刺激であり、手本とすべき目標であった。キーゼヴェッターは、一八一二年にレオポルト・フォン・ゾンライトナーによって設立されたウィーン音楽愛好家協会 Gesellschaft der Musikfreunde の副会長として長く活躍するが、この機関は、彼が目標とするベルリン・ジングアカデミーとは性格を異にしていた。そもそもこれは国費によって成り立っているものであり、設立当初から会員が六〇〇人という大きな規模を持っていた。そしてイギリスにならってもっぱらヘンデルのオラトリオを演奏する団体であった。そのため、キーゼヴェッターは仲間のうちの小サークルを作って、ファッシュやツェルターと同様の活動を行おうとした。

このサークルには、ベルリン・ジングアカデミーと同じように音楽的素養を持った人々が集まっており、特別な練習の時間は設けられていなかった。しかしこの集会を繁栄させた一因は、キーゼヴェッターがその監督を務めていたウィーン音楽愛好家協会に付属する歌唱学校 Singschule（一八一七設立）との密接な結びつきである。つまり、このサークルには歌唱学校の生徒が参加しており、専門家あるいは素養あるディレッタントからなるこのサークルのメンバーは当初三〇人から四〇人であった。

この団体が行なった公開演奏会は年に六回程度で、それは四旬節や聖週間、待降節、クリスマスなどの機会に催された。このような形で古楽演奏会は一八三八年まで途切れることなく続き、さらにその後は私的なサークルとして一八四二年まで続いた。そしてこの演奏会には聴衆として、高位聖職者、政治家、詩人、文筆家、作曲家、音楽家、神学者などの、様々な専門家や愛好家が訪れた。

キーゼヴェッターはこの集会で、様々な時代の古い音楽を取り上げた。最初の二年間ですでにパレストリーナ、カルダーラ、ロッティ、ペルゴレージ、マルチェッロ、ヨメッリ、フックス、ヘンデル、ヴァーゲンザイル、レーオ、J・S・バッハらの声楽曲が歌われている。特にバッハの声楽曲は初年から後々まで重視されるが、これは一九世紀初頭のウィーンにおける重要なバッハ受容の運動となった。

これらに代表されるような古楽演奏は各地で起こりはじめたが、それは過去への憧れを反映するロマン主義であると同時に、当時の浅薄な音楽趣味への反省でもあったと音楽史的には言われている。教養を目指す市民層はそれによってより純粋なもの、より真面目で高貴なものを求めたのであるが、数多くのアマチュア合唱団を支えていたのもそのような人々であった。これが一致することに、ベルリン・ジングアカデミーをはじめとする合唱団が過去の音楽を育成することになったひとつの要因が認められる。つまり、教養理念は合唱運動の根底にあったのであり、教養のために必要とされた「真面目な音楽」、「厳格な音楽」といったものは、その多くが過去の宗教的な声楽作品と見なされた。確かに器楽の古楽演奏会も行われていたが[19]、数のうえでは声楽作品を扱うものが圧倒的であった。庶民的な娯楽としてではなく、高尚な趣味として合唱を行う人々にとって、宗教的な声楽作品は格好の対象だったわけだが、その活動は音楽史的には、過去の音楽の復興という重要な現象の一端を担うこととなった。

2　合唱の機能——日々の積み重ねと協調

このような形で教養を目標に掲げるフェアアイン活動が行われていたわけだが、ここで合唱というジャンルそのものと合唱協会の機能に目を向けよう。

この時期の合唱協会で実際に歌われていたのは基本的に多声の合唱曲であり、混声合唱であった[20]。ある程度の規模の多声合唱ともなれば、いかに音楽的素養のある人々の集いであっても、その演奏には事前の練習が必要とされる。実際に、合唱協会の定期的会合は練習にあてられていた。単純な楽曲でない限りは事前に幾度かの練習によって自分の声部の旋律を知っておくことが大前提であり、そのうえで初めて四声部を合わせられるわけである。そうした過程をユルゲン・ハーバーマス的に考えれば、合唱の練習とは会員どうしの対話であり、議論であり、そして共通意志の確認に至る作業に相当するものとなり、個人的な行為ないし気分であった歌唱は、参加者集団において合意を経た公の代表的見解としての合唱となるのである。そもそも声を和する行為自体には「同一の気分の共有」[Mahling, 1966：192]を見出すことができるが、こうした合唱体験がもたらしているのは「気分の共有」にとどまるものではない。というのも、合唱とは歌うという個人的な行為を、あるいはそれが有する気分を、単に寄せ集めた総和ではないからである。声部ごとに行われる練習の過程を考えるとき、そこにはあらかじめ共有された気分はないと言ってよく、むしろ最初は調和しない思い思いの歌唱の響きを徐々に参加者の努力によって一つの方向に合わせてゆくという、地道な合意形成過程があるのみである。

ここでジングアカデミーの会合日すなわち練習日が毎週設けられていたことを考え合わせると、合唱協会が目指していたのは、その場重視の社交というよりはむしろ、練習の積み重ねと何らかの「完成」であり、したがってそこでは持続的な過程の重要性を読み取ることができるのである。この過程の重視こそは、まさに教養の特質と重なるものと言えよう。教養・修養とは、一朝一夕に得られるものではなく、長期間にわたる不断の努力によって徐々に形成されてゆくものであり、その持続こそが求められるのである。また、そこで実践される音楽はより到達が難しいものがより適している。つまりその場限りで完成できるものよりも何回かにわたる練習を必要とするものが歌われるのである。ある「優れた作品」に直に接することによって自己形成を行うという教養概念は、その作品に対し、必然的に細部から全体まで、十分に時間をかけて追体験してゆく過程をたどるという点で、合唱の体験においてこそ理想的に実現されると言えよう。この実践過程はまさに sich bilden という動詞的意味を強く持っている教養概念にふさわしいものであったと解釈できる。

しかし個々人が sich bilden する教養としての合唱とは、常に集団で同時に実践するものであったことを忘れてはならない。地道に目指すべき全体的な調和は、他者との協同によってはじめて成り立つものであった。

合唱という教養の実践は、その過程を常に他者と共有していなければならないものなのである。そしてその同時実践とは、役割を異にしながらも、同じ拍節の中で動き、ディナーミクやフレージング、アーティキュレーションなど、すべてにおいて呼吸をも同じくして時間を共有することである。このような形での教養の実践は、協会活動の中でも一層会員同士の連帯意識を育んだと考えられる。音楽史的には、この時期の合唱運動の活性化は、器楽の領域を追われたアマチュアが合唱に流れ込んだというような理解が見られるが、この運動はそのような説明に終わるべきものではなく、動機は明らかに教養理念に裏打ちされたものだったのであり、そしてその実践はまた都市の市民の人間関係を作り替える機能をも担っていたということまで読み取らなければなるまい。

合唱の実践はまさに教養理念に適ったものであった点は強調しておくが、しかしながら当時のドイツをより広く見るならば、協会活動は合唱活動のみによって展開していたわけではないということも十分意識しておく必要がある。こうした広い協会活動は都市の市民独自の生活スタイルを示している。彼らは余暇に定期的な会合を持つことによってひとつの共同体を形づくっていたのである。そこには居住地域を単位として同じ趣味を持つ人々が自発的に集まっていた。その一つの協会内において重要なのは、個々人のそれ以外の面での相違というよりもむしろその団体に所属している動機、すなわちそこにいる人々に共有されている関心である。その意味では、協会に所属した目的以外の点で、思想、信条、生活習慣、価値観、職業、出自等、他者との相違が確認された場合にも、一つの目的が共有されているゆえに、そうした相違は克服されて社会関係は維持され得ると言うこともできる。自発的な集団でこそ、他者との違いの克服が実感され、その集団は自他共に認める同質的な人間の集まりとなる。

しかしながら、協会におけるそうした克服の可能性には重要な前提がある。会員を統合する共通目標の対極に位置するものとして、入会資格制限や複雑な入会手続きの規則が周到に盛り込まれていることが、その前提である。ある協会に入会するためには、まずすでに会員となっている人物による紹介が必要とされ、その団体の責任者の審査と許可を経なければならず、しかも定員という枠が設定されている、という規則は当時の協会に限らず、一八世紀の秘密結社や教会のゼクテにも通じる性格のものであろう。これは市民の活動にしばしば指摘される排他性を端的に示しているものだが[21]、このような閉鎖的な措置によってまた、団体を構成する会員の同質性が補完されているのである。ここでは、その差別的性質よりもむしろ、同質性の確保という点に注目したい。協会には、それを機会に新たに知り合う人々が集まっているのだが、但し、そこに新たに入ってくるのは全くの見知らぬ人ではない。すでに仲間となっている会員の親類や知人であり、したがって出身や職業、身分、さらにはどういった人物かであるかさえも、前もって知られている、あるいは知られているということが認識されているのである。募集の公示とそれに対する応募という方式ではなく、人脈による活動の成立は、当時の協会活動の本質的な部分であった。協会に入会に関する規則や制限がある以上、そこには全く異質な人間が入り込むことはない。それは言い換えれば、彼らの価値観や生活様式といったものを脅かすような種類の人間が入ってくる恐れはない、ということである。この種の措置はそれ自体、優越感や卓越化の意識を生み出すことは確かであろうが、そういう意識の形成も含めて、内部の人間にとっては同質性の保証という言わば安心感を与えるものであり、このような協会においては共同体意識が育まれやすいのである。先に述べた目標の共有による差異の克服は、排他的措置による同質性の確保によって成り立ち得るのであり、つまり内部で生じる差異が大きくはないからこそ可能であるとも言えよう。また、協会のそうした制度的な前提に基づいて、実際の活動には社交的要素も大いに入り込んでいたということを付け加えておく必要がある。その例が会食である。協会の本来の活動の枠を出ての社交が行われる場合、その内部で形成される同胞意識はさらに深められ、そうした付随的な活動によっても、彼らはまさに日常生活の一部を共有していたことになるのである。日常、というのはつまり、意識の表面で常に自覚されるものではないにせよ、日々蓄積され、意識の底あるいは無意識の領域に内面化されてゆく性質のものであるということである。新たな共同生活の形態を生み出した(22)このような自発的な協会活動は、過去の事件史的な歴史叙述には表れなくとも、決して周縁的な存在だったのではなく、一九世紀前半のドイツではむしろ経済的にも、社会的にも、政治的にも中心的な役割を果したことが現在では認められている[Hardtwig, 1984 : 19]。

さらにドイツの協会活動一般に見られたのは、連合化の傾向である。つまり、設立当初は地域に密着しており、また活動自体も十分にそれを意識しているが、やがて近隣地域との連合組織となり、最終的には一九世紀後半に同じジャンルの協会が一つの団体として統合されるということが起こった。こうした現象は特に領邦国家体制をとっていたドイツには数多くの中小規模の都市が存在していたという特殊状況からも説明できるが、ともかく数多くの都市で同様の協会が組織され、協会間のコミュニケーションの増大に伴い、組織自体が大空間化し得た、つまりより大規模で同質な共同体を形成し得たということが、この協会活動の重要性を物語るものでもある。それは地域に根を下ろしながら、しかも地域を超える可能性を持っていたのであり、所属する人々の思考にも地域を超えた共同体の可能性を示唆し得るものであった。この協会の連合化はまた、普遍的な目的の設定にも依っていると考えられている。すなわち理念的・文化的目的の自由な設定とそれに対する同化が人々を土地に結びついた結合から解放する道を拓いたというものである[Hardtwig, 1984 : 17]。

合唱協会はこのような一般的な性質を持つ協会活動の、音楽領域における単なる一ジャンルであったのではなく、合唱というジャンルそれ自体が協会活動に非常に適っていたものなのである。その特異性としては、合唱はその演奏形態上、集団による同時実践を条件としており、その経験は必然的結果として集団の凝集性を高める効果があるということが一般的に考えられよう。複数の身体の共在と発声の協同が共同体意識を生み出し鼓舞することは、あらゆる民族の祭りにおいて古くからこの要素が取り入れられてきたことを想起すれば、自明のことである。そうした合唱の用いられ方を一九世紀のドイツを対象に考察しているのはゲオルゲ・L・モッセであるが[Mosse, 1975]、そこでは特に一九世紀後半に盛んになった男声合唱が挙げられている。ただし、そこでは大規模な祭典において連合化した合唱協会、体操協会、射撃協会の三つが重要な役割を演じたことが述べられ、合唱の実践による効果についてはとくに特筆されているわけではない。

しかし、議論を一九世紀前半に戻せば、新人文主義者たちの主唱した教養理念により適合していたのは合唱運動当初の多声合唱の活動であった。それを示しているのが、会則にも掲げられている「神聖で真面目な」音楽である。それはすなわち過去の宗教音楽とされたが、教養の活動にこのような意識が結びついたことは、美術界においてはまず歴史画がその教化的意義を認められたことからすれば[Büttner, 1990 : 265]、必然的なことであったと言える。音楽史においては、一九世紀の「市民的」音楽活動の特性の一つに、この時期から過去の音楽を受容する慣習が成立したことが挙げられているが、それは単に同時代の音楽趣味に満足しなくなったからだという趣味の問題として片づけられるものではない。というのも、教養理念と考え合わせただけでも、人々が「真面目な音楽」であるがゆえに、意識的に過去の音楽を受容するようになったということが窺えるからである。そうであれば、過去の音楽は人々が自然に愛好するようになったというよりは、意識的にそれに近づいたという、道徳的あるいは教養的意識が大きく作用していたと考えられよう。この時期、過去の音楽を熱心に受容し始めたのは合唱ジャンルであったことからも、合唱運動における教養意識は過小評価すべきではない。しかしまた、音楽史上一般に考えられているように、合唱のジャンルでは過去の音楽だけが受容されていたとすることも、史実に反している。確かに「神聖で真面目な」音楽として過去の宗教音楽はそれまでになく注目を浴び、人々に影響を与えたが、聴かれていた音楽、演奏されていた音楽は過去の作品に占められるようになったのだろうか。事実は決してそうではなかったのである。

第2節　音楽祭の誕生——オラトリオ・ブーム

1　オラトリオの人気——失われたレパートリー

それでは次に、合唱活動において実際に取り上げられていた作品、つまりそのレパートリーについて検討しよう。この時期に過去の音楽への注目が非常に高まり、合唱協会の目的にもそうした音楽こそが教化にふさわしいものと見なされ、実践されてはいたが、当時の合唱レパートリーは決して過去の作品のみに占められていたわけではない。むしろ、活発に繰り広げられる合唱活動に応えるように、次々に新たな合唱作品が作曲された。合唱運動の火付け役とも言えるファッシュ自身も、自分の作品をベルリン・ジングアカデミーで歌わせていた。ここではむしろ、そのような合唱の新作に視線を向けるが、合唱運動がいかに当時の創作活動に刺激を与えていたかを説明するのは、音楽史上オラトリオ・ブームと呼ばれる現象である。

オラトリオは合唱活動において重要な役割を果たしたジャンルである。この語の厳密な定義については後に検討するが、本書では当時において一般的な認知を得ていた意味合いで、広義のオラトリオ、すなわち受難曲およびカンタータを含めてオラトリオと総称することをあらかじめ断っておこう。合唱の一ジャンルとしてのこのオラトリオは一九世紀前半に、全ヨーロッパ的にではあるが、特にドイツにおいて一時的な隆盛期を迎え、その現象は一般にオラトリオ・ブームとして知られている。本節では特にこの現象に焦点を合わせて合唱運動を考察するが、その理由は、その上演が確実に公開であったこと（合唱曲の演奏においては、協会内の非公開コンサートもあり得た）、したがってオラトリオが市民の音楽活動として社会的により大きな影響力を持っていたジャンルだからである。しかし、この「史実」についてのこれまでの音楽史記述は、イギリスで先行していたヘンデルのオラトリオ受容、バッハの受難曲の劇的再演と伝播、そして創作へのその直接的な影響の結果としてのメンデルスゾーンのオラトリオ作曲という三つの目立った事例によって済まされてきた。けれども実態が少なくともそうではなかったことは、マルティン・ゲックが出版した『一八〇〇年〜一八四〇年のドイツ・オラトリオ』[Geck, 1971]によって明らかである。これは当時の主要な音楽雑誌、楽譜出版カタログ、音楽事典の他、個々の作曲家の伝記や研究書を綿密に調査したうえで作成されたオラトリオ・カタログと言ってよい資料であり、当該期間に初演された記録のある作品について、その上演年、上演都市、資料状況等の情報が掲載しているものである。ここに確認できる実に一七〇曲（オラトリオというタイトルを持つものは一五四曲）

もの新作オラトリオの作品数および数の上ではそれをはるかに上回るその上演回数は、「一九世紀前半におけるオラトリオ活動の一時的隆盛」という音楽史上の認識を実証する有力なデータである。

オラトリオというジャンルはそれ以前からも存在していたのだが、一八世紀末にはこのジャンルと宗教音楽全般は停滞期を迎えていた。そのことを証言するものは、一八〇〇年の音楽雑誌記事であり、そこでは宗教音楽の作曲および演奏が少なくなったこと、特にオラトリオが二週間ごとに聴くことのできた二〇年前と比べて減少していることが指摘され、このジャンルで耳にできるのはカール・ハインリヒ・グラウンの《イエスの死》だけだと嘆かれている(23)[AmZ, 1800 : 587]。

このようなオラトリオ停滞の理由は、ナポレオン戦争によるものでもあったが、宗教音楽の低迷は、多くの教会が経済的・政治的理由によって解散させられたということも含めて、特にプロテスタント圏での、本来的な保護者である教会権威の失墜という理由にも依っている。それを考えれば、オラトリオの停滞とは音楽自体に理由があるというよりは、社会的なものであったと見なすべきであろう。オラトリオは元来のその演奏の場を失ったのであり、もはやそのようなジャンルに作曲家は魅力も必要性も感じることができなかった(24)。

こうした状況から、一九世紀のオラトリオの復活および隆盛が教会の力によって達成されることはほとんど不可能であった。にもかかわらず一九世紀前半に起こったオラトリオ・ブームを、グレン・スタンリーは「オラトリオ・ルネサンス」と呼んでいるが[Stanley, 1988 : 18]、それは教会と離れることによってはじめて引き起こされた現象であった。それを実際に引き起こしたのは市民の合唱運動だったのである。

2　オラトリオの定義

元来宗教音楽であったオラトリオが一九世紀前半に、市民による合唱活動を通して、したがって教会ではなく世俗領域を基盤に復活したために、このジャンルについては厳格な定義をめぐる議論が音楽ジャーナリズムを席巻した。その最も重要な争点はこのジャンルの宗教性である。

オラトリオの起源はその成立以前に存在していた中世の典礼劇や神秘劇などいくつかのジャンルが考えられているが、この名称自体はローマの教会における歌唱を交えた集会がその祈禱所（オラトリオ）で行われたことに由来している。複雑な発展史についての説明は省くが、教会との強いつながりを持つジャンルであり、音楽ジャンルとしては宗教的オペラと言われたように、宗教的な題材をオペラほど華美にではなく上演するものであり、説教的な性質から物語の進行を伝える語り手を担う独唱者を伴うという特徴も生み出された。また、はじめから合唱に重点が置かれていたジャンルでもあった。それがオラトリオについての最も基本的・一般的な理解であるが、しかし一九世紀のオラトリオは教会の説教の中で演奏されていたものとはかなり様相を異にしたものであった。

スタンリーはカール・レーヴェのオラトリオ《グーテンベルク》について、その演奏のイベント、スペクタクルが作品自体よりも重要であり、良くも悪くも音楽祭がこのジャンルへ与えた影響を例証していると述べているが［Stanley, 1988：202］、この作品が初演された機会は一八三七年のマインツにおけるグーテンベルク記念祭である(25)。それはもちろん合唱協会によって上演された。これは音楽祭におけるイベント的なオラトリオを象徴するものであり、したがってその側面から見れば、世俗的であることも当然と思われるオラトリオである。この作品から世俗オラトリオ、つまり宗教的題材によらないオラトリオの創作を開始したレーヴェは、その前段階として伝説に基づくオラトリオを復活させた。伝説オラトリオの音楽界での復活は彼の《七人の眠り聖人》(一八三三)に始まるが、このとき彼は過去のオラトリオの題材を現代に蘇らせようとしたのではなく、完全な世俗オラトリオへ向かう新しい道を歩み始めていたのである。すでに彼の《エルサレムの破壊》(一八三〇)では聖書を全く使用せず、政治的テーマと宗教的テーマの結合がはかられていた。この段階では伝説オラトリオに属するものではあったとはいえ、政治的テーマの採用はオラトリオの世俗テーマ化への第一歩であった[Stanley, 1988 : 159, 165]。事実、彼の最初の世俗オラトリオ《グーテンベルク》は、聖書の普及に計り知れない役割を果たした印刷機の発明自体よりもむしろ、一四六〇年代の政治問題を扱ったものだったのである[Stanley, 1988 : 200-201]。レーヴェ以降、世俗オラトリオの道が拓かれたという意味では、彼は変革をもたらした重要人物であったが、そこに至った経緯は、音楽祭におけるオラトリオのイベント性という素地なしには考えられない。

この、言わば一九世紀オラトリオの革新派の旗手であるレーヴェに対して、保守的な美学者たちは、オラトリオの世俗化を阻止しようとした。一九世紀にはオラトリオ隆盛に伴い、古来の問題についても様々な議論が引き起こされた。その中心的な議論は、詩と音楽の叙事性・叙情性・ドラマ性についてと、オラトリオが免れ得ない宗教性との関連の問題であり、そうした論争は一八三〇年代の音楽ジャーナリズムを分断したほどであった[Stanley, 1988 : 155]。その時期は、オラトリオ・ブームが全盛期を迎えていた時期であり、同時にレーヴェが成功を収め、オラトリオの世俗化傾向も顕著になり始めた時期でもある。この議論については特にヴィンフリット・キルシュが当時の目立った意見を取り上げながら、一九世紀のオラトリオ観、そのジャンル定義の試みの遷移を整理している[Kirsch, 1986]。一九世紀のオラトリオ観は、リリック・タイプ、つまり物語を叙情的な詩と音楽で綴り、会衆の共感を呼ぶタイプのオラトリオの定義に始まっているのだが、その主唱者として保守派に影響を与え続けたのはヨハン・アブラハム・ペーター・シュルツであり、ヨハン・ゲオルク・ズルツァーの事典[Sulzer, 1771-74]における彼のオラトリオ項目の定義であった(26)。

その定義は明らかにグラウンの《イエスの死》に照準したものであり、この執筆者シュルツはこの作品を、自分の知る限り最高のオラトリオであると評している[Schulz, 4/1792-99＝1967：612]。ルイ・シュポーアの《四終》(一八二六)はその伝統に属するものであっても、フリードリヒ・シュナイダーの《最後の審判》等、この定義に反するような作品が受容され、現実にはそぐわなくなると、徐々にリリック・タイプの優位性を相対的にする定義が試みられるようになった。一八三二年にフリードリヒ・ロホリッツはオラトリオ史を回顧して、教会とオペラの中間的ジャンルだと述べているが[Kirsch, 1986 に引用]、ドラマチック・タイプ、すなわち物語を劇的に表現するタイプのオラトリオへの関心は、必然的にオペラという完全なドラマ的ジャンルへの接近を示すものであったために、元来宗教音楽であったオラトリオはさらに議論の的となったのである。

ヘンデルの《メサイア》を理想のオラトリオと考えるE・T・A・ホフマンは、教会音楽をコンサートで演奏することに反対したが[Hoffmann, 1814：602, 617-618]、宗教音楽のコンサート化への反対は純粋主義者の意見であった[Stanley, 1988：75]。しかし殊にオラトリオに関しては、その演奏場所の世俗性を嘆く声はあまりにも現実離れしていたと言わざるを得ない。オラトリオは一八世紀から、公開コンサートで演奏されることは珍しくなかったし、また、ウィーンにおけるように宮廷音楽としての地位を築いていても何の不思議もなかったのである。すでにそのような経過をたどってきているオラトリオが一九世紀の活動において、コンサートで用いられたのも当然のなりゆきであった。一九世紀オラトリオの多くが演奏される場となった音楽祭は、その日程自体が教会暦の祭日と重なっていることもあったために、教会暦に即した初演日を持っているオラトリオも多いが、当時の資料によれば、演奏機会に礼拝とあるのは稀であり(しかし全くないわけではない)、会場も教会であったり、ホールであったりと、どちらかに固定されてはいない。音楽祭のためのオラトリオが教会で初演、という結びつきは多く見られるし、たとえばレーヴェの《七人の眠り聖人》は初演がホールと教会の両方で行われている。一八二九年から行われたバッハの《マタイ受難曲》の再演も、それが、歴史的にはオラトリオに帰属可能なジャンルのうち礼拝と最も関係の深かった「受難曲」であったにもかかわらず、一九世紀にはコンサートで迎えられた。このように、実際にはもはやオラトリオと教会という固執は皆無であったと言ってよい。

そのような現状が目の前にあったために、オラトリオ美学者たちも、その立場が保守的なものであれ、革新的なものであれ、宗教と結びつきながらもコンサートで演奏され得る様式を持つオラトリオの存在を認めている。フェルディナント・ハントは、一七世紀のオラトリオ(受難曲は除く)が礼拝に起源を持っていなかったことを明らかにし、さらに、初期にはオラトリオとオペラの区別もなかったとして、世俗オラトリオの形式に意義を唱えてはいない[Kirsch, 1986 : 236–239; Stanley, 1988 : 268]。一方、一九世紀のオラトリオが教会音楽の基準ではかられるよう主張した[Lomnitzer, 1961 : 98]。グスタフ・フィンクは、特に『音楽百科事典』[Schilling, 1835–1838]のオラトリオ欄も執筆しているのだが、究極の存在をヘンデルの作品に認めながらも、純粋な手法によるオラトリオ、つまり教会音楽と呼べるオラトリオの他に、一般的な宗教音楽としてのオラトリオを容認している[Fink, 1835–1838 = 1974 : 265–266]。

一九世紀の論争に現れた定義を概観すると、現代のオラトリオと見合わせたときに、そのどれもが定着しなかったことに気づく。あるいは、一九世紀後半そのままに多様な捉えられ方をしているとも言えよう。とうに宗教性を放棄し、あるものはオペラ的であり、あるものはカンタータとも言えるオラトリオは、もはや作曲家が冠した「オラトリオ」というタイトル以外に自己証明の手段を持っていないように思われる。そしてその多様な性質の重要な一つとして、オラトリオは今なおイベントのための、言わば「祭典音楽」とも言うべき性質をも保持している。むしろ、この祭典音楽という特質・機能こそが、一九世紀のブームにおけるオラトリオの実体であり、その時代が後世に固定化させた概念と考えられる。二〇世紀になっても何か特別な行事の際にはオラトリオが、あるいは他のジャンルの中で特別に祭典音楽としてのイメージを作り上げられた特定の合唱付きの音楽が構想されるのは、一九世紀前半のオラトリオ活動の名残であると言えよう。

3　オラトリオと合唱

ブーム的な現象として人々の注目を浴びていたオラトリオとは、音楽的にはどのようなものであったのだろうか。ここではこのジャンルと合唱との関係を明らかにする。

一九世紀のオラトリオ論争において、その宗教的イメージよりも音楽的なところで行われた論議は、そのリブレットのタイプであった。歴史的に見るとそのタイプは二つに大別されていた。すなわちドラマチック・オラトリオとリリック・オラトリオである。ドラマチック・タイプとは、その手法も演奏機会も伝統的なイタリア・オラトリオと同じもので、一八世紀ドイツにおいてカトリック圏でもプロテスタント圏でも見られたが、他方、リリック・タイプとは一八世紀半ば以降、礼拝目的で生まれたオラトリオである。その機能は、教会音楽一般の第一の機能と同じく、宗教と教義の「教化」であって、オラトリオにおいて表現される聖書の物語に触れることによって起こる宗教感情を強調するものであった。そこでの登場人物は無名の「観念化された者」[27]であり、彼らは物語の出来事に付随して起こるセンチメンタルな感情を表現する役割を担っていた。聴衆、すなわち会衆が、そのオラトリオの物語や表現されている感情に同化するよう意図して作曲・演奏されたオラトリオだったのである。そこで選ばれるテーマは必然的に、誰もが知っており、共感を得やすいものであり、したがってほとんどがキリストの降誕・受難・昇天に関するものであった。当時最も有名だったリリック・タイプのリブレットはカール・ヴィルヘルム・ラムラーの《イエスの死》であり、それに作曲したグラウンの同タイトルの作品は初演(一七五五)当時から一九世紀半ばまで根強い人気を持って受容されていた。[28]リリック・タイプのオラトリオが教会によって保護され、人々の支持を得るようになると、ドラマチック・タイプと旧約聖書のテーマは影を潜めることになったが、この傾向は一九世紀初頭まで残っていた。そのことはいくつかの音楽事典におけるオラトリオ定義からも裏づけされるのだが、特に一九世紀中葉まで保守派にとって影響力を保っていたズルツァーの『諸芸術の一般理論』における「オラトリオ」の定義に顕著であった[Schulz, 4/1792–99 = 1967 : 610-611]。その後、オラトリオ・ブームを迎える頃には、ドラマチック・タイプが復権することとなる。

しかし、どちらのタイプが優位であっても、基本的にはテーマも音楽も、一九世紀のオラトリオは一八世紀までの伝統をほぼ保持していた形であったことに変わりはなかったのだが、一九世紀に新たに作られ、支持を得たオラトリオにはスタイル以外の次元に注目すべき要素が含まれていた。それはまず、演奏規模の拡大である。一八世紀にはイギリスのヘンデル音楽祭においてすでに合唱が二〇〇人以上という規模での演奏が見られたが、一九世紀のドイツでも、演奏者が合唱だけで数百人にのぼることは極めて一般的になった。それは大音響への好みと音楽祭というイベントが生み出した慣習である。そしてそこからもう一つの新要素が必然的に生じたと言ってよいだろう。すなわち、オラトリオにおいて、それまで以上に合唱に重点が置かれるようになったことである。様式の面では、作曲技法上、重大な変化をもたらさなかったこの新要素はしかしながら、市民社会に熱狂的に受け入れられたオラトリオ活動を考察するうえでは軽視できない要素である。

ヘルムート・ロムニッツァーはシュナイダーの《最後の審判》を、ハイドンとメンデルスゾーンの中間に位置する最重要作品であると評しているが[Lomnitzer, 1961 : 111]、この評価は、その作品に認められる美的価値によるものではなく、上演回数にも表れているその熱狂的な受容と、音楽界および後の生産活動への影響の大きさに基づいているものであろう。《最後の審判》について語る際、まず述べなければならないのは、その人気の度合いである。上演回数については、当時の音楽雑誌に取り上げられた記事からある程度窺えるが、それを目安として比較するならば、その上演回数は一八二〇年の初演の後、二〇年間で七八回以上と、際立っている。一九世紀のオラトリオを考えるとき、この作品から目をそむけることは不可能なのである。アーノルト・シェーリングは『オラトリオの歴史』の中で、特に一九世紀に関しては我々が内容を知り得ない作品に至るまで数多くの作品について言及しており、その中で《最後の審判》を一九世紀のオラトリオのプロトタイプと見なし、ポジティヴにもネガティヴにも後の作品に影響を及ぼしたとしている[Schering, 1911 : 399]。

この作品の言わば一九世紀らしさを表している本質的な特徴は、作品中の合唱曲の多さである。様々に現れる合唱の優勢が、それ以前のオラトリオと《最後の審判》を大きく区別するものであり、将来の発展にも影響を与えた[Stanley, 1988 : 81]。《最後の審判》を歌ったのはアマチュアの合唱団であったが、一九世紀のオラトリオにおいて合唱が一層重要な地位を占めるようになったのは、前述したような基盤と受容があったからに他ならない。そしてまた、《最後の審判》が絶大な人気を誇り得たのも、おそらく合唱曲が極端に多いことが主要な要因であったとも考えられる。オラトリオというジャンルの歴史からすれば、オペラに比べて合唱に重きが置かれることは伝統的ではあった。しかし《最後の審判》においては全三〇曲中、大規模な独唱曲ないし重唱曲は三曲で、残りは、独唱部分を含むものもあるものの、ほとんどが合唱曲である。小節数を参考に合唱部分の割合を出してみると、《最後の審判》では約七七パーセントが合唱ということになる。合唱ナンバーの多さ、合唱の重視という傾向は、シュナイダーのその後のオラトリオ作品にも共通に見られる。シェーリングによれば、これは彼の特徴を最もよく表しているオラトリオである[Schering, 1911 : 397]。またそれは、彼ほどではなくとも、他の作曲家においても認められる傾向であり、そのことが一九世紀オラトリオの形態の顕著な特徴の一つであったと言うことができる。比較のために他の人気作品における合唱部分の割合を楽譜から算出してみると、シュナイダーの《失楽園》(一八二五)では約五六パーセント、シュポーアの《四終》では約四七パーセント、レーヴェの《エルサレムの破壊》では約五二パーセント、メンデルスゾーンの《パウルス》では約六二パーセントであり、それに対して、たとえば一八世紀の代表的オラトリオとして、J・S・バッハの《マタイ受難曲》では三五パーセント、また、一八世紀の作品の中では合唱に重点が置かれているヘンデルの《メサイア》でさえ割合としては三八パーセントにとどまる。一九世紀の作品では、他にヨーゼフ・レオポルト・E・フォン・アイブラーの《四終》(一八一〇)について、合唱が浪費されていると述べられているし[Schering, 1911 : 392]、ヨハン・ハインリヒ・クラージングの《イェフタの娘》(一八二八)の批評でも合唱の多さが言及されている[AmZ, 1828 : 171]。(29)

元来、オラトリオは合唱が重視されるジャンルであったが、一九世紀のオラトリオにおいて実質的に合唱曲の量が増加しているという点には注目すべきである。一八世紀のオラトリオでは、ヘンデルの《メサイア》のように、合唱曲数が多いにしても独唱の地位を脅かすまでには至っていない。しかし《最後の審判》に代表される一九世紀のオラトリオにおいて、全体的に合唱が増えたということは、多かれ少なかれ独唱の役割が減少したことを意味する。《最後の審判》では、レチタティーヴォとアリアを組み合わせて連ねる従来の慣習的な定式はなく、大天使の四人の独唱は専ら四重唱で登場し、ほとんどソロとして独立した地位を与えられてはいない。確かに合唱の多さはテクストによるところが大きいが、アリアの短さを見ても、作曲者自身が独唱を量的に重視していないことは明らかである。シュナイダーの《大洪水》（一八二四）は《最後の審判》以上に、大合唱のために独唱が抑えられている。

一九世紀前半にオラトリオ定義の問題で論戦を交わした美学者や批評家はそろって、オラトリオに対する合唱の中心的位置を強調していた。ロホリッツやフィンクといった保守派陣営もまた、共通して、以前のようなアリアや困難な独唱には反感を抱いていた[Lomnitzer, 1961 : 100]。しかし実際は、当時の合唱運動、そしてその「場」の需要以上に、合唱の割合を増加させる要因になったものはないだろう。

このように、一九世紀のオラトリオの外形は、合唱の増加という点で新しさを備えていたわけだが、いくつかの作品を見てみると、ドラマの内容から考えても合唱の役割がある意味では重くなっていることが分かる。一八世紀のドイツ・オラトリオを振り返ると、たとえばバッハの《マタイ受難曲》では、合唱はトゥルバとして群集や弟子等の様々な役割を引き受けていた。その合唱は声部の固定化によってはキャラクター付けされてはおらず、役名も冠してはいない。その役割は、主に語り手（エヴァンゲリスト）による主導に応えて引用文を現在形または間接話法で歌うというものであった(30)。それはエヴァンゲリストの静的な過去形による陳述と対照をなしている。

しかし、合唱が比重を増す一九世紀の新作オラトリオでは、合唱はそれまでの一般的な役割から逸脱することになる。極端な例としては、やはりシュナイダーの《最後の審判》が挙げられるが、この作品において個性を持ったキャラクターは悪魔（バス）のみであって、他の独唱として四人の大天使が登場するとはいえ、ほとんど合唱によって物語は進められる。天使の合唱は大天使の独唱と協同して終末の予言を行い（第一曲）、地獄の亡霊の合唱（声部SATB）は悪魔の従者として個性的なキャラクターを与えられている（第二、一九曲）。また、信者の合唱（SATB）と征服者の合唱（TTB）は独唱による先導なしに対立しながら物語を展開してゆく（第五〜七曲）。

つまりこの作品においては、主導権は合唱にあり、合唱によって災害の状況や喜び、苦しみ等の感情が生き生きと描写されている。伝統的な「観念化された者」の合唱はコラールにさえ残されておらず、すべての合唱には役名が付されている。独唱がこれほど後退している例はむしろ珍しいが、ドラマチック・タイプが復活した一九世紀の新作オラトリオにおいて、合唱はソロに従属するのではなく、そのストーリー展開に積極的に参与する役割を与えられている。

合唱に様々な「特定の役」を与えるオラトリオは、レーヴェによる作品にも見られる。レーヴェやシュナイダーの合唱は一つのキャラクターとなり、トゥルバ的役割をし、解説的な役割を担い、瞑想的な表出をも引き受けるものであり、バッハに見られるような音楽構造の有機的な統合としてではなく、直接的に劇音楽の主要な役割を担ったという意味で、骨格となっていると言える。

そして一方、たとえばレーヴェの《エルサレムの破壊》では、本来オラトリオには置かれるべき「物語り（ナレーション）」を担う特定の独唱者が存在しない。ストーリーを実際に担当するのはアリアと合唱で、そのためにこの作品は「オペラ的」[Brown, 1980：127]であると言われるのである。さらに特徴的なのは、特にレーヴェのオラトリオにおいては、それ以外の部分でも独唱の役割が減じられていることである。この作品で独唱を与えられている一〇人の名前つきキャラクターのうち、ヨハネス、シモン、エレアザールという、ローマに対抗するようユダヤ人を扇動する人物が設定されているのだが、この三人は単独に扱われることがない。常に三人で、つまり小合唱的な三重唱で現れ、かつユダヤ人の合唱を導くという役割を音楽的にも負っている。アジテーターという役割ゆえに合唱を先導する機能を与えられたとも考えられるこれらのソロは、しかしながらレーヴェの他のオラトリオにおいても見られ[Dusella, 1991：105, 161]、それによって彼の作品には独唱者の数が多くなっているのだが、このような独唱のあり方は、ソロの重要性の後退を示唆している。このように置かれたソロは本来の個人としての登場人物ではなく、ソロとしては副次的な役割を担うにすぎない。

一八世紀的なオラトリオ観からすれば逸脱である合唱のドラマへの参加は、確かに、合唱により大きな役割を与え始めていた当時のオペラへの傾倒でもあるが、オペラに接近した一要素として敵視されていた合唱の能動化は、一九世紀に初めて見られた特徴ではなく、実はそれ以前のオラトリオ手法への回帰であった。しかし、この技法的には回帰とも見える現象の真の意味を、それに狂気した時代と照合させながら考えてみる必要がある。

ヘンデルのオラトリオにおいては、量的にも質的にも重視された合唱は物語の展開に参与し、あるいは解説の役割を引き受けているが、さかのぼれば一七世紀イタリアのカリッシミのオラトリオにおいても同様な役割が与えられている[Smither, 1980：660-661]。カリッシミ以降、イタリア・オラトリオはオペラの様式的変化に従って合唱部分を省くようになり、残っていたわずかな合唱はしばしば独唱群によるアンサンブルが意図されるなど、主眼は独唱者によるドラマとなっていった。そのような傾向の中から合唱を重視する作品が生まれ始めたのは、市民による合唱活動が意識されてきたためであろう。合唱への性格付け、すなわちキャラクターとしての地位の授与は、シュナイダーにおいて、さらにレーヴェにおいてはより顕著である。

一九世紀のオラトリオは、専らリブレッティストによる合唱の重視、世俗オラトリオへの進出という点を除いては、特に後世にとって内容的に重要な役割を果たしたとは見なされていない。その例外はメンデルスゾーンであるが、彼の作品での合唱の扱い方は、当時の人気作曲家のそれとは異なり、むしろバッハのそれと類似している。そして合唱も独唱も様変わりした現代オラトリオを、過去の作品の本来的な手法および精神でもって再創造した。その音楽的、音楽史的重要性にもかかわらず、ここでメンデルスゾーンに触れないのは、彼がオラトリオ以外の領域でも、またオラトリオ作曲以前から一流音楽家としての地位を確立しており、音楽界に通用していた人物であるのに対し、シュナイダーやレーヴェはこのジャンルの成功によってのみ名をあげた音楽家だという相違を重視したいためである。時代を代表していたシュナイダーとレーヴェの音楽的な素朴さは作曲家個人の要求によるものではあるが、同時に時代の要求の反映であることに間違いはない。特に合唱部分の単純さ、歌い易さの背後にはアマチュアによる演奏という前提がある。そして合唱の増加にも、合唱のストーリーへの参与という方法上の回帰にも、時代の要求が表れているのである。それはツェルターやティボーに言わせれば「大衆への迎合」にほかならないのであろうが、しかしだからこそ作曲家個人の才を透視し、その作品を一層広い意味での時代性の反映と見なすことができるのである。彼らのオラトリオは社会の要求に直接的に応えたものだったのであり、それゆえに《最後の審判》のような作品が当時においてなぜそれほどの人気を博したかを問う方がオラトリオ・ブームという現象を解く鍵となり得るのである。

一九世紀オラトリオの特徴は、その背後にある潜在的機能を解明したときに重要な意味を持つ。まず、合唱の増加については、すでにヘンデルのオラトリオにおいて特徴的なことではあったが、それでもなお、独唱によるレチタティーヴォとアリアの定式は保持され、独唱の全体に対する重要性は維持されている。しかし一九世紀オラトリオにおいては、合唱の進出に伴い、明らかに独唱の意義が低減されている。おそらくそれは上演時に独唱部分もディレッタントによって賄われていたことに起因していると考えられる。シュナイダーの《最後の審判》は、むしろ著名なプロフェッショナルの歌手を招聘せずにすむオラトリオなのであり、独唱も含めて、すべての面でアマチュアのためのオラトリオだと言える。シュナイダー自身は、その合唱声部の簡素さや対位法の欠如に対して加えられた批判に対して、アマチュアによる上演を想定したとの意を表明している。(31) レーヴェはまた、オラトリオには民衆は皆参加すべきだが、彼らにはポリフォニーは難しいとの独自の考えから、作品では一貫してホモフォニックな書法を守った［Anton, 1912 : 82; Söhngen, 1978 : 43］。彼らのように明言はしなくとも、当時のオラトリオ作曲家やそのリブレッティストが、アマチュア合唱団を念頭に置いて創作を行なったことは当然のこととして推測できる。一九世紀のオラトリオは聴衆に聴かせるものというよりは、むしろその歌唱に参加し、体験するための音楽であった。そういったオラトリオにおける、アマチュア合唱団の存在による暗黙の要請を鑑みるとき、合唱の増加は参加者の権利主張に応える行為として捉えられる。

それは合唱の役割面での進出についても同様である。「観念的な存在」としてストーリー展開への参与および出来事の解説を担っていた一八世紀オラトリオの合唱は、独唱に対してあくまで従の側に立つ以上、超越的な存在、もしくはバックグラウンド的な存在――言い換えれば、舞台の暗幕の背後に位置すべき存在であった。しかし一九世紀のオラトリオにおいて合唱は積極的な参与によって、その従来の分際を破り、陽の当たる場所へ出現することになったのである。それは個人による独唱部との同等化を、あるいはまた独唱部に対する優越化を意味する。さらに合唱に役名が与えられればその地位はなお明確である。合唱は多数派でありながら、ドラマを動かす役割を獲得し、したがって主体性を得たわけである。合唱のこうした内面的な機能変化は、一八世紀とは違って多数のアマチュアによって歌われるようになったという事実を重ね合わせるとき、異なる意味を読むことができる。つまり、このような量的および質的重要性の増加によって一層、一九世紀のオラトリオは合唱のためのものとなり、ひいてはそれを担う市民のためのものとなったのである。

しばしば指摘された、手法的にオペラから受けた影響やオペラ的効果の意識は、作曲技法史上の目的論的な見解であって、演奏がすべて専門家によってなされるオペラと、アマチュアによるオラトリオとでは、その文脈を考え合わせたうえで、根本的に異なるものであると見なさなければならない。独唱と同等化した合唱を持つオラトリオ、またオラトリオ以外のジャンルも含めて、一九世紀の大合唱は、市民の自意識を具現化し得るものであった。クリストフ・ヘルムート・マーリンクは礼拝領域における合唱を特別な地位と場を占めるエリートと考えているが[Mahling, 1966 : 193]、礼拝領域ではなくとも、一八世紀以前の合唱は、特別な訓練を受けた専門家のものであった以上、総じてエリートのものであったと考えられる。そしてそれらの合唱は王制や宗教に奉仕する機能を持っていた。しかし、それに対して、一九世紀のアマチュアによる合唱は、過去の様々な合唱とは一線を画すものである。既述のように、一九世紀にとっての合唱は、マスターすべき音楽的技術を要しないという点で、また男女の声部的役割の上でも普遍的で平等な、一種の理想的形態の音楽ジャンルであった。実際の活動においても、一九世紀の合唱団は歴史的ないずれの制度にも属さないもので、多くが私設の自発的な団体であり、したがって奉仕先を持たない自己目的的な集団であった。大合唱は構造的に市民層に相当するものとなったのであり、合唱活動はこの時代に迎え入れられるべきものだったのである。民主主義への幕開けとしての一九世紀市民社会において大規模な合唱が盛んになったことは偶然ではない。

一九世紀におけるオラトリオとは、作曲技法上は特に刷新はなかったかもしれないが、しかし、従来の慣例であったナレーションが使用されなくなり、また独唱の役割が激減するなど、それまでジャンルを成立させてきた音楽形態を変化させたことは確かである。当時のオラトリオにおいて何よりも大きな変化は合唱の重視にあった。つまり、このジャンルは名称こそ従来のものを用い続けることになったものの、実質的には合唱が音楽の形態を規定していたのである。言い換えれば、アマチュアの合唱運動が従来のジャンル名を借用する形で、新ジャンルを創り出したのであって、それは合唱運動の勢力の大きさを証明する現象である。現在、一九世紀に作曲されたオラトリオはほとんど知られていないが、当時は次々に新作が求められ、そうした作品が「音楽芸術」として、そしてまた教養の実践として演奏されていた。合唱運動は確かに過去の宗教音楽を理想としていたが、決してバッハやパレストリーナのみを価値あるものとして受け止めていたわけではないのである。

4　イベントとしての音楽祭

上演状況によってもオラトリオの一九世紀的特質は明らかとなる。その状況を把握するためには、すでに紹介したゲックのカタログが有効である。

そこに掲載されている作品を上演年順に配列すると、雑誌等から確認できたものに限られる情報ではあるものの、その作品数の推移によってオラトリオの繁栄とその時期が読み取れる。一八二〇年あたりから新作が盛んに作曲され始めるようになるが、それ以前は平均して二、三曲というところであった。ロムニッツァーが、シュナイダーの第一作である《救世主の黄泉行き》(一八一〇)はまだ音楽祭運動の波を受けていないと述べているように[Lomnitzer, 1961 : 104]、この時期までのオラトリオ演奏はブームと呼べる現象を引き起こしてはおらず、一八一〇年に始まった音楽祭が約一〇年間で飛躍的発展を遂げ、実質的にブームを招いたと言える。重要な音楽祭であるニーダーライン音楽祭は一八一七年に始まり、また一方、シュナイダーの《最後の審判》は一八二〇年に初演された。音楽祭活動が盛んになるにつれ、オラトリオ生産活動も急増したが、この時期にシュナイダーやレーヴェといった「オラトリオ作曲家」は、多くの音楽祭に指揮者として招聘され、次々に新作を発表していた。シュナイダーのみに限っても、一八二〇年から一八五一年までの間に八〇以上の音楽祭の監督を務め、自分のオラトリオを上演していたのである。この勢いは、上演回数を確認すると明らかになる。次頁の表はゲックのカタログ情報から作成したものだが、一八三〇年代に飛躍的にオラトリオの上演が増えていることが一目瞭然であろう。

ゲックのカタログの中から、目立つ作品を抽出してみると、時間的・空間的にある程度の普及を果たした作品として一〇曲が挙げられる。

この一〇作品の第一の選択基準は上演頻度をはかる尺度としての上演回数である。ただし、初演年が各々異なるため、上演回数をそのまま比較することは意味をなさない。それらをある程度標準化する目的で一年あたりの上演回数を求めたが、ここに挙げた作品はその数値が一を超えているものである。ゲックのカタログを概観すると、新作オラトリオは再演の確認されていない作品の方がむしろ多く、再演が二回以上記録されているものの割合は一八三七年までの作品で約三三パーセントにすぎないことが分かる。第二の基準は空間的な普及

表1

上　演　年	上演曲数
1800年～1809年	37曲
1810年～1819年	66曲
1820年～1829年	165曲
1830年～1839年	331曲

表2

初演年	作曲者	タイトル	上演回数／年間	1年あたり	上演都市数	1回上演都市数
1801	ハイドン	四季	72／39	1.85	32	23
1803	ベートーヴェン	オリーブ山上のキリスト	69／37	1.86	34	23
1820	シュナイダー	最後の審判	79／20	3.95	52	39
1826	シュポーア	四終	34／14	2.43	25	19
1828	シュナイダー	ファラオ	14／12	1.17	12	10
1833	レーヴェ	7人の眠り聖人	13／7	1.86	12	11
1834	シュナイダー	アプサロン	9／6	1.5	9	9
1835	シュポーア	救世主の最後	11／5	2.2	7	5
1835	レーヴェ	使徒とピリピ	6／5	1.2	6	6
1836	メンデルスゾーン	パウルス	55／4	13.75	43	33

度を考慮するために、上演が五都市以上で行われたものとした。これは作曲者と特定の都市との関係によって再演が同地に集中している場合等、個別的な事情を多少なりとも排除するための基準である。

この表から、今日ではその名の普及度が想像しがたいシュナイダーのオラトリオの人気が確認できるが、その名声は、たとえばマクシミリアン・シュタードラーが専ら地元ウィーンで受容されていたように、シュナイダーがカペルマイスターを務めていたデッサウの地元贔屓《びいき》では説明できない。彼の《最後の審判》の同地上演はベルリンとライプツィヒの七回を最高に、デッサウとケーニヒスベルクで四回行われた他はほとんどなく、五二もの都市で――つまり空間的に広い範囲で受容されていたのである。

表に付記した「一回上演都市数」はいずれの作品においても上演都市数に対してかなりの割合を占めていることが分かるが、カタログ全体に見られた一般傾向は、上記の一〇作品にせよ、ここに挙げていない作品にせよ、基本的に再演は異なる都市で行われていたということ、つまり当時のオラトリオが各都市一回の上演を原則とする機会音楽的なものであったということである。全体的には、再演の確認できない作品が数多くあるのだが、そのことからもオラトリオは一回で使い捨てられる消耗品的なものであったと考えることができる。もっとも、非日常的な機会音楽あるいは祭典音楽であったところで、それ自体には一八世紀以前のオラトリオの特徴との相違を見出しえないのだが、一九世紀のオラトリオにおける初演都市とその作品との結びつきの希薄化が、前時代との区別を決定づけるものとして指摘できるのである。多くの都市での再演状況は、この時期のオラトリオが脈絡としての土地と機会に拘束されていないことを示している。個別的な事情から独立した祭典音楽としてのオラトリオの伝播現象を支えていたのはまた、一九世紀に発達した新聞・雑誌を通しての評判が先行する形での受容であり、単純に言えば話題作をわが町でもという、素朴かつ政治的な意図であろう。

ではその上演はどのようなコンテクストで行われていたのだろうか。オラトリオの上演をたいてい大事業に仕立てていたのは、このジャンルに特徴的なものとなったその規模の大きさだけではなく、音楽祭という特別に作られた場であった。音楽祭もまた、ドイツにおいて初めて成立したものではなく、イギリスにおいてその先例が見られた。その代表的な例は一七八四年にウェストミンスター寺院等で行われたヘンデル記念祭である。[32] レパートリー面でドイツのオラトリオ隆盛の火付け役を演じたハイドンもイギリスでのオラトリオ活動を目の当たりにし、多分に影響を受けた。その結果、作曲されたのが《天地創造》であり、《四季》であったことはよく知られている。

ドイツで開かれた最初の音楽祭は一八一〇年にテューリンゲンのフランケンハウゼンで行われたものである。これは、同地のカントルであり音楽教師でもあったゲオルク・ビショッフによって企画されたもので、彼は数ヶ月をかけた準備期間中に、周辺地域から演奏者を集め、またシュポーアらの音楽家を招いた。集められた演奏者は、オーケストラと合唱がそれぞれ一〇〇人程度になり、フランケンハウゼンの主要教会で二日間にわたるコンサートが催された。第一日の六月二〇日にはハイドンの《天地創造》が、そして第二日の六月二一日にはシュポーアのクラリネット協奏曲、ハイドンの《四季》より終曲合唱、ベートーヴェンの交響曲第二番等、八曲の器楽・声楽作品が演奏された[Alf, 1987 : 32-33; Young, 1980 : 507; Stanley, 1988 : 43-46]。地方新聞に取り上げられたこのコンサートは両日とも盛況であったと報じられた(33)。この音楽祭が好評を博して、翌年六月には第二回フランケンハウゼン音楽祭が、またそれ以後一八一五年、一八二九年にも同じように行われた。これらの音楽祭には、他の町や地域から人々が集まり、それによって、同様のコンサートが他の地域でも企画されるようになったのである。そしてビショッフ自身も他の町での音楽祭の委員として招かれた。ここでの開催方法は以後の音楽祭に影響を与えたが、招いた音楽家を開催地内の個人宅に宿泊させたり、あるいは数多くのディレッタントには旅館を提供したりするなど、音楽祭とは自給自足的な催しであった。そしてそこでのプログラミングも後の音楽祭のモデルとなった。つまり第一日にオラトリオをハイライトとして置く方法である。このような音楽祭は大都市ではほとんど開催されず、中小規模の都市で行われたのだが[Lichtenhahn, 1986 : 166]、オラトリオというジャンルをいくつかの地域の合唱団と協同して上演することこそ、音楽祭の最も重要なイベントであった。

合唱協会の場合と同じく、音楽祭の全貌をつかむことは不可能だが、その中で規模も大きく、ヨーロッパ中で名を馳せ、長く続いた音楽祭としてニーダーライン音楽祭を挙げることができる。この音楽祭の第一回は一八一七年にエルバーフェルトの音楽愛好家が大規模な音楽作品を演奏する目的で企画したものであった[Alf, 1987 : 50-77]。音楽関係の主導者は音楽監督のヨハネス・ショルンシュタインとフリードリヒ・アウグスト・ブルクミュラーで、この二人が一八二四年まで指揮を担当した。この年のコンサートでは、ハイドンの《天地創造》が演奏された。デュッセルドルフで一八一八年五月一〇日および一一日に催された第二回音楽祭では、ハイドンの《天地創造》と《四季》が、オーケストラと合唱を合わせて少なくとも二〇〇人によって演奏された。この年以降、この地域の諸都市(デュッセルドルフ、エルバーフェルト、アーヘン、ケルン)で毎年同時期にシリーズ化して行われたのがニーダーライン音楽祭であった。(34) この音楽祭でのコンサートのプログラムは、これ以後、第一日にオラトリオ、第二日に交響曲を核として、その他の小作品を散りばめる形で定型化した。そのハイライトは第一日のオラトリオであったが、二日目には必ずといってよいほど、ベートーヴェンの交響曲が選ばれ、他には現代作曲家の声楽・器楽曲が数曲演奏された。

演奏者数は一八二一年で三九四人、聴衆も二日間で三〇〇〇人以上[Alf, 1987 : 55]、以後も常に数百人が演奏に参加した。このような有名で大規模な音楽祭ではなくとも、たいていの音楽祭には数百人が演奏者として参加し、数千人の聴衆が集まったということは当時の雑誌記事等からすると、一般的なことであったと考えられる。たとえばハイデルベルクでは一八三四年から一八四三年に音楽祭が開かれたが、この短期間の音楽祭シリーズでも、演奏者数は三〇〇人から五〇〇人であり、聴衆は二〇〇〇人から、多いときで六〇〇〇人にものぼった(35)[Pfeifer, 1989 : 170]。その数が最も多かったのは一八三五年および三六年で、ドイツにおける音楽祭の

最盛期とほぼ一致している。(36)

音楽祭の組織がどのような性格のものであったのかを見るためには、ニーダーライン音楽祭の会議規定[AmZ, 1837：807]が役立つ。音楽祭の企画委員会とも言うべきこの協会の運営は、合唱協会などのフェアアインと同様、主として上層の市民たちの自主性に任されていた。運営費は、基本的には会員の会費によって賄われ（§5）、このフェアアインに参加する各都市（§3——ケルン、エルバーフェルト、デュッセルドルフ）に共通の会計が設けられる（§4）。また幹部役員は、会員九人が選出され（§8）、理事会の決議には民主的な方法が採用される（§9）。理事会は、毎年の上演作品の決定権も握っており（§12）、音楽の専門家からの助言を求めるために、一二名の名誉会員枠を設けている（§14）。プロの音楽家はこの名誉会員という形でしか参加できないことが明記されている（§15）ことから、一般会員はすべて愛好家であったことが分かる。そして、この一般会員には移動と滞在の諸経費に関わるもの以外、「いかなる報酬も認められない」（§15）ことも、音楽祭の特徴を物語っている。つまり、一般会員は、プロの音楽家ではない、すなわち音楽以外に生業を持つ者でなければならず、さらに演奏によって報酬を得てはならないことが規定されているのである。つまりこのフェアアインの活動である音楽祭は、食べるための活動ではなく、また利害に無関係なものでなければならなかったのである。

5　音楽祭と市民的共同性

合唱協会と同様に音楽祭の活動もまた、いかに繁栄していたかは『一般音楽新聞』[AmZ]の索引で記事の数から確かめることができる。一七九八年から一八一八年では、イギリスの音楽祭の記事を含めて四件しかなく、一八一九年から一八二八年では同じく外国を含めて一三件であったのに対し、一八二九年から一八四八年ではイギリス、フランスの記事を除いて一七五件(スイス、オランダは含む)と、飛躍的にその記事が、つまりは音楽祭への関心が、増大しているのである。この記事数の増加が、新聞の取材範囲の広がりや通信設備等の発達に理由を持つものと承知したうえでなお、音楽祭の全盛期は一八三〇年代であったと判断してよいだろう。オラトリオの沃土となってその繁栄を支えた音楽祭は、いわば公開コンサートの一特殊形態であったのだが、大都市で数多く催された公開コンサートと異なる点は、音楽祭が比較的地方の中小都市の連合で行われたことであった。ニーダーラインやエルベといった重要な音楽祭のシリーズが、蒸気船の通うようになった河川沿いで成立したことは、演奏者と聴衆とを広い範囲から集める特色と一致するものである。ニーダーライン音楽祭では、その連合に加入していた諸都市が交替にホスト地となったが、その権利を得ることは、都市の発展にとって重要なことであった(37)。

当時の意識として、音楽祭の「主たる動機は、あらゆる階層のすべての音楽家とディレッタントが集まって古典的大作品を演奏することによって、まじめでより高度な音楽の演奏が精神を鼓舞するものであることを改めて試すこと、そして同時に私たちの町にすばらしい人々がいることを示すため」であることが雑誌記事に残っている[AmZ, 1821 : 459]。このような、精神を高める活動として語られるのに加えて、共同体意識についても述べられている。音楽祭に参加する人々は、「大きな鎖の一つであり、彼が全体に属し、それゆえに全体が彼に属していることを生き生きと感じる」のであり、それは「条件づけられた外的世界の束縛から自由で、精神と心にのみ属しているような結びつき」であるとされた[AmZ, 1837 : 786]。ここに表明されているような共同体意識もまた、外的なつながりではなく、内面的な心のつながりが強調されている。また、シリングの事典では音楽祭の意味は、第一に純粋に音楽芸術を実践することにあるとされ、第二に、ナショナルな意識と教化、真に市民的な共通の感覚の育成が挙げられている(38)[Lichtenhahn, 1986：173]。

つまり音楽祭は、むしろ大都市以外の人々にも音楽の享受、教化の意識が共有されていたこと、そしてそれが実践されていたことを示している。音楽祭を諸地域の連合で開催することは、合唱協会の場合と同様、教養という理念が広範に通用するものであったためであり、それによって、それぞれの合唱団内で育まれた教養市民層の共同体意識は空間的に拡大され得たのである。それは日常的に蓄積されるものではないにせよ、普段は接することのない地域に住む人々がこのイベントを機会に集い、オラトリオの演奏という一つの大事業を何千人もの人々で行うことで連帯感を生み出すのである。そこでの共同体意識は非日常的な意識ではあっても、音楽祭という特別な場による実感を伴う分、より明確に自覚される共同体意識であると言える。さらに、そうした音楽祭において不可欠な機能を果たしていたオラトリオはと言えば、その上演状況が示す通り、様々な都市にとっての共通財産だったのである。一つの作品が、というよりはハイライトとしての「オラトリオ」というジャンル自体が共通のシンボルであったと言った方がよいだろう。

音楽祭で育まれる共同体意識は、「市民的」なものであり、つまりは、合唱や音楽という教養の実践を音楽祭という共同の場で確認しあうことによって、同時にその誰もが市民的であることを確認し得たのである。公共の場での音楽がしばしば、「美しい結合の手段」として「裕福な人々も貧しい人々も相互に結びつける」[AmZ, 1838：783]と語られていたように、音楽祭のような場における共同体意識は、現実の階級差を解消したものとして共有された——あるいはそう理想的に描かれた。しかしその共同体意識が特に重要だと考えられるのは、音楽祭が単に大規模な共同事業であったためだからではなく、その活動が自発的なものであり、また無償であったためである。つまり、何ら外的な強制によるのではなく、教養を自ら求める人々が、利害のためではなく——それゆえに無償であることが強調された——集う場だったからこそ重要だったと言えるのである。それは、生計にもつながる資格とは異なる、より本来的な教養の証明になり得たと考えられよう。

第3節　教養の共同作業

本章では、教養の資格証明されたはずの人々が、本職以外に求めた教養活動の実例として、音楽のフェアアイン活動を綴ってきた。音楽のフェアアイン活動とはアマチュアの活動であり、それゆえに従来の音楽史においては背景的な社会史程度にしか扱われてこなかった。一九世紀の音楽史を担うのは、メンデルスゾーンやシューマン、リスト、ブラームスやヴァーグナーといった「大作曲家」と彼らのキャノン作品群とされてきたのである。しかし、音楽のフェアアイン活動の典型としての合唱に目を向けてみれば、当時の音楽活動がいかに現在よりも柔軟に——プロとアマチュアの協同や音楽家になるためのルートなど——行われていたか、そして、現在は全く知られていないオラトリオ作品がいかに人気を博していたかということを、改めて認識できる。

音楽学から軽視されてきたアマチュア合唱運動は、その参加者の職業からも分かる通り、専らアカデミカーによって担われ、官僚も少なくなかった。いわゆる教養市民層がまさにその場にいたのである。この音楽活動の意味として私が特に注目するのは、第一章で述べたように、大学教育と官吏試験という、教養の証明であったはずの資格が実はその証明になり得ていなかったということである。そしてまた、当時の人々がそれを自ら意識しているということである。資格に納まりきらない教養が、すなわち本来の教養が、音楽活動に求められていたのである。西村稔が、当時の官僚たちが本来の自己実現を文芸に求めたと述べているように、彼らは音楽活動にもそれを求めた。彼らは余暇に趣味の娯楽を求めていたのではなく、仕事や生計という外的な拘束には無関係に、自らの意志で本来の自己実現、本来の教養を求めるという、二重生活を送っていた。さらに、合唱という定期的な練習の蓄積はそのまま、常に向上の途にあることを意味し、つまりは教養の実践であり得た。この事実を確認することによって、教養の証明としての資格の不完全性が明らかになる。

　残余としての市民は、生まれによって何者であるかが決まる貴族に対して、そのアイデンティティの基盤を教養に求めた。しかし、それゆえに教養とは自身の努力過程と生き方にその意義を持つ理念として受容され、明確に規定も把握もされ得るものではなかった。私は第一章でこの理念が具体的な規定を拒むものとして設定されたことを導いたが、第二章で見た音楽活動が資格の無効性を裏づけるものとなる。資格のみによっては教養は証明されず、したがって市民であることも証明されないのである。教養とは資格によっては把握しきれないものであった。

　しかし、教養が到達不可能性を前提とした過程を意味し、把握不可能なものであるとすれば、こうした音楽活動もまた、確かに教養の実践ではありつつも、それをもって教養の証明とすることはできない。フェアアイン活動は、教養の実践であること、そしてそれゆえに自らが市民であることをリアルに実感させるものであっただろうが、それが教養の証明として十全だったわけではない。それを示している特徴にも慎重に目を向けておかなければならない。本章がフェアアインと音楽祭を分析する中で強調していたのは、共同体意識である。教養を掲げた活動は、個人的なものではなく、集団の活動として勢力を持った。

　オラトリオという象徴的なジャンルをハイライトに掲げる音楽祭は、非日常的な機会を通して日々の積み重ねの成果を発表し、その協同によって、相互に市民的な活動をしていることを示し合うものだったと考えられる。フェアアインからは、居住地域に密着した教養実践と共同体意識を確認することができ、音楽祭からは、居住地域を離れたより広い範囲でのそれを確認することができた。私は、ここで言う共同性は何よりもまず市民的なものであると操作的に捉えている。その共同性こそが、芸術活動もまた教養の証としては不十分であったことを示しているのである。つまり、教養実践の主な場が常に他者との協同によって成り立っていたということは、資格では規定できない本来の教養が、全く個人的に求められたのではなかったということを、個人では成立し得なかったということを浮かび上がらせるのである。フェアアインや音楽祭で実感される共同体意識は、時には郷土愛に、また時にはナショナルな意識に結びついたかもしれないが、同時に、互いに教養を実践していること、互いに市民であることを確認し合うことにも寄与する。その場は何よりもまず市民として同様の活動をし、同じ曲を歌い、同じ慣習を持っていることを確認し合うことにつながっていたということが、本章が導いた重要な知見である。換言すれば、芸術もまた教養と市民としての確証を与えるものではなかったために、その代わりの確信が共同性に求められたということなのである。

第三章　目に見える教養——バッハ復興運動

第1節　天才の構築――教養市民の代表者

教養の特定できなさは、その抽象性ゆえに多くの人々を引き付けた。教養の実践によって市民であろうとすることは、原理的には誰にでも――定義によっては非市民とされる人々にも――可能だったのであり、それが教養の普遍性とも言われる所以である。しかし抽象的な理念がそのままの形で現実社会に根を下ろすことは難しい。何が教養なのか、何が市民なのかということを、ある程度明確なイメージとして捉えるために、具体的な行動様式が「市民的なもの」として提案された。それらはあくまで暫定的に、仮のものとして生み出された。この仮の個別具体例をここでは市民性と捉えるが、それがあってこそ、人々は教養を持つ市民なるものをリアルなものと感じることができるのであり、同時に抽象的理念が頂点に常に掲げられているからこそ、普遍性・恒久性を保つことができたのである。

教養をめぐる営みは、この二つの次元を併存させてきたのだが、抽象的な理念に理想を感じ取れば取るほど、それを実感するためのリアリティが求められたと考えられる。たとえばそれは、音楽祭に見られたような領邦の境界を超えた市民どうしの共同体意識の実感だったわけだが、一九世紀前半は様々な文化領域で市民性の「可視化」あるいは「固定化」が進められてゆき、それは一九世紀後半には確たるものとなる――資格社会化、天才の登録、作法などがその好例であり、また「文化」の概念自体が、過程を表す Kultivierung から成果を表す Kultiviertheit へと重心を移していった[Fisch, 1992 : 707]こともそれを物語る例である。貴族の世襲的な特権や外面性に対抗しながら、市民はそれとは根本的に異なる内容からの構築を試みたのである。

本章では、教養を具体的なイメージで捉えようとした試み、すなわち暫定的なものであれ教養の「内容」を埋めようとした試みを論じることにする。具体的に感じられる教養とは、それを身につけた具体的な人物像に照射される。すなわちその生き方や性質を含めた人物像を「市民性」として捉えようとする試みである。

教養を仮に具体化するための市民性がどのように探求されたかを論じるにあたって、ここでは引き続き音楽領域の中から一九世紀におけるヨハン・ゼバスティアン・バッハの受容を取り上げる。数ある作曲家の中からバッハを選ぶのは、この一八世紀の作曲家が一九世紀に再発見されるからであり、その復興過程が市民性との関わりを顕著に表しているからである(1)。この作曲家が音楽の天才として賞賛され、そして国民的英雄にまで目されるようになる過程を分析することは、音楽社会学的には、キャノン形成の問題に直結する重要で新しい議論である。これによって、一九世紀に音楽芸術の価値が再編されていく経緯が明らかになる。

音楽史においてほとんど注目を浴びなかった合唱協会の中で、ベルリン・ジングアカデミーだけがその名を不朽にしているのは、《マタイ受難曲》の蘇演に代表されるバッハ復興運動に果たした大きな役割のためである。一九世紀の音楽活動は、ジャンルによって同時代の新作が優勢なものもあれば、過去の音楽が無視できない地位を占めていたものもあったのだが、合唱曲の中で特にオラトリオは、一九世紀の前半においては明らかに双方が同様に重要なレパートリーを形成した。しかし、それにもかかわらず、オラトリオの場合ほど、両者の後の明暗が分かれたジャンルはないだろう。一般にオラトリオ・ブームと呼ばれる時期が過ぎた後には、その役割の差が歴然とすることになった。一九世紀のオラトリオがほどなく音楽活動のレパートリーから姿を消し、それと共にその存在すら忘れられていったのに対し、一九世紀に蘇ったオラトリオはますます卓越した地位を固めていったのである。

バッハの《マタイ受難曲》は、その復活がいかに劇的なものであったとはいえ、歴史的には合唱運動や他の様々なオラトリオの生産と受容の中からこそ可能だったのであり、そうした動きが実現させたものであることを十分に意識する必要がある。そしてそのうえで、その後の運命の差はどのように形成されたのか、それは何を物語っているのか、ということを考えなければならない。過去のオラトリオといっても、重要なレパートリーとなったのは、ヘンデルの《メサイア》、そしてバッハの《マタイ受難曲》である[2]。ここで注意すべきは、ヘンデルの数あるオラトリオのうち特に《メサイア》であったことであり、バッハの《ヨハネ受難曲》ではなく《マタイ受難曲》であったということである。ここにキャノン成立の一つのメルクマールを確認することができる。幅広い合唱運動と多様なオラトリオ作品の中から出現したバッハとその《マタイ受難曲》とはどのような存在となったのか、その過程を考察するために、まずはバッハ研究において現在一般的に了解されている一九世紀のバッハ復興過程を紹介すると共に、そこに含まれる問題点を指摘しよう。

1　バッハの復活と受容——《マタイ受難曲》の再演

ここでは、一九世紀におけるバッハ受容を三つの段階に分けて叙述する。第一期はバッハ没後から《マタイ受難曲》が再演される一八二九年までの時期、第二期は《マタイ受難曲》の蘇演を機にバッハの名が広く知られ

るようになる時期、第三期はバッハ全集出版事業が本格化する一八五〇年代以降である。(3)

(i) 一八二九年以前——秘儀的サークルの中のバッハ

バッハが一七五〇年に没して以後、彼についてはほとんど語られることはなかった。彼の生涯についてのわずかな叙述のうち、最初のものは彼の次男カール・フィリップ・エマヌエル・バッハと、弟子のヨハン・フリードリヒ・アグリコラによって書かれた一七五四年の追悼文であるが、これが後のバッハ伝のほとんどすべてに対して影響を与えることとなった[小林、1985：46]。小林義武が紹介しているその追悼文の内容のうち、バッハの生涯についての細かい情報は省き、その後に続くバッハ評価をまずここで紹介しておこう。

バッハは、歴史上最大の対位法家であり、また、和声の最も深い秘密を音楽にもたらした。これほど発明力と幻想力に溢れた音楽家は他に無い。その音楽は独創的であり、他の、どんな作曲家にも似た所が無い。その大部分は、真面目で、深遠な音楽であるが、必要とあれば、バッハは、非常に快活で陽気な音楽も作曲できた。その目は非常に大規模なオーケストラのスコアでも、一瞬にして、すべてのパートの動きを読みとることができた。その耳は、オーケストラの大音響の中でも、極小の間違いを発見できた。指揮する際は、非常に正確で、テンポの取り方は、大概、迅速であったが同時に確実であった。バッハは史上最大のオルガニスト及びチェンバリストであった。オルガン演奏の時の足の使い方は比類がなく、また、鍵盤上での親指の使い方によって迅速なメロディーを弾くことが可能になったのは、バッハの功績である。オルガンに関する楽器的知識も深く、最適の鑑定者であった。チェンバロの調律も非常に正確で、すべての

調が美しく響き、調律のために避けなければならない調はなかった(すなわち平均律のこと)。［小林、1985：50–51］

バッハについての専門的な研究によって、この追悼文に記載されている情報には明らかな誤りが含まれていることが分かっているが、小林やその他のバッハ学者はさらに、バッハの芸術の評価についても不十分であると述べている。すなわち、鍵盤楽器の奏者および鍵盤音楽の作曲家としての評価が先行し、声楽曲の分野でのバッハの創造性には十分に触れていないことに対してである。この当時の人々にとってのバッハ評価を現在の目から十分・不十分と判定することは、音楽学者の著述によく見られる姿勢ではあるが、歴史学的な手続きと思想とを自負するのであれば、過去のある時代に対して現在という優位に立って価値判断を下すべきではないだろう。

バッハは生前から作曲家としては高く評価されず、それに対して、オルガニスト、クラヴィーア奏者、オルガン検査官、対位法の巨匠、教師という彼の側面には敬意が払われていた。しかし、評価されていた領域が当時の音楽界にとって第一に重要なものではなかったために、彼の死後も彼について特別に語られることはなかった。一八世紀末から一九世紀初頭の音楽辞典の記事においても、特筆されてはいない(4)。バッハの音楽の中では鍵盤音楽作品が、息子たちや弟子たちによって、狭い範囲で細々と受け継がれていた。一九世紀前半の音楽界において、その作品が主要な役割を果たした音楽家のうち、バッハには他の作曲家とは異なる「伝承の断絶」と言えるような特異性が見出せる。これはもちろん、伝承がまったく途絶えていたことを意味しているのではなく、ほとんど注目されていなかったという意味である。しかしながら、こういった死後の忘却は一八世紀以前の音楽家にとっては当然のことであった。二〇世紀に入ってからの古楽復興運動によってようやく復活することになったゲオルク・フィリップ・テレマンは、バッハと同時代に生きていた生前は、当時の社会から一流音楽家として押しも押されもせぬ地位を築いていた。バッハの同時代人で活躍していた音楽家は他に、ヨハン・アドルフ・ハッセやグラウンといったイタリア・オペラの作曲家であるが、彼らは当時重要な音楽ジャンルであったオペラやカンタータ、オラトリオを宮廷と密着しながら次々に作曲しており、だからこそ彼らはその保護団体が弱体化すると活躍の場を失ってしまう。一方、バッハは一流音楽家とは見なされていなかったからこそ、トマス教会およびトマス学校のために教会音楽と教育用の鍵盤音楽作品を作曲しなければならなかった。しかし、この音楽界にとって社会的にはより重要ではなかったジャンルの作品ゆえに、バッハの作品は細々とではあるが伝承され、後に劇的な復活を遂げる道が残されていたと考えることもできよう。

そうした評価が一般的であった中、バッハに注目してその伝記を初めて著したのはヨハン・ニコラウス・フォルケルである。そのバッハ伝は、バッハの死後ほぼ五〇年後の一八〇二年に出版された[Forkel, 1802]。そのバッハ伝は、前述の背景からすれば当然のことながら、鍵盤楽器の作曲家および奏者としてのバッハを高く評価するものであり、その伝承状況を反映しているものだと言えよう。しかしこの著作の新しさは、彼の生涯および人物像に関して、ナショナルな意識を表明している点にあった。このバッハ伝の副題は「真の音楽芸術の愛国的な崇拝者のために」となっている。バッハ復興運動においていち早く、このようなあからさまなナショナリズムが表明されたのは、フォルケルがゲッティンゲン大学という愛国主義的な思想の強い環境にあったことに起因しているのであろうが、このような彼のバッハ伝の側面は、音楽史的・音楽学的意義とは対照的に、後々まで影響を与え続けた。彼の功績は、バッハをそれまでの狭い世界から引っ張り出したことにある[Blume,

1947＝1976：67]。

この時期、バッハの音楽の伝承に重要な役割を果たしていたのは、バッハの直弟子やトマス学校の後任者たちばかりではなく、彼の手稿譜や筆写譜を蒐集し保管し始めた人々である。バッハの弟子たちが数多く集まっていたベルリンでは特に、フリードリヒ・ヴィルヘルム・マールプルク、ヨハン・フィリップ・キルンベルガーといった音楽理論家やその他のディレッタントたちが、様々な形で出回ることになったバッハの楽譜を集めており、一種のサークルを形成していた(5)。ただし、一八世紀の蒐集活動は主として、音楽家が演奏するかあるいは作曲の勉強のために筆写譜を自身で作成したり購入したりするものであったが、一九世紀のそれは蒐集それ自体を目的とするものとなった。一九世紀のバッハ復活に重要な役割を果たすことになったのは、こうした新しいタイプの蒐集活動であった。それは必ずしも演奏と結びつくものではなく、むしろその対位法の技術について討論し合うことが知的な楽しみとなることもあった。バッハを崇拝しようとする人々は、同じ都市に居住していなくとも、互いに連絡を取り合い、蒐集物についての情報を交換し合い、緊密なネットワークを作っていた。有名なコレクターとなるフランツ・ハウザーは「新しい町に移るごとに、その土地のバッハ崇拝者達と知り合いになり、また、バッハを知らなかった音楽家達に、その芸術を知り合う機会を与え、バッハ芸術の伝道者とでも言うべき役割を果たし」ており、「各地のバッハ崇拝者達にとっては、ハウザーは情報の中継点として機能」していた[小林、1985：109]。このような活動は、バッハを社会に広めてゆくことに寄与することとなり、この活動が後の実践(音響化)への下地を作ることになったのである。この時期においては、わずかな伝記と楽譜の蒐集活動によってバッハの名前が持ち上がってきたものの、それが音響として伝承されていたのではないということは念頭に置いておくべき事実であろう。というのは、音楽的な響きとして一般的に再現されないうちに、バッハが崇拝の対象となり、またフォルケルのように愛国的な意識と結びつけられたことは、人々がバッハの音楽に感動したために崇拝し始めたというような、一般に考えられているような単純な物語を成立させないからである。

(ii) 一八二九年以後――劇的復活

こうした基盤の上に、実践活動を行なったのがメンデルスゾーンであり、彼による《マタイ受難曲》の再演が大事業として評判を集めた後、バッハはそれまでの小規模なサークルの外の人々にも知られるようになり、バッハは鍵盤音楽の作曲家、あるいはその演奏家としてではなく、宗教音楽の作曲家として見直されることになった。それは音楽史上、重大な転換であった。

《マタイ受難曲》の劇的な再演という事業については、必ずメンデルスゾーンの名が挙げられるが、(6) それは実行のための諸条件が彼のもとに揃っていたためである。そもそも、メンデルスゾーンの家系は代々、バッハの音楽に直接接する機会を得ていた。というのは、彼の大叔母サラ・レヴィが、バッハの息子であるヴィルヘルム・フリーデマンおよびカール・フィリップ・エマヌエルの弟子であったため、彼の家系は「細々とした伝承」を引き継いでいたからである。また、メンデルスゾーンの父アブラハムの手元には、エマヌエル・バッハが所有していたもので、その死後、遺族が売りに出したバッハの自筆譜等もいくつか集まっていた。メンデルスゾーンの祖母バベッテ・サロモンは一八二三年のクリスマスに、バッハの《マタイ受難曲》の筆写スコアをプレゼントとして彼に贈った。メンデルスゾーンの周囲には、バッハの楽譜が実際にあり、かつ音響として生きた伝承もあったのである。それに加えて、彼の音楽理論と作曲の教師はベルリン・ジングアカデミーの会長であったツェルターで、彼は早くも一一歳のときからこの合唱協会に参加するようになっていた。そうした環境で育った彼はごく自然にバッハ崇拝者の一人となり、また、様々な困難はあったにせよ、その音楽すなわち《マタイ受難曲》をサークルの外に出すことができたのである。

この歴史的再演の状況はどうであったかと言えば、その前宣伝の甲斐もあって非常に盛況であった。まずは一八二九年三月一一日に上演されたのだが、その会場は一八二七年にシンケルによって作られたばかりのジングアカデミー・ホールであり、八〇〇以上の座席を持つこのホールは超満員だったばかりではなく、控えの間やオーケストラの背後のホールを開放してもなお、一〇〇〇人ほどが入場を諦めなければならないほどだったという。合唱に参加した人は独唱を含めてソプラノ四七人、アルト三六人、テノール三四人、バス四一人の合計一五八人であった。当時のジングアカデミーの会員数は一〇九名の入会希望者は別にしても、三五四名であったため、会員の半数近くはこれに参加できなかったことになる。

この上演が盛況であったため、三月二一日と四月一七日の二度の再演がベルリンにおいて行われ、ドイツ各地のバッハ崇拝者たちが刺激を受けて、次々に《マタイ受難曲》を上演し始めた。ベルリンに続いたのが、フランクフルト・アム・マイン、ブレスラウ、シュテッティン、ケーニヒスベルク、カッセル、ドレスデンの各地である。フランクフルト・アム・マインで上演されたのは一八二九年五月二九日で、ヴァイデンブッシュのホールで、バッハ崇拝者の一人であったヨハン・ネポムク・シェルブレの指揮により、当地のチェチリア協会(7)のコンサートとして行われた。この上演は器楽と声楽合わせて約二〇〇人で行われ、ベルリンのものと比べて合唱は小規模であったが、オーケストラの人数は多かったとされている[Geck, 1967 : 78-79]。一八三〇年四月三日にはブレスラウで、ブレスラウ・ジングアカデミーの指揮者で大学の音楽監督でもあったヨハン・テオドール・モゼヴィウスの指揮によって《マタイ受難曲》が上演された。彼も、その出身地ケーニヒスベルクで、その大聖堂におけるバッハ伝承に直接触れて影響を受けており、一八一六年にブレスラウに移り住んでからはこの地のバッハ愛好家と共にその育成に励んだ。彼もまた一八二五年にブレスラウ・ジングアカデミーを設立しており、この合唱団を使って、バッハのカンタータやマニフィカト、そしてヘンデルのオラトリオ等を演奏し始めていた。《マタイ受難曲》上演に際しては、初めての練習時に一声部につき八人程度の歌い手しか集まらなかったが、徐々にジングアカデミーのメンバーが参加するようになり、最終的にはベルリンの演奏規模に匹敵するほど大規模な合唱となった。次いでシュテッティンでは一八三一年四月に、レーヴェによって上演されたが、この上演の特徴は、他の都市におけるそれとは異なり、上演が教会で行われたこととされている。主にコンサートホールにおいて音楽活動が行われていた一九世紀に、「未だ例外的とはいえ、バッハの宗教音楽が、コンサートホールから再び教会へ戻ったのである」[小林、1985：33]。ケーニヒスベルクでは一八三二年四月一七日に、宮廷の音楽監督ゼーマンの指揮により、レーベニヒター教会で上演された。この都市にはベルリンやブレスラウほどのバッハ伝統はなかったのだが、教会音楽の復興運動を進めていた人物の一人であるゼーマンによって《マタイ受難曲》の上演が果たされた。彼もまた、一八二〇年に歌唱協会を設立しており、バッハのモテットやカンタータを演奏し始めていた。カッセルでは、一八三二年一〇月二〇日に非公開での上演が行われた。この企画は侯爵の楽長であったシュポーアと、オーケストラのヴァイオリン奏者で音楽理論および作曲教師のモーリッツ・ハウプトマンによって進められた。シュポーアは知己のシェルブレに影響されて、彼にならってカッセルでもチェチリア協会という合唱団を設立し[8]、やはりバッハのモテットを部分的に演奏していた。シュポーアもハウプトマンも、フォルケルやロホリッツ、ツェルターといったバッハ崇拝者と知り合うことによって、バッハを尊敬するようになったのである。ただ、その上演企画に際しては、彼らが保守的な宮廷からの不興を買い、侯爵の反対を押し切って行われた演奏では宮廷楽団の楽器奏者や独唱者の協力を得ることができず、ピアノ伴奏で行わなければならなかった。合唱の規模は明らかではないが、一八三三年四月五日にようやく侯爵の承認を得て宮廷で行われたオーケストラ付き上演のときには、およそ一四〇人が合唱に参加した。ドレスデンにおいては、一八〇七年に設立された歌唱協会においてバッハのモテットは演奏されていたが、《マタイ受難曲》を企画・上演したのは、二人の宮廷楽長である、イタリア人のフランチェスコ・モルラッキとドイツ人のカール・ゴットリープ・ライシガーであり、それは一八三三年三月三一日に行われた。この上演はオペラ座で、贅沢な演奏者陣を集め、そして通奏低音楽器として他の都市のようにピアノを用いるのではなく、チェンバロを用いた。当時チェンバロはかえって古めかしい悪印象を与えるものであって、それゆえに、バッハ崇拝者であったハウザーはモルラッキのことをドイツ音楽を理解できないイタリア人であると批判することにもなった［小林、1985：34に引用］。

まずはこのような経緯で、《マタイ受難曲》がいくつかの都市に伝播し、それとともにバッハとこの作品の名が広く知られるようになったのである。小林義武によれば「三回にわたるベルリンでの『マタイ受難曲』上演は、スポンティーニ一派の妨害はあったにせよ、ベルリンを超えて、ドイツ全国の音楽界に波乱を呼び起こしたほどの大成功であった」［小林、1985：30］。

しかし、この「劇的な再演」(9)が、バッハをそれまでの秘儀的なサークルの外の世界へ移したことは、当時の音楽雑誌における反響から考えても、疑いようのないことではあるものの、当時にとって一〇〇年も昔の音楽が、再現と同時に聴衆の感動と理解を即座に獲得したわけではなかったということにも目を向けなければならない。

時代による音楽的趣味の相違というものを、当時のバッハ崇拝者も演奏者もはじめから意識していた。そもそも、メンデルスゾーンによる強い上演希望に対して、ツェルターは当初、かなりの難色を示した。その理由は、この作品には高度な演奏技術が要求されることに加えて、一〇〇年も前の音楽を演奏するには、楽譜からでは演奏方法に不明な点が多かったこと、そして当時の音楽様式とは全く異なる音楽に聴衆が共感を持つかどうか疑わしかったためである。実際、それまでにすでにバッハのモテットをいくつか歌った経験のあるジングアカデミー会員たちも、はじめは積極的ではなかった。この企画はメンデルスゾーンの個人的なものだと考えられ、いつどこで演奏するのかも決定されないまま、《マタイ受難曲》の練習を並行して、ジングアカデミーの正規のコンサートのために《イェフタ》の練習が行われていたのである。また、《マタイ受難曲》に至る以前も、ツェルターはバッハのモテットを聴いて「あたかも、バッハのモテットが気に入ったかのように振る舞った」[小林、1985：11に引用]と記しているのである。メンデルスゾーンの熱意によって上演が決定してもなお、そのことに対する配慮は欠かせなかった。

メンデルスゾーンによる《マタイ受難曲》の再演は、その上演の際に採られた方策によっても音楽学上の注目を浴びてきた。すなわち、バッハの作品に、何らかの形で手を加えて演奏が行われたのだが、その方策が当時のバッハ受容を物語るものとして重視されてきたのである。どのように手を加えたかと言えば、彼は二つのアルトのアリアと一つのアルトのレチタティーヴォ(10)をソプラノ声部に変え、さらにいくつかのアリアやコラールを削除した。このような処置は、一九世紀の聴衆にとって不可解な部分を少なくするためのものであった。彼にとっては完全な形でこの作品を再現するよりも、偉大さをアピールすることが大事であると考えられたわけだが［小林、1985：16–17］、ともかくも、そのことはバッハの音楽が当時の人々にとって難解で受け入れがたいものであることをメンデルスゾーン自身が十分に認識していたということを示している。メンデルスゾーンではなくとも、当時徐々に演奏され始めたバッハの合唱曲にその状況に応じた変更があったのは特別なことではなかった。通奏低音にチェンバロではなくピアノを使用していたことは、そのホールにチェンバロがなかったという現実的な理由によっていたばかりではなく、その楽器の音響自体が古めかしく感じられるものであって、積極的に使おうと考えられるようなものではなかったという理由もあった。そのような態度は、現代の目から見て彼らがバッハを「誤解」していた、あるいは彼らの理解能力に「限界」があった(11)というような次元で捉えられるべき問題なのではなく、そこに見るべきはむしろ演奏者および聴衆への配慮の必要性という現実問題である。そして当時の人々にとってバッハの音楽は聴き易いあるいは歌い易いものではなかったということである。その難解さは主として、一九世紀初頭にはあまり取り入れられなくなっていた対位法のポリフォニックな音響によるものであった。古めかしく、複雑なバッハの音楽に対する素朴な反応の例は、当時の音楽雑誌の記事にも残されている。それは一八三二年のケーニヒスベルクにおける《マタイ受難曲》上演の報告にあるのだが、『一般音楽新聞』の記者によれば、この作品を時代遅れのガラクタと呼んだ人がいたり、また第一部の途中で聴くのをやめて教会から出てしまった人がいたり、あるいは「私に金と時間を返せ」と叫んだ人もいたりした［AmZ, 1832：667–668］。

こうしたことから、バッハの《マタイ受難曲》が音響的実現を果たしたこの段階においても、演奏会自体が成功し、伝播したからといって、人々が必ずしもその音楽に感激したという音楽史的な筋書きは容易には成り立たないことが分かる。一八二九年以前の段階と比較してさしあたって言えることは、バッハの名が秘儀的サークルの外部に知られるようになったこと、そして《マタイ受難曲》上演が評判を呼んだということであって、その音楽に感銘を受ける人々が増えたということではないのである。ではなぜ、どのようにバッハの音楽が受容されてゆくのかについては後の節で考察することとして、ここで注目すべきことは、バッハが鍵盤音楽作曲家あるいは演奏家というイメージを一新することになったということである。それまでは合唱団内部でわずかに演奏が試みられていた彼の声楽作品は、《マタイ受難曲》の上演という大事件によって、「バッハの」作品として前面に出てくることになったのである。小林義武は「声楽曲の大部分は教会音楽であるため、十九世紀のバッハ運動においては、宗教音楽家としてのバッハを再発見し、再評価し、そして、その宗教音楽を一般に広めることに重点が置かれていた」[小林、1985：42-43]と述べている。確かに、バッハの音楽の宗教性は、当時のドイツにおける教会の権威と宗教そのものにとって重要な役割を果たしたと考えられるが、しかし宗教的側面に対して、バッハ研究者たちは、その復活の基盤としての合唱運動を過小評価しがちであるように思われる。バッハの鍵盤音楽が、地域的な細々としたものではあったにせよ、伝承され続け、そして一九世紀にも受容され続けた要因として、一九世紀における鍵盤楽器、特にピアノの社会的重要性が増したことが考えられるように、バッハの声楽作品も、幅広く展開されていた合唱運動とオラトリオ・ブームをその復活の条件として重視しなければなるまい。

(iii) 一八五〇年頃——国民的英雄へ

バッハ運動において、一八二九年の《マタイ受難曲》再演の後の重要な年は一八五〇年というバッハの没後一〇〇年である。そのことを十分意識したうえで、当時のバッハ運動の推進者たちは同年、ライプツィヒにバッハの全集出版を目的とするバッハ協会を設立した。この事業に直接的な刺激を与えたのは、イギリスで展開していた過去の音楽の演奏および保存の運動であり、特にヘンデル全集の出版のために組織されたヘンデル協会であった。

注意しなければならないのは、全集出版とは、それまでに発展していた楽譜出版活動の中に新たな位置を与えられるものであるという点である。つまり、出版活動はそれまでも、そしてそれ以後も、通常は需要のある作品の刊行が主眼であった。それ以前の楽譜出版活動にも「作品全集 Œuvres complètes」と題されたシリーズが刊行されてはいた。この発想を最初に実現したのは一八世紀末のイギリスであったが、それにやや遅れてドイツではブライトコプフ・ウント・ヘルテル社が意欲的に刊行を始めた。これは一人の作曲家の作品をシリーズとしてまとめて出版するという事業であるが、ヘルテルが一七九八年にモーツァルトの作品全集を手掛けた後、続々と新シリーズが出版されることになった。そこに含まれているのは、主としてピアノを使うジャンルである。このシリーズの翌年から刊行されたハイドンの作品全集は、その姿勢をより明らかにしており、ピアノを含む作品だけが集められている。つまりこの名のシリーズは、あるジャンルの全集であって、一人の作曲家の全集というよりは、「そのときその作曲家の作品として流布していた作品を、流通している形で拾い集めたもの」[大崎、1993a : 155]であって、厳密な資料批判がなされていたわけでもなければ、後に偽作と分かった作品も含まれていた。つまり、このシリーズも人気作品のシリーズとして楽譜出版活動の中に位置づけられるものであった。

このような出版活動に新しい形態をもたらしたのが、今日通常考えられる意味での全集出版である。この事業が画期的であった点について大崎は、⑴ひとりの作曲家が残した全作品を収録しようとしたこと、⑵ひとつひとつの作品を作曲者の書き下ろした状態で刊行するよう努めたこと、であるとしている[大崎、1993a：188]。その姿勢ゆえにこの種の事業にはしばしば「批判的に考証された kritisch durchgesehen」という形容詞が付加されていた。これは商業的な目的に基づくものではなく、バッハ全集は発行部数を限定し、バッハ協会会員のみが入手できるような仕組みになっていた。ただし、それは一八二九年以前のように非公開のサークルで企画されたのではなく、音楽雑誌に刊行の宣言と会員の呼びかけが掲載されている。[12]

全集という発想自体が一般の楽譜出版の主眼とは異なるものなのだが、そのことをさらに示しているのが、楽譜採用の方法である。バッハ協会内においても議論されたことだが、その全集を学問的なものとするか、それとも実践的な印刷譜とするかは、この事業の性格を大きく規定することになった。実践用の楽譜とは、たとえば、イギリスでのヘンデル全集出版の挫折を受けて一八五六年に設立されたドイツ・ヘンデル協会がその全集出版の際に採用したような、スコア(総譜)の下にピアノ編曲譜を付したものである。このピアノ編曲譜によって、人々は家族や友人たちと演奏を楽しむことが可能だったのである。それに対してバッハ協会の大多数の意見は、学問的な形での出版であった。その結果バッハのこの全集は、スコアであったためにすぐにピアノ伴奏で演奏することが難しく、一九世紀にはもはや演奏の慣習には残っていなかった通奏低音の知識が不可欠な楽譜であり、この時代の実践的な演奏に供するものではなかった。[13]

学問的な形での全集出版とは、その思想と方法論を古典文献学に負うものであり、実際、旧バッハ全集[14]の方法論的基盤は考古学者でありかつ古典文献学者であったオットー・ヤーンであった。彼の採った方法には、「事実と仮説を区別し、厳密な資料批判によって、信憑性のあるテキストを編集する志向」[小林、1985：136]が根底にあり、その思想を第五巻からはヴィルヘルム・ルストが実践することとなった。一九〇〇年以降の新バッハ全集が企画された理由の一つは、旧バッハ全集の不完全さを補うことにあったが、特に資料批判の徹底が求められた。旧バッハ全集においては、資料間の依存関係についての綿密な調査が欠けていたために、特に同一作品の様々な稿が寄せ集めで出版されるようなことが起こったのである。また同様の方法論上および意識上の不十分さから、旧全集には多くの偽作が紛れ込むこととなったのである。しかし、旧バッハ全集の不十分さを指摘するよりも、それがバッハの音楽として認識されていたという事実を確認する方が重要であろう。

全集出版を通じて、真贋や稿の厳密な選定方法の確立は音楽学の学問的基礎をも成立させることになった。ドイツで初めて刊行され始めた全集楽譜の方法は他の作曲家の全集出版の基礎ともなり、それらの校訂者たちが同時に他の作曲家の研究を行うなど、音楽学の研究にも大きく寄与した。そのために、バッハの研究史が音楽学の歴史と見なされ得るのである。

全集楽譜の出版は、文化遺産の保存事業であった。この時期に至ってさえ、バッハはその音楽が求められていたというよりは、コレクション、崇拝、研究の対象として、その名を確固たるものにしていったということは強調しておきたい。一九世紀初頭の時点からバッハの楽譜を熱心に蒐集していたハウザーは、個人でバッハの作品目録を作成していた。それは、資料の所蔵、印刷譜の有無、作品の真偽、文献等についての情報も盛り込まれた目録であり、それ自体は出版されなかったが、全集出版の際には重要な手助けとなった。バッハの全集が最初に刊行され得た現実的な要因としては、長期間にわたるコレクターの存在と彼らのネットワークが考えられるが、言い換えれば、バッハ全集とは、発想も実際の活動も、一九世紀前半の一部のサークル内のコレクションから派生したものだったのである。つまり、一九世紀のバッハ運動は根本的に音楽実践との密接なつながりがあったとは言い難いのであり、《マタイ受難曲》の劇的な再演はあったものの、全集出版に連動するような音響面での要求はほとんど変わらなかったということである。実践からのこうした距離については、実は、旧バッハ全集の最終巻における回顧録にバッハ研究者自身によって告白されている。これを執筆したヘルマン・クレッチュマールは、バッハの作品を学問的な対象として保存することだけではなく、今後はバッハの音楽が演奏に寄与し得るような全集出版の必要性を説いている［Kretzschmar, 1900：LIII-LXIII］。このことは、バッハ研究者自身が、バッハの音楽が社会に浸透していないということを認識しているということを示している。

しかしながら、全集出版とは先にも述べたように、文化遺産の保存事業であって、つまりはバッハの音楽が保存しなければならない遺産として共通認識を得ていたということである。この事業にははじめから、特にシューマンらによって強調されていたのだが、「ドイツ国民の使命」であるという自負がこめられていた。バッハ崇拝者たちは、この作曲家をもはや鍵盤音楽の名演奏家と認識していたわけではなく、教材用の鍵盤音楽の作曲家として評価していたのでもなく、宗教音楽の作曲家という側面は強調されてはいたものの、その領域にのみとどまる作曲家と見なしていたわけでもなく、音楽のあらゆる領域・ジャンルにおいて偉大な人物と見なしたのである。全集、すなわちこの作曲家のすべての作品をもれなく保存しようという姿勢には、バッハに多面性・普遍性(15)を認め、尊重する意識が内包されている。バッハ全集とは音楽界の最初の記念碑的事業であり、バッハはドイツ音楽の英雄と見なされたのである。全集の出版とは、音楽界の英雄を不動のものとして固定化する最初の試みであった。

2 バッハの受容

以上、バッハが一九世紀に復興してゆく過程を、音楽史の理解に沿って見てきたが、いずれの段階においても、バッハが実践的な音楽活動とはそれほど密着しない形で崇拝され続けたことを強調してきた。そこで今度は、次なる問いを立てなければならない。すなわち、バッハが音楽界の巨匠としてより高く評価されてゆく過程において、実践的な音楽活動はどのように関わっていたのだろうか、あるいはほとんど関わらないままに、バッハは象徴としてのみ独立に構築されたのだろうか、という問いである。

まずはバッハの受容状況を、当時の音楽雑誌の記事から推測してみよう。音楽雑誌の記事を受容状況の一つの基準と見るのは、それが一部のサークルの中にのみ共有される情報ではなく、音楽を愛好する一般の人々の目に触れる情報だからである。当時の音楽雑誌は定期購読者だけではなく、コーヒーハウス等の公共の場においても読まれていた。ここでは、その一つとしての『一般音楽新聞』の記事を検討する。

この雑誌によると、もちろん五〇年の発行年間に情報収集範囲が拡大し、あるいは紙面も増やされる等の雑誌自体の機能拡大という要因も大いに影響してはいるのだが、一八二九年の《マタイ受難曲》再演以前では、バッハの作品を演奏したことを報告している記事はわずか三件に過ぎない。このことは、一八二九年以前にはバッハの作品が三作品しか演奏されなかったことを意味しているのではないが、少なくとも、雑誌記者に注目されたバッハの作品の演奏記事はこの程度であったということから、その注目度は推察できよう。それに対して、同時期のバッハについての論考は、楽譜出版関係記事を除いて一六件見られる。その多くはバッハを伝記的に語るもの、特にその鍵盤作品、和声法についての賛辞を贈るような記事である。たとえば、バッハ崇拝者の一人であり、またこの雑誌の創始者であるロホリッツの記事によれば、バッハは美術界のミケランジェロに準えられて、その偉大さが主張されている[AmZ, 1800 : 642]。また同じくバッハ崇拝者で、美学者でもあったクリ

表3

年	演奏記事件数
1829	7件
1830	2
1831	3
1832	5
1833	13
1834	9
1835	7
1836	8
1837	8
1838	19
1839	12
1840	20
1841	18
1842	10
1843	13
1844	13
1845	6
1846	10
1847	10
1848	5

スティアン・フリードリヒ・ダニエル・シューバルトによれば、バッハはドイツのオルフェウスと呼ばれ、音楽家としてのバッハが哲人としてのニュートンと並べられている[AmZ, 1806 : 807]。一八〇二年に出版されたフォルケルのバッハ伝においては、一八世紀的バッハ評の反映として、鍵盤音楽の演奏家および作曲家としてのバッハが高く評価されていたが、すでに、ベルリン・ジングアカデミーをはじめとする合唱団が徐々にバッハの小規模な声楽作品を演奏し始めており、この時期のバッハ記事には教会音楽の話の中にバッハが出てきているものもいくつかある。しかしながら、一部の崇拝者の熱狂的な賛辞が散見される他は、バッハの演奏自体が読者にとって期待されてもいなければ、注目を集めるものでもなかったということが、雑誌記事からも窺える。

こうした状況に対して、一八二九年の《マタイ受難曲》再演が、バッハ受容に画期的な変化をもたらしたことは、演奏記事の変化から読み取ることができる。一七九八年から一八二八年までのバッハの演奏記事が三件のみ(一八〇三年、一八〇五年、一八二〇年)であったのに対し、《マタイ受難曲》以後は、その数が確実に増えるのである。(16)

記事の数が演奏回数に一致するわけではないが、こうした記事のコンスタントな増加から、《マタイ受難曲》の再演が、当時の音楽界におけるバッハ受容において特別に重要な意味を持っていたことが裏づけられる。バッハは当時の音楽活動の公領域におけるレパートリーとしての地位を獲得したわけであり、その意味では、やはり《マタイ受難曲》再演によって、バッハの音楽は一部のサークルの外部に認知されるようになったということを、まずは認めてよいであろう。一八二九年以降、《マタイ受難曲》は毎年のように上演されることとなった。この出来事が画期的であった要因を、たとえばドナルド・ミンツは以下の五点に認めている[Mintz, 1954 : 213]。

①ベルリンにおける最初の三回の上演(ほぼ一ヶ月以内に行われた)で、延べ三〇〇〇人程度の人々がバッハのこの音楽を耳にした点
②それを受けてすぐに他都市が同作品の再演を行なった点
③ベルリンでは、独唱を当時の人気歌手たちが担った点
④上演により受難曲出版の目途が立った点
⑤『一般音楽新聞』がこの上演の重要性を追認するような記事を掲載した点

しかし、一八二九年以降の演奏報告記事を注意して見ると、その音楽の受容状況が、一般に「バッハ熱」と言われているような熱狂的なものであったとは言い切れないことが明らかになる。まず、『一般音楽新聞』における《マタイ受難曲》に関する限り、その演奏はベルリンで最高の一九回の記事となっており、その他の都市においては、ケーニヒスベルクで五回、ブレスラウおよびドレスデンで四回、フランクフルト・アム・マイン

で三回、ハレで二回、カッセル、ミュンヘンで一回となっているのである。つまり、《マタイ受難曲》の再演は、専らベルリンにおいて行われていたことになり、その伝播の程度ないし普及度は、前章で見たような、シュナイダーの《最後の審判》やメンデルスゾーンの《パウルス》といった新作オラトリオとは比べるべくもない。「熱狂的」と言うならば、こうした新作オラトリオの方がはるかにそうであった。一九世紀における《マタイ受難曲》の復活を研究したゲックは、一八三三年のドレスデンにおける上演をもって、この時期の〝蘇演〟はいったん終了すると述べており、この音楽を真に受け入れるための基盤はまだ十分に整ってはいなかったと述べている[Geck, 1967b : 127]。これは彼が言及しているように、この作品が他のオラトリオよりも高い演奏技術を要する難易度の高い作品であったことにも起因していると考えられるが、ともかく、その注目度の割には、実際の受容範囲はきわめて限られたものであった。また、《マタイ受難曲》以降、演奏が記録されるようになったバッハの他の作品についても、状況はそれほど変わらないものであったことが、やはり雑誌記事から窺える。バッハ作品の演奏に際して頻繁に挙げられている都市はベルリンとライプツィヒであって、それ以外の都市については、一八二九年から一八四八年までの二〇年間にそれぞれ一〇件未満の記事しか残されていないのである。バッハの音楽の演奏報告記事は、確かに《マタイ受難曲》再演以後、レパートリー化したものの、その量においては、他の同時代の作曲家——ベートーヴェンやハイドン、モーツァルト、あるいはメンデルスゾーンやシュナイダー——のそれに比べればはるかに少ないものであった。

演奏会報告から分かるもう一つの傾向は、《マタイ受難曲》再演以後、バッハの作品が音楽雑誌においても恒常的に言及されるようになった後、全体的には他の作曲家に比べて少ないながらもその記事の上で、徐々に数を増してくるのがオルガンおよびピアノの作品、すなわち鍵盤音楽作品だということである。もちろん、一九世紀以前から、鍵盤音楽作品の巨匠として誉れ高かったバッハの受容において、このジャンルが優位を占めていることには特に疑問も起こり得ないのだが、注目したいのは、こうした鍵盤音楽作品の受容記事もまた、《マタイ受難曲》以後に出始めたということである。雑誌記事の状況から、やはり《マタイ受難曲》の再演が一大行事と見なされて、バッハという作曲家の音楽を周知させたという通説は支持し得る。それまでも認められていたはずの鍵盤音楽さえ、この事件以後になって実質的に人々の目に耳に触れるようになったと言ってよいだろう。しかし、その後の演奏会報告に表れるジャンルの相違は、担い手すなわち演奏家の相違から導くことができる。つまり、《マタイ受難曲》はその演奏に必要とされる歌唱技術が高いために、アマチュア合唱団には容易に実現できるものではなかったのに対し[17]、鍵盤音楽作品の演奏は、ヴィルトゥオーゾと見なされていた職業演奏家、つまりプロのピアニストやオルガニストによって徐々にレパートリーに組み入れられていったために、演奏会記事に多く出てくるようになるのである。バッハの声楽作品と器楽作品の相違は、記事に記載されているプログラムからもある程度把握可能である。

バッハの声楽作品は、《マタイ受難曲》は大曲であるために、独立に演奏されるのが普通であったが、コンサートにおいてしばしば演奏されていたより小規模な合唱曲であるモテットはその他の作品と共に演奏された。一八二〇年代は徐々にプログラムを歴史意識に基づいて編成するようになり始めた時期だが、《マタイ受難曲》再演以後のプログラムを見るならば、バッハの声楽作品と共に置かれていた作曲家は、ファッシュ、ツェルター、ルンゲンハーゲンといったベルリン・ジングアカデミーの監督たちおよびメンデルスゾーン、そしてヘンデル、ロッティ、エッカルト、パレストリーナ、ペルゴレージ、レーオといった過去の宗教音楽の作曲家、またはシュポーア、クライン、グレル等の声楽曲を作曲していた一九世紀前半の作曲家たちであった。鍵盤音楽の演奏報告は、一八三六年以降に増えてくるが、この場合に併演される作曲家は、声楽作品の場合よりは多彩な顔ぶれとなっている。鍵盤音楽の演奏の際には、上記のような併演作曲家に加えて、ベートーヴェン、カール・マリア・フォン・ウェーバー、イグナーツ・モシェレス、ヘッセ、フリードリヒ・ヴィルヘルム・ベルナー、フンメル、カルクブレンナー、クラーマー、タールベルク、シューマンといった当時の有名な作曲家の作品がプログラムに入っている。この頃から、音楽会は歴史的コンサートとヴィルトゥオーゾ・コンサートという二つのタイプに分かれ始めていったが、バッハの声楽作品が専ら前者のタイプのコンサートにおいて演奏されたのに対し、器楽作品、主として鍵盤音楽作品は、歴史的コンサートと同時にヴィルトゥオーゾ・コンサートにも置かれていた。実際、一八三八年三月の『一般音楽新聞』に報告されているバッハの鍵盤音楽作品の演奏は、ヴィーンの「ヴィルトゥオーゾ・コンサート」においてなされ、ピクシス、ヘンゼルト、ショパンといった当時のピアニストたちの作品と共にバッハの嬰ハ長調のプレリュードとフーガが演奏された[AmZ, 1838：165]。このようなヴィルトゥオーゾ・コンサートは当時の人々の人気を集めていた音楽会である。バッハの鍵盤音楽作品は、やはりその技術的な難しさゆえに、演奏名技によって聴衆を圧倒することを狙うヴィルトゥオーゾにとっては格好のレパートリーとなり得たと考えられる。つまりバッハは両タイプの音楽会に現れるという二つの受容面を持っていたのである。当時においてもすでにこのことは意識されており、「バッハは音楽の一つのジャンルにおいてではなく、彼の時代に可能であったすべてのジャンルと形式において最高のことをなしたのであり、彼によって成し遂げられた作品の中に模範があり、それはあらゆる時代にとっても模範であり続けているのである」[AmZ, 1841：175-176]という賛辞が贈られている。音楽会が一九世紀後半へ向けて徐々にプロフェッショナル化する中で、バッハの器楽がプロによって担われていたことは重要な要素であろう。バッハの名と音楽は少なくとも、この領域においては保持されていたのである。

3　マタイ受難曲の意味——合唱を通しての教養

バッハ復興過程を見るときに目を向けるべきことは、この音楽史上重要な出来事は、演奏・聴取という実体験を伴ったものとは言いがたいものであったことである。それを明らかにしたところで、本書における根本問題である教養理念との関係を検討する必要がある。

一九世紀前半に始まったバッハ復興運動は、音楽史の研究対象として注目され続けてきたものの、その研究者自身にとっても、当時はバッハを音楽として受容する土壌はまだ十分には整ってはいなかったという結論を出さざるを得ないものだったのである。では彼らのそうした結論が暗示する「後の時代の真の理解と受容」とはいつ、どのようにして可能になるのだろうか。ここでは、当時バッハは誰にでも容易に受け入れられたわけではなく、また演奏頻度も実はそれほど高くはなかったということに——「まだ機が熟してはいなかった」という見方をせずに——注目し、それにもかかわらずバッハがキャノンとして形成され、補強され続けてゆく神話化の過程を考察する。

そうしたバッハ神話の核を形作っているのは、やはり《マタイ受難曲》である。没後から一九世紀までの実際の伝承は主として彼の鍵盤音楽作品によっていたということ、一九世紀における彼の知名度を上昇させたのは《マタイ受難曲》の劇的な再演であったということはすでに述べた。一九世紀のバッハ復興運動においてはこの事件こそがメルクマールだったのであり、現在のバッハ研究者が言うように、それを機に彼の声楽作品の評価が始まったのである。その意味で、たとえこの作品が広い範囲で実際に演奏され、聴取されたわけではないにせよ、重要な影響力を持っていたことは認めることができる。そしてこの作品が第二章で述べたような合唱運動の普及と不可分であることも忘れてはならない。

その《マタイ受難曲》再演以後のアマチュア合唱運動とバッハ復興運動との関係に真剣に注意を向ける人はほとんどいない[18]。実際、《マタイ受難曲》がいくつかの都市で集中的に再演された後には、それほど伝播しなかった。だが、両者の密接な関係として挙げられるのは、《マタイ受難曲》以後、この作品とそれ以外のバッハの合唱作品の楽譜が出版されるようになったことである。つまりそれは、新聞の演奏会報告には現れなくとも、楽譜は出版され、またバッハのその他の声楽作品がある程度高まったということを示している。そこから考えれば、もちろんこれは容易に想像できることでもあるが、諸合唱協会において、バッハの特に小規模な作品は演奏または練習されていたことになる。《マタイ受難曲》以後、一層多くの合唱団がバッハに取り組むようになったということである。

しかしながら、《マタイ受難曲》の楽譜が出版されたと言っても、それを購入した人々の多くは、その多くの協会は、全曲を演奏することはできず、ただその中のいくつかの曲(ナンバー)を歌っていたと思われる。時折、公開演奏会においてもこの作品の抜粋が上演されていたように、中には短く、比較的歌いやすい曲も入っていた。おそらくは、多くの合唱協会でのバッハ受容は、こうした大曲の抜粋とその他の小規模な声楽作品によっていた。ともかく《マタイ受難曲》が完全な形で上演されなかったことの理由は、何よりもまず、当時の人々にとっての不可解さと難解さ、そして技術的難易度の高さにあったというのが一般的な考え方である。一九世紀の証言を挙げるなら、『一般音楽新聞』の創刊者ロホリッツはバッハの楽譜を収集していたが、いくつかのモテットもカンタータも、そしてクラヴィーア作品も（音楽の素養があった）彼にも難解で理解できなかったという新聞記事がある[Rochlitz, 1802–1803＝1996：99–100]。こうしてみると、バッハ崇拝者にとってもこのように難解であったバッハが、そして特にその《マタイ受難曲》が評価され続け、当時の人々にとっても神話的存在にまで高められたことの意味をこそ考察しなければならないことが明らかになるが、その際、むしろその難解さ、演奏の困難さが重要な鍵になっていると私は考える。

一つにはバッハ崇拝者たちの筆による雑誌批評記事が、特に《マタイ受難曲》以後、バッハへの賛辞を繰り返すことによって、読者の間にそうしたバッハの偉大さのイメージを作り上げていたということが考えられる。特別な音楽的素養のなかったヘーゲルもまた《マタイ受難曲》の再演に臨席した後に、その感動とバッハへの賛辞を伝えた一人に数えられる。当時の人々は、現在の音楽学から見ればバッハを「真に」理解していたとは認められないにもかかわらず、どちらかといえば知的理解ではなく感情的な享受によってバッハを崇拝しており、それを語ることには非常に熱心だった。彼らの批評によって、当時実際に演奏され、享受されていたグラウンの《イエスの死》よりも、バッハの《マタイ受難曲》は上位に位置づけられることになった。一九世紀の批評家たちは、作曲家同士を比較し、また同じジャンルの作品を比べるという手段によって、価値の序列を徐々に作り上げたが、そこではバッハは常に頂点に立つようになったのである。そして雑誌上では、《マタイ受難曲》は「バッハのあの受難曲」との記述だけでその作品を指すまでに知られるようになった。こうした批評によってバッハの《マタイ受難曲》は、実際に演奏されなくとも、あるいは演奏される機会が少ないだけに一層、神話的存在となり得るのである。そしてバッハの受難曲は、《ヨハネ受難曲》ではなく、《マタイ受難曲》だけがシンボル的地位を獲得することになった——一九世紀を通して比較的演奏を伴って受容されてきたのは器楽作品であったにもかかわらず、である。

多声合唱という実践そのものが教養理念に即していたことはすでに述べた。バッハの声楽作品を合唱で歌う人々にとって、やはりそれは教養の一環だったのである。[19] ここでの問題は、バッハの作品が教養を求めた人々の対象として重要であったことの指摘よりもむしろ、教養市民層のバッハ受容と、実際には「熱狂的に受容」されていたわけではないバッハの難解さ、および難解さの代名詞とも言える《マタイ受難曲》との関係を論じることである。

《マタイ受難曲》を実際に演奏または聴取した人々が多くはなかったにしても、音楽愛好家あるいは教養市民は、批評の中で記された言葉を読んだり聞いたりすることによってバッハの偉大さ、難解さといったものを「知る」ことができた。しかしそうした情報は、紙面ではじめて知るに等しい読者にとっては、同様の記事内容に何度か出会うことによって潜在的に音楽作品の価値とその序列を内面化してゆくか、あるいは「教養」という記号を熱心に求める人々が積極的に知識として取り込むか、特に身近なものとは感じずに無関心気味に受け入れるか、というようなものでしかないかもしれない。崇拝者の信仰告白を活字から読み取るだけで読者がバッハへの敬意や信仰を自身の感情の中に生み出したかどうかは疑問の余地が残る。バッハを崇拝する一部の指導的知識人間の活動によってバッハの評価が保持されたという見方も可能ではあるが、その価値観がどのように浸透していったのかを慎重に考えなければならない。

バッハの音楽を知らない人々にとって何らかの承認の条件を提供していたのは、当時、広範な運動として広まっていた合唱の体験であろうと私は見ている。合唱は批評による言説とは異なる形で、教養を求める人々がバッハへつながる道であったと考えることができるのである。合唱に参加していた人々は、《マタイ受難曲》は歌わなくとも、その一部、あるいは他の合唱曲、そうでなければ、バッハ以外の作曲家の合唱作品を実際に歌っていた。たとえばピアノを少しでも弾いた経験があれば、このジャンルのうちで技巧的に難しいもの、難易度の高いもの、賞賛を浴びる作品を想像して実感できるように、当時の人々にとっても、合唱の経験という下地があればバッハの作品の難解さと価値は、言説からの情報によっても十分実感できたであろう。[20] 同じジャンルの実践によって、活字になっている作品評は、自身に関わりのあるものとして——あるいは擬似体験として——実感できるのである。むしろ、そうした批評による価値観は、自発的に体験をしている人間であれば多少なりとも実感せざるを得ないと言った方がよい。つまり、合唱体験によって、バッハへ、そして《マタイ受難曲》へつながる道が拓かれており、紙面からの評価がより受け入れられやすい地盤が作られていたということである。このとき、音楽愛好家の視線はバッハに向けられることになり、それゆえに実際の演奏に触れなくとも、バッハの声楽作品である《マタイ受難曲》がこのジャンルの頂点として見上げられ得る。合唱というジャンルの実践がバッハ受容の条件を、言ってみれば受信機を提供したのであって、音楽雑誌におけるバッハへの熱狂は合唱する人々に対してアピールし得たのである。バッハへの賛辞記事自体は一八二九年以前にも時折掲載されてはいたのだが、雑誌記事数から考えても、バッハへの注目は《マタイ受難曲》以後であった。したがってこの作品の劇的再演はより多くの人々から見ることのできるシンボルとしての機能を果たしたと言うことができる。

合唱という同じジャンルの実践によって《マタイ受難曲》へつながる道がひらかれたということは、さらに言えば、多くの合唱人口にとって、この作品が経験と訓練を積んだその先に位置するものであったということ、すなわちいずれ到達し得る目標として見なされたということになる。容易には演奏されないこの作品は言わば目指されるべき目標でもあった。たやすく演奏できないものであるがゆえに、その稀少性ゆえに、シンボルとしての価値は高まる。合唱が教養の活動の一環であるならば、つまり不断の努力と終わりのない修養を求めるものであるならば、《マタイ受難曲》は到達すべき目標としてふさわしい難解さを持つ作品であったと言えよう。バッハに関して、こうした意識をバッハ崇拝者であったハンス・ゲオルク・ネーゲリが表現している。

これほどに神的なものが人間的に人格化されて現れるとすれば、この個人のなかには、神の恩寵の特別な光のなかでと同様に、固有な文化の天恵もあります。私たちがこの天恵を充分に自分のほうに向けようとするなら——私たちのひとりひとりが個々にそうしようと欲するなら、この個人の天恵ゆたかな影響に、かくも独特の個性をあたえられたこの芸術の感化に身をゆだねなくてはなりません。ところでこの場合、この個人の芸術創造はかくも偉大で内容ゆたかであり、かくも奮起をうながし努力を要するほどのものですから、それを芸術的に精神的にわがものとするのは、もちろん大仕事なのです。それゆえに、予備教育が必要なのです。

かくも偉大なものを理解するには、自らを偉大に育て上げなくてはなりません。[Nägeli, 1826 = 1996 : 125]

これは特に《マタイ受難曲》を想定して言っているものではなく、バッハ崇拝者としてすでにバッハの作品について知っていた彼が、その作品全般について述べているものである。こうした考え方を持っていたネーゲリは、実際に、歌唱教育に熱心に取り組んだ教育家でもあった。このことから、バッハの声楽作品を難解な、そして最高の芸術として念頭に置きながら、それに到達すべく自己修養に励まなければならないという――まさに教養の――意識があったことが分かる。だとすれば、教養を得るために合唱を実践していた人々にとってバッハの《マタイ受難曲》は、技術的な難易度が高く、近づきがたい作品であったからこそ、神話的存在になり得たと考えることができる。目指されるべき目標として配置されたこと、実はそれが、《マタイ受難曲》再演を最重要な事件たらしめているのである。特にこの事件以後に声楽作品あるいは教会音楽の作曲家としてバッハが見直されたのだというバッハ研究の現在の通説は、その直後の実演を伴った受容頻度の低さとバッハの地位の上昇という矛盾した状況を十分に説明してはこなかった。それゆえに、そうしたバッハ復興運動は一部の崇拝者の熱心な活動と、それ以外の音楽愛好家との断絶のうえに展開したのではないかという疑問の余地を残してきたのだが、しかしながら、教養としての音楽実践＝合唱という素地ゆえに、両者に断絶はなかったと考えるのが私の見解である。

崇拝者以外がバッハをどのように認識したかという点については、様々な条件があろう。たとえば、当時名声を博していた多くの同時代作曲家がこぞってバッハ崇拝者となる傾向があったために、彼らはそれを発言するのみならず、彼らの作品においてもバッハ的な様式が受容された。そうした「加工」を通して人々が「バッハの存在」を認識していったとも考えられる。音楽学研究の傾向としては、たとえばメンデルスゾーン、シューマン、ブラームス、ヴァーグナーらの作品自体にバッハ受容を探求するものは量産されているが、そうした二次的受容が成り立っていたとしても、彼らの作品に取り入れられた「バッハ」の聴取と受容は、実際問題としては追跡が非常に困難である。音楽家のバッハ受容を研究したものも、その作品から聴衆への伝達を対象とはしていない。

4　市民的天才の構築

(i) バッハに見出される市民性

このように、合唱する人々にとって究極の目標と見なされることによって《マタイ受難曲》は神話的地位を築いたことになるが、ではそうした受容層にとって、その作品の作曲者バッハとはどのような存在であったのだろうか。もちろん、「あの」《マタイ受難曲》の作者としては十分注目されるようになったために、その他の声楽作品も出版されるようになったのだが、しかし、ただ一つのこの神話的大曲によって再発見され、再評価されたのは、バッハという作曲家だったのである。《マタイ受難曲》はその復興過程において最も重要な役割を果たしたと言えるが、しかしそれは「バッハ」復興にとって最も影響力があったのである。ここでは「バッハ」が受容され評価された基盤について考察しよう。

バッハという音楽家の全体像を捉えようとする場合には、たとえばその作曲家の作品すべてを対象として語ることが考えられるが、一九世紀初頭においては——つまり《マタイ受難曲》以前には——、その評価対象は専ら鍵盤音楽というジャンルに限定されていたため、全体から見る視点は確立されてはいなかった。一八二九年以後はバッハの多面性、全面性を強調した批評が多く見られるが、しかしながら実は、それ以外の方法によってバッハはすでに「全体」から見られ得る下地を言説によって獲得していたのである。それは彼の芸術家像および、特に人物像についての記述である。一八〇二年にフォルケルのバッハ伝が出版され、この伝記的側面は後々まで影響を与え続けたということはすでに述べた。これは最初のバッハ伝であり、一九世紀前半においては唯一のバッハ伝であったため、バッハ崇拝者においても貴重な伝記であったし、それだけではなく、音楽雑誌の批評を見ても、「バッハの生涯についてはフォルケルの伝記によって知ることができる」というような記述があることから、一九世紀前半の一般的バッハ像の原点となっていたことが分かる。この影響力の大きかった伝記が伝えているバッハ像が実は教養市民層にとって意義深いものだったのである。

バッハ崇拝者の例にもれず、フォルケルはバッハの主として鍵盤音楽作品の素晴らしさについて述べ、その芸術家精神と言うべきものを全く同一視して称賛した。彼は「バッハが音楽においてわけても真面目で高尚な様式をつくり上げたのは、彼が模範とした、多くは教会用の作品の性格によるだけでなく、主として彼自身の真面目な性質のためであった。」[Forkel, 1802＝1983：325]と明言している。つまり彼自身の真面目な性質、その人間性がそのまま作品の中に結晶し、その作品自体の高尚な様式を支えているというわけである。では、その真面目な性質とはどのようなものであろうか。それをさらに具体的に、フォルケルは次のように記述している。

芸術家として彼はきわめて謙虚であった。彼は仲間の音楽家たちよりはるかにすぐれ、彼自身もそのことを感じていたにちがいないのに、また、かくも傑出した芸術家として彼には日々称賛と敬意が寄せられたにもかかわらず、それを少しでも鼻にかけるようなことは一度としてなかった。どのようにしてあれほどまで自在な技術を身につけたのか、ときおり尋ねられると、彼はこう答えるのが習わしだった。「私は勤勉であらざるをえなかったのです。私と同じように勤勉であれば、誰でも私と同じ程度のことはやれるでしょう。」人よりすぐれた天賦の才能のことは、まったく勘定に入れないふうであった。[Forkel, 1802＝1983：345]

ここで示されているバッハは、勤勉な、たゆまぬ努力をする人物であり、そして地位や名声を求めたり、周囲からの高い評価に溺れたりしない、謙虚な人物である。フォルケルのバッハ評が鍵盤音楽に偏ったものであり、声楽作品についてはほとんど視野に入っていなかったという点は、ここでは問題ではない。彼にとって重要だったのは、バッハがともかく名声に対して謙虚であり、そのうえ勤勉であり続けたということなのである。フォルケルのバッハ伝は、バッハの次男エマヌエルとの親交から得た情報に依っていることが知られているが[21]、こうしたバッハの人間性を特に強調して述べる姿勢は、当の息子自身にも見られた。彼の言によれば、同じようなことが、次のように述べられている。

およそバッハは自分の才能を自慢したり、自分の優越性を他人に感じさせるような人間ではありませんでした。それどころか、彼は珍しいほど謙虚で寛容で、他の音楽家に対してきわめて丁重でありました。マルシャンとの一件[22]はおもに他人の口を通して知られるようになったもので、バッハ自身はこの話をめったにしませんでしたし、たとえ話したとしても、ぜひにとせがまれた場合に限られていたのです。[E. Bach, 1788 = 1996 : 77-78]

つまりフォルケルのバッハ伝と情報源は同じということになるが、重要なことは、こうしたバッハの人間性が真実か否かということではなく、没後、実際にその作品が演奏される機会は少なかったにもかかわらず、こうした性質が特に強調され、以後のバッハ像に影響を与え続けたということである。[23] 彼自身が望めば「全世界の称賛を一身に集めること」ができたであろうにもかかわらず、ドイツの片田舎に生涯とどまり、「静かな家庭的な生活を愛し」、ただ地道に自分の芸術に携わったバッハは[Forkel, 1802＝1983：348]、誠実で実直な人物像を獲得した。二〇世紀になっても、バッハが外国に出かけなかったことが強調され、しかし彼の「たゆまぬ学習」によって様々な音楽を身につけ、それを高めたことが伝えられている[Bertram, 1933＝1996：290]。また同じく二〇世紀に書かれたハンス・プロイスの論文には、フォルケルのような賞賛のためではなく、むしろバッハの生涯と人物像のつまらなさの例として、同様のことが指摘されている。すなわち、バッハの六五年の生涯にはこれといって目覚しいものは何もないこと、平均的な市民的生活環境であったこと、トマスカントルという市民的楽匠として大成期を迎えたこと、妬みや自負に曇らされない性質、謙虚さ、見栄やはったりの露ほどもない冷徹実直な職人気質、といったものである[Preuß, 1919＝1996：241-242]。これらの叙述は、一九世紀のバッハ受容が作り上げた像である。

だがこれらのバッハ像は、賞賛のためにせよ、そうではないにせよ、一つの市民的な人物像であったと言うことができる。第一章で教養の抽象性を確認しつつ、しかしリアルに捉えるための具体像として提起した「市民性」の例が、バッハの種々の伝記の中に見出せる。言わばバッハは市民性の体現者として語られていたことになる。フォルケル自身も、教養という言葉を幾度も使用しており、バッハが最も優れた教養を持つ芸術家であったことを繰り返し説いている。このバッハ伝は、ほんの一部のバッハ崇拝者の外にその名を広めたとされているが、それと共に、あるいはそれ以上に重要なことに、模範的市民ないし教養人としてのバッハを世に知らしめることになったのである。こうしたイメージが形成されたバッハは、教養市民層の間に特別な価値を持って受け入れられていったのであるが、直接にせよ間接にせよその作品の受容を伴うようになったのは、本書で再三述べている《マタイ受難曲》以後であった。当時のバッハ受容においては、この市民性の体現者としてのバッハが何よりもまず重要だったのであり、《マタイ受難曲》とは不可分であったが、バッハは《マタイ受難曲》という「傑作」の作者ゆえにのみ崇められたのではない。

本書では、敢えて作者と作品の受容を分けて論じているのだが、当時の批評家たちも、そして現代の音楽学者たちも、作者の人間性と作品の美的価値とをほとんど自明のことのように重ね合わせる。あたかも作品の素晴らしさはその作者の人間性ゆえであるかのように語り、その作品にはその人間性が結晶化しているような前提を置いている。このように作品の価値と作者の人間性を同一視することは、つまるところ作品の美的価値は道徳的価値によって支えられているということを意味し、キャノン神話を信じる人々が主張する作品内在的な美的価値の根拠を危うくするのだが、ここでは価値判断の議論ではなく、作者像と作品を一体のものとして考える慣習に注目しておきたい。

こうした作者の人間像と作品の美的価値の同一視という受容姿勢は、二〇世紀以後も教養市民層にとってはとりわけ重要なものであったことを十分に認識しておかなければならない。二〇世紀の知識人たちもバッハに対して同様の市民性を認めていた。音楽以外の芸術におけるこうした受容を明白な形で述べている例はゲオルク・ルカーチによって示されている。彼は「市民性と芸術のための芸術」という批評において、詩人シュトルムにおけるその両立を提示しているのだが、彼もまた特に一九世紀の文学の天才たちを「かれらはこの市民階級の真正な偉大な代表者」[Lukács, 1911 = 1969 : 117]と見なしている。そしてそうした芸術家が持っている特性は、作品を創造することの目標を「誠実にみごとに仕事を仕上げたという意識、完全なものを作り出すために力の及ぶかぎりのことはすべてした、という意識」[Lukács, 1911 = 1969 : 115]を持つこと自体にあると考えるのである。そのような意識は、ルカーチが引用しているシュトルム自身の言葉に表現されるように、「肝腎なのは、生活自体で、痕跡をとどめたいあまりにこれを忘れてはならない」[Lukács, 1911 = 1969 : 109]ということにもつながる。そこに挙げられている「職人の熟練」、「職人の律義さ」、それこそが市民性を表す性向なのであって、一九世紀以降のドイツにあっては、このような職人気質なしには芸術は成立し得ないとでもいうような信念があったとさえ思われる。トーマス・マンは、職人的なものとはかけ離れたところにあると思われがちなヴァーグナーに対してさえも、この要素を見出そうとしている。彼は「たとえ少しばかり Bourgeois 的だったとしてもヴァーグナーは高度のドイツ的な意味において Bürger であったのであり、……デーモン的、天才的なものに目を奪われて、ドイツ古来の工匠的(kunstmeisterlich)要素——誠実なまなざしで対象を見据えながら、忍耐強く仕事をすすめる職人的実直さ、器用さと勤勉さ——を見のがしてはならない」[Mann, 1918 = 1968 : 159]と述べているのである。

ルカーチを論じながらトーマス・マンが主張するのは、「芸術」は自身の生を倫理的に実現させるための手段だということである[Mann, 1918 = 1968 : 154]。彼は、市民的な職業に就いていなくとも、生の倫理が重要であり、何らかの目標に到達して完璧になることではなく、ルカーチの言う「これ以上の推敲は私にはどうしてもできない」という主観的意識に価値を置いている[Mann, 1918 = 1968 : 153-155]。一九世紀前半にバッハについて語られた人物像と併せてみても、芸術作品に見出されていたのは、誠実で勤勉な人物像という市民性であったと考えることができる。作品の審美性を議論する場面があったにしても、結局は作者の人間性を切り離すことができなかった芸術観があったことはもっと強調されるべきであろう。

その傾向は二〇世紀の音楽学にも引き継がれた。バッハには相変わらず市民性が見出されていたのである。

二〇世紀のバッハ研究は、第二次世界大戦以前の、主として宗教的な立場から理想化して「第五の福音宣告者」等と崇めるようなバッハ像から、一九六二年のフリードリヒ・ブルーメの講演[Blume, 1962]によって、バッハを現実的な次元に引き戻そうとする研究姿勢が求められるようになったという転換を経験した[小林、1995：270]。ブルーメは教会音楽作曲家としてあまりにも神格化されがちであったバッハ像を「行き過ぎ」と批判し、そうしたバッハ研究の将来に警鐘を鳴らしたことでよく知られているが、この転換はバッハが宗教に対してどの程度篤い信仰を持っていたか、という点を中心に議論されている。しかし、宗教心という問題にとどまらず、二〇世紀前半のバッハ像が誇張されたものであることは、ブルーメによっても[Blume, 1947]、それ以外のバッハ学者によっても[Vetter, 1951]、指摘されてはいた。そこでの矛先は一九世紀の「悪名高いロマン主義」に向けられる。ロマン主義によって虚飾されたバッハ像を「真の」理解へ正そうとする彼らが提示するものは、しかしながら、フォルケルのそれとは大差ないことに気づく。バッハの生活様式を語るときに「バッハは勤勉」であったことは繰り返され[24]、「バッハは、自分の生涯にわたる仕事が数世紀ののちにまでその力を及ぼすだろうなどとは夢想だに」しなかったとされるのである[Vetter, 1951＝1976：150]。さらにこのヴァルター・フェッターは「証拠を得るために手紙その他の文書による資料をあさるようなまねは絶対に避けねばならない。証拠はバッハの音楽から直接聞きとることができる。これがバッハのごとき芸術家精神の巨大さ」であると断言しており[Vetter, 1951＝1976：140]、作品から直接作者の人間性を捉えようとする姿勢が窺える。資料研究が音楽学とバッハ研究にとって不可欠なものであることはむしろ常識となっているが、それにしても二〇世紀半ばに至るまで、こうしたバッハの人間性とその結晶としての作品という捉え方は相変わらず重視されていたことが分かる。

一九世紀前半には、作品の音響とバッハの市民性が実際には分離しつつも、「バッハ」の名のもとに混在させられていたのに対して、二〇世紀の音楽学は、作品の価値とバッハの人間性をより意識的に重ね合わせたと解釈することができる。

(ii) 天才の概念と市民性

バッハが音楽の天才であり、英雄と認められていることは、当時の証言からも、現在の著作からも議論の余地のないものであるが、一九世紀以来のドイツにおいては、芸術における「天才」にはこうした市民性が欠くべからざる要素として言及されている。

バッハやシュトルムについて当然のように言われている「天才」としての性質は、天才一般の概念から見た場合には、どのように位置づけられるのだろうか。ここで天才の概念について、その起源から追うことは避けるが、しかしながら、その概念史上、一八世紀末から一九世紀初頭という時期が一つの転換点であり、かつ現在の天才概念を形成したという点については言及しておこう。この時期の天才概念を語るときに必ず持ち出されるのはカントの定義である。それは Genie についての有名なテーゼ「〝天才〟は芸術に規則をもたらす才能(生まれつきの天賦の才)」[Kant, 1790＝1965：216-217]だということに加えて述べられている独創性への注目である。彼によれば「天才とは、なんらかの規則に従えば学び取ることができるようなものを、生まれつき上手にやれるといったものではない。それゆえ、独創性こそ、天才の第一の属性でなくてはならない。……天才が模倣精神とは決定的に対立するはずだという点では、誰もが一致している」[Kant, 1790＝1965：217-218]のである。独創性は、特にこの頃から天才の中心的属性と見なされるようになる。[25] 音楽の天才について熱心に語られるようになったのもこの頃であるが、それはルソーの音楽辞典記事に影響を受けたものであった[Lowinsky, 1964 : 326]。ヘルダーやE・T・A・ホフマン、その他のロマン主義的な天才概念には独創性、先天性、学習不可能性、無意識といった特性が並べられ、それが一般的な天才概念となっているのだが、その一方で美学者シューバルトの天才概念は、ルソーの見解に倣いつつも、ルソーとは異なる考え方を付け加えたものであった。すなわち「にもかかわらず、いかなる天才といえども、修養や訓練なしには、完全の域に到達することはできない」というものである[Lowinsky, 1964 : 326]。このシューバルトの概念は、彼自身、その記述においてバッハの名前を出しているように、バッハ像にとってはきわめて重要なものである。同様のことを、バッハ伝の中でフォルケルも述べている。(26)

ある芸術に対して逆らい難い衝動をもつ最大の天才といえども、そのもともとの天性からすれば一つの素質ないしは肥沃な土壌にすぎず、そこで一つの芸術が咲きほこるためには、その土壌を倦まず念入りに耕やさねばならない。本来すべての芸術と学問がまずそこから出てくる勤勉が、このために欠かすことのできない第一条件の一つである。[Forkel, 1802 = 1983 : 370]

このように、バッハという天才は、一般に考えられているような天才概念とは一線を画して捉えられていた。天才概念が職人との区別を明確にしようと努めてきたにもかかわらず、バッハは、その職人気質、勤勉さ、仕事に対する誠実さといったものと切り離されることがなかったのである。(27)ロマン主義的な天才概念とバッハが区別されるのは、バッハの時代には「感情の深さ」、「独創性」、「個人的な方法」といったものは人々に意識されてはいなかった、つまりそうした天才概念は存在しなかったためだという理由が挙げられることもあるが [Lowinsky, 1964 : 323 に引用]、まさにそのロマン主義の時代にロマン主義的に復興されたバッハが、通常の天才概念とは合致しないタイプのイメージを付与された点を問題化すべきである。バッハを語るときには、天賦の才を語るよりも、控えめで勤勉であることを強調することが要請されていたのである。

バッハは天才であり巨匠であると見なされたにもかかわらず、一八〜一九世紀の天才概念とは異なるイメージを描かれた。それはむしろドイツの昔ながらの職人、すなわち「市民」としてのイメージである。バッハが職人気質の人間であったという見方への固執は、一九世紀の人々がバッハに「市民的」であることを求めていたことを物語る。バッハの生涯を概観してみれば、彼の仕事が宮廷よりも小さな都市と教会とにより深く結びついたものであり、生活自体も華々しいものではなかったことは明らかで、何よりも公務員として小市民的な堅実な生活をしていたことから、バッハ＝市民的という等式は特に疑問ではないが、しかし、特に彼の人間性について市民的なものが見出され、強調され続けたということの意味をこそ汲み取らなければならない。ルカーチがシュトルムについて述べたように、天才たちは「市民階級の真正な偉大な代表者」である必要があったのである。バッハは市民の、そして当時教養にその身分的指標を見出そうとした人々の、代表であるがゆえにシンボルだったのであり、このようなシンボルによって教養は具体性を帯びたことになる。フォルケルによってバッハは優れた教養人と見なされているが、バッハの市民的特性は、教養市民層にとって理想であり、やはり日々精進して目指してゆかなければならない目標となり得た。このような市民性の体現者としてのバッハ像があったからこそ、バッハは彼らにとって意義深いものだったのであり、このようなバッハ像が特に《マタイ受難曲》という具体的な作品の評判によって、明るみに出ることになり、ますます崇められることになったのである。

(iii) 国民的記念碑

すでにフォルケルの伝記の中で、バッハは国民的な英雄として登場しており、バッハとナショナルな意識の結びつきはよく知られている(28)。ブルーメはフォルケルが愛国者だったために両者の結びつきを強調したことを批判的に述べるとともに、そのフォルケルとは違って、『一般音楽新聞』を創刊したロホリッツは「昔の芸術をあるがままに享受」したと見なし、ロホリッツの方はナショナリズムを離れて「芸術の正当な理解」を志向しているのだと述べている[Blume, 1947 = 1976 : 64-67]。

バッハとナショナリズムのつながりはこのように専ら一九世紀前半のロマン主義と愛国主義に求められるが、ここで注目したい「国民的英雄の構築」とは、このような思想から直接に出てくるものではない。愛国的な語りの上に乗っているバッハよりも決定的なのは、一九世紀後半の全集出版事業である。音楽の記念碑という言い方が存在しているように、この種の全集は、立像の「記念碑」と実質的に同じものであると考えてよい(29)。ここでは全集について、国民的記念碑の議論を視野に入れて論じよう。

国民意識は祭典と記念碑 Denkmal において具現化されるとして、特にこの領域には比較的古くから注目が集まっていた。この形態で政治的な象徴を作り出そうとする現象は、フランス革命に求められている。そこから発した、政治のための国民的アイデンティティを確かなものにするシンボルの生産は、以後一世紀以上もの間影響を及ぼし続けた[Alings, 1996 : 25-26]。このシンボル生産の理由を、パトリック・ハットンは「抽象的な観念に支持者を得るためには欠かせない心情的な魅力を与えることができるのは具体的イメージだけ」であるからだと考えている(30)［Hutton, 1993：3］。神話や伝説からシンボルを採用する例も少なくはないが、ナショナリズム理論の中でも述べられているように、確かに一九世紀における「国民的天才 national genius のカルト」は至るところで見られる。作られた英雄は「純粋な形で民族の質を具現し、美徳はどこでも同様で、武勇、寛容、自制心、自己犠牲、忍耐力、忠誠心、特に愛国心」を備えた像として描かれるのである［Smith, 1986：196–199］。

そのようなナショナルなシンボルとして、記念碑を研究したドイツ史家のトーマス・ニッパーダイは、①君主国の記念碑、②ナショナルな聖堂や教会の記念碑、③歴史的・文化的記念碑、④民主国家の記念碑、⑤国民統合の記念碑に分類している［Nipperdey, 1968］。その一つである文化的偉人の記念碑が特に一九世紀前半のドイツでは重要な意味を持つことになった(31)。最初期の市民的記念碑——市民による市民のための——はハンブルクの商業理論家であったヨハン・ゲオルク・ブッシュの像であるが、その碑文には「彼の思い出を称えるために eine Anerkennung seines Verdienstes」と書かれていた［Alings, 1995：29］。以後、ルター、グーテンベルクなどの「市民」の像が続々建設されるのである。

このような記念碑をどう解釈できるだろうか。ニッパーダイによれば、記念碑とその除幕式の際の祭典は、国民的アイデンティティを可視的で、継続的なシンボルの中に確認させる試みであったし、その偉大な存在の現在化であり、それは全ドイツの市民的国民の表象とされ、そこで国民は文化の統一によって理解される［Nipperdey, 1968：533–557］。こうした解釈は、シンボルの中に「想像の共同体」を見出す議論だと言えよう。

つまり、一つのシンボルに多くの人々が同じ理想を確認し、その同じ理想で結ばれる見知らぬ人々を想像することができるというわけである。

前節のバッハの復興過程で見たように、バッハの全集出版も、立像と同様の思考から生まれてきていると捉えられる。通常の楽譜出版とは異なる形で、全集として出版する事業は、当時においても国民的な使命だと自負されていた。だがここで特に問題にしたいのは、単に「国民的英雄」が作られたことではない。その英雄が「記念碑」という形をとりながら作られたことである。確かにそれについては、共同体の想像という解釈を加えることができようが、しかしそこでは重要な要素が見えにくくなってしまう。それはシンボル化される人物が故人であるという点である。立像のような記念碑になるシンボルは一般的に故人であることから、この点には特に注目が集まらないかもしれないが、そこには重要な意味を読み取ることができるのである。

ここで先に触れたブッシュ像の碑文を思い出そう。そこには思い出 Andenken という語が付されていた。記念碑の機能として考えられるのは、それを見る人々の感情移入による共同体意識以前に、その人物の存在と功績を想起し、記憶にとどめるという保存と固定化である。その人自身はすでに存在しないからこそ、その言わば形見となるものとして新たに作り出されたのが記念碑である。ハットンが一九世紀の記念行為について、「過去は決して生きた体験としては取り戻せないという意識からきている」[Hutton, 1993 : 2]と述べているように、記念碑もまた、すでにその人物自身の不在証明であると言ってよい。つまりは、その「偉大な人物」本人の代わりとして建てられたのである。重要なのは、「取り戻せないこと」であり、つまりは不在であることなのである。

本人が現存しない形見としてのシンボルであるからこそ、そこには理想を充てることができた。事実であろうとなかろうと、バッハについては執拗なまでに市民的性格と見なされた性質が語られる。故人をシンボルにすることによって、本人という、反論の特権を持ち、場合によっては裏切りもあり得る現存者を消したところに、現世の人々が到達できない教養を身につけた理想的な市民性が具現化され、その時々の理想に合わせて具体的イメージの例がその形見に付与されたのである。市民性の具体像は、不在の故人によってのみ体現することができたのであり、その不在の故人をシンボルにしたことの証が記念碑なのである。バッハは確かに国民的英雄と見なされたが、それよりもまず失われた故人として記念碑にとどめられたことの意味を探求すべきであろう。

市民性のシンボルが記念碑として、すなわち取り戻せないものとして固定化された現象と同じ文脈で捉えられるのが、一九世紀前半に始まった古い音楽を演奏する慣習である。第二章のオラトリオ隆盛を通して見たように、当時はまだ現代曲すなわちその時に活躍している作曲家の新作を演奏するのが一般的だった。しかし徐々に、過去の音楽をプログラムに入れる慣習が成立してくるのである。[32] 過去の音楽の復興を担ったのもやはりアマチュアの合唱活動であった。そしてロマン主義者たちは過去の音楽にノスタルジックな憧れを描いて称えた。

コンサートには、ヴィルトゥオーゾ・コンサートに対して、歴史的コンサートと名づけられるものも登場することになるが、こうした音楽慣習の変化は、従来の音楽史では音楽美学的な問題、すなわち美的な価値観や趣味の問題として扱われてきた。しかし、これは市民性の問題にも重要な意味を持っているのである。

5　天才と市民

バッハの復興に実質的役割を果たした伝記の内容は、カントに代表される一般的な天才概念とは離れていることは先に述べたが、ここで再び市民の教養の問題と天才概念を吟味しよう。

貴族・農民以外という残余を受け入れざるを得なかった市民にとっては、これら上下の身分、特に上位にある貴族という身分に対する対抗意識を否定できない。実際、ゲーテらの言説に見られるように、市民的であろうとする当時の人々にとって、その差異を意識する相手は貴族であった。その際、自分たちの優越性を誇示するために、否定的な評価を向けた対象は、専ら貴族の生まれながらの特権である。貴族に対置する形で自己証明しなければならなかった市民層が採った方法は、出生と共にその生の終わりまで保証される血統の正統性とは対照的に、その生自体の様式によって自身を示す方法だった。ここに、教養・文化の理念において見られた不断の発展過程重視という解釈は重なっていたのだった。

貴族との差異化をはかって市民たろうとする当時の記述からは、生まれながらにして何の努力もなく、また能力の如何にかかわらず、特権が与えられている貴族の在り方は、市民にとって敵視すべきものであり、だからこそ自分たち市民はそれぞれに自己努力をすることを誇りつつ目指そうとする意識が窺える。生まれによってではなく、自身の力で身を立ててゆくという、業績主義・能力主義は近代的市民社会にある程度共通に引き出すことができるものである。

市民が後天性重視の戦略を取る一方で、当時から現在まで一般に通用する天才概念とは、カントの定義に影響された、「〝天才〟は芸術に規則をもたらす才能(天賦の才)」[Kant 1790＝1965：216–217]であり、さらに模倣にとどまらない独創性こそ天才の真髄であるというものであった。この見解においては先天的な資質の特異性・優位性を否認することはできない。この天才概念が市民が台頭してきた一八世紀後半以降に登場したということを考えると、天才への熱狂と信仰は、先に述べた市民の業績主義的発想との折り合いをどのようにつけるのかという疑問が浮かぶ。特別な才能への信頼を示す天才概念とはすなわち、それ自体、人間の先天的能力を前提とし、生まれながらの優劣を容認する態度を浮かび上がらせる。努力よりも、結局はもともと生まれ持った才能がものを言うのだという暗黙の了解を、「天才」概念は払拭できないのではないか。

バッハという天才の人間像は、この天賦の才と業績主義的な努力過程との矛盾を焦点化させるものであったと言える。まず目を向けるべき点は、ドイツでは単純に天才＝天賦の才と考えてよいわけではないということである。ドイツにおいては、むしろ天賦の才を崇める姿勢に対して疑問を呈する意見も見られた。

有能な若い芸術家が過去の傑作によって教化される sich bilden べきであることは疑いない[AmZ, 1834：656]。ただし、厄介な芸術家本性信仰がなければ、の話である。この信仰は、天才には労作 Arbeit は必要ないという便利な信仰を、また、天才とは、すべてが上から舞い降りる、黄金の雨のようなもの、などという信仰を、促すものである。天才はその内的啓示が現れる以外は何もしなくてよいというような横柄がまかり通っている(33)[AmZ, 1834：656–657]。

天賦の才を過信することに対する警告は他にも見られる(34)。こうした警告は、実際には天才への盲信が広まりつつあったことを示してはいるが、勤勉な努力過程を説く態度は注目に値する。実際にバッハのような天才に付与された天才像は、勤勉さが強調されたものだったからである。前節で言及したルカーチやトーマス・マンの天才概念にも見られるが、ドイツの市民性のもとでは、天才もまた自己修養に励むことに更なる価値が置かれたことが特徴として挙げられる。

このような、努力過程を重視するこれらの天才への視線は、それでもなお先天的な特別の才能という考え方を破棄してはおらず、その点ではカント的な一般的な天才概念に全く反するものとは言えない。当時危惧されていたのは、天賦の才の盲信による努力の軽視であって、天資そのものではない。そこに見出せる天才概念とは、天賦の才と努力の相補性である。では「天賦の才」に付加された「努力過程」が意味するものとは何なのだろうか。この矛盾するはずの要素はどのようにして天才概念の中に同居し得たのだろうか。

ここで提示できる一つの解釈は、人々に努力を無意味なものに感じさせずに済んだのは、天才を常人を超えた絶対者として措定することによってであり、かつ人々が市民であるためには、究極の目標を達成することではなく、実現へ向けて努力する過程にいさえすればよかったためだというものである。いわば、天才を絶対的なものに仕立てたということである。

天才の絶対化として改めて論じるまでもなく、一九世紀においてそもそも天才は常人離れした特別な存在として位置づけられたことは自明であろう。しかし敢えて言及したいのは、天資に対して努力過程が強調されるという、ドイツの天才概念である。

市民の代表としての天才を祭り上げれば、人間には生まれつき資質の差があるということが同時に明らかになるが、しかしその天才を絶対化することによって、すなわち天才とそれ以外の人間との差を大きく見せることによって、天資の差異という事実は否定できないながらも、普通の個々人の間の差異は取るに足らないものとなる。先天的な差異は認識の上で解消されたわけではなく、むしろ天才を絶対化することによって、それ以外の現世の市民における差異を薄める結果となったと言ってよいだろう。市民間の天資とその成果の差は、表面上ここで無効化され得ることになる。人々の差異の無効化は、市民の中で相対的に上層にある人々にとっては、結果としての不平等を正当化することに役立ち、逆に下層にある人々にとっては市民たろうとする上昇志向の帰属欲を満たしうる。そしてその僅かな差の中でこそ、差異化のゲームが開始されるのである。市民的天才が絶対化されることによって、幅広い層の人々の思惑を柔軟に抱え込みながら、あくまで全体としての「市民層」の同質性を確保することに成功したと考えることができる。天才をシンボルとして立てることによって、現世の発展途上にある市民は明確な市民イメージを得ることができ、さらに同時に(未だ)天才の域には達しない普通の市民として没個性的に括られ得たということである。

ではこの絶対化はどのように行われたのかという点が次の重要な問題である。天才を絶対化するために不可欠な条件は、一つには、第1節で挙げた故人という要素であり、もう一つには、次節で論じるが、儀式という要素である。

すでに述べたように、故人を記念碑にし、過去の音楽が演奏されるようになったという慣習は、ここで改めて天才の絶対化という議論の中に組み入れることによって、市民性の問題にさらに密接に関わってくることになる。記念碑について私が特に注目したのは、その当事者が故人であるという点であった。偉人を忘却しないために記念碑を作るということが、当時の人々に了解された意図であったかもしれないが、本人という疑い得ない実体が不在であるからこそ、記念碑は成り立つのである。その存在を常に想起するためにと目論まれた記念碑が証明しているのは、その偉人の存在ではなく不在である。まさに「取り戻せないこと」の証が記念碑なのであり、そして記念碑はそのまま、本人の身代わりであり代用であることを証明しているのである。不在の証明であり、本人の代わりである記念碑に、人々は記憶をつなぎとめようとし、その上に理想像を構築した。

天才は一般的には、常軌を逸した奇妙な人物として描かれることが多く、そのような一般人との距離をもって絶対化することもあり得よう。しかしバッハのような「市民的天才」に読み込まれた像は、そのタイプではない。市民的天才を「特異な変人」にしておくことはできなかったのである。ここで主張しているのは、記念碑が故人であるということだけではなく、天才が記念碑の対象になったということであり、そこに潜む問題は、天才の絶対化がすでに亡い人物を置くことによって行われたことである。そして単なる故人ではなく、その身代わりである像（記念碑や伝記）を持つ故人が必要だった。

故人という要素は市民性にとって非常に有意義である。すでに現存していないがゆえに、そこにどのような市民性の理想像が映し出されようと、現世の人々は到達できないことが保証される。それは常に向上過程にあることを本意とする教養理念に抵触することはない。ゴールとなる地点を置かない教養理念に従って、故人である天才には市民性の具体的イメージを見出すことができた。そして、常軌を逸した行為によって一般の人々からの距離の最大化をはかるような天才像よりもはるかに、バッハに見出された人物像や生活スタイルは現世の普通の人々にも目指す目標として近いところにあることも見落とせない。その市民像は完全にかけ離れた像なのではない。到達し得ない彼方に立てられた具体的な市民像は、誠実で勤勉で謙虚で、という、手が届く範囲の内容を持っている。

故人である天才を絶対化することによって、現世の人間との埋められない断絶を設けて到達不可能性を担保すると同時に、近づけそうなイメージを身代わりの記念碑に見る——それが、ドイツの天才と市民性の関係なのである。市民的天才の構築は、近さと遠さを同時に保てる操作だったと言えよう。

そのことの意味をさらに考察しよう。このような形で行われた天才の絶対化は、故人であることを前提にした記念碑という身代わりを立てて、そこに様々な——それは時期によってある程度共通の方向を持ってはいるが——市民像を可視化するということである。記念碑はあくまで「代わり」でしかない。そしてそこに貼り付けられる具体的な市民性も仮のものでしかない。天才の像を伝記によって詳細に作り上げて、そこから市民性を具体的な形で受け取りつつも、それが所詮は代用のものでしかないことを、何よりも記念碑という存在が証明しているのである。あくまで市民性の本質部分とも言うべき中心は隠されたまま、そこに様々な充塡の反復が試みられているということなのである。市民性は確かに具体的に描かれるが、しかしそれが核心なのではない。具体的なイメージはすべて仮象に過ぎない。つまるところ、市民性は確実に規定されているのではなく、教養理念そのものと同様に、最終的に捉えることのできないものとして保持されているのである。

市民性の具体的な担い手として立てられた天才が故人であることを十分に踏まえてみれば、一九世紀前半の音楽界において過去の音楽を演奏する慣習が——当時の一般的な聴衆の好みに反してでも——成立し始めたことの意味は、従来考えられていたものとは全く異なってくることに気づくだろう。ロマン主義的なノスタルジーや宗教的な雰囲気といった音楽のスタイル以前に、作曲者が不在であることが何よりも重要な要素として立ち上がってくるのである。当時まで一般的であったように、現代曲の演奏の場合には、作曲者が自ら指揮をして演奏の場に在った。しかし作曲者がすでに故人であるときには、演奏の場の意味が——そこに参加している人々の関係性が——大きく変わってくる。その演奏会場の場を分析してみれば、そこは天才の絶対化をさらに徹底させる仕上げの場だったということが分かる。

第2節　天才にひれ伏す市民——鑑賞作法の成立

以上、天才の絶対化は故人であること、すなわち不在であることによって行われてきたことを明らかにしてきた。その不在を証明するものは、一つには伝記や立像、全集を含めた記念碑であった。この議論の次の段階として踏まなければならないのは、発展途上にあるべき市民が天才とどのような関係にあるかを分析するために、作品という項を加えることである。教養理念においても、当時の芸術観・音楽観においても、作品に直接触れることが重視されるようになることを、本節で考察してみよう。

1　直接体験

ここでの問題は、現世を勤勉に生きる発展途上の市民は、不在の天才に対してどのような関係を取り結んでいたのかということである。特に天才的作家の作品を享受する際に、どのような役割を演じればよかったのだろうか――教養・文化の具体的実践の場である芸術鑑賞の場では何が行われていたのだろうか。

新人文主義が唱えた教養理念のもとでは、特にギリシアの古典に直接触れることによって調和的な人格を養うことが目指され、さらにそれはそのまま教育制度・教育課程に取り入れられることとなったが、「すぐれた芸術」に直に触れることもまた、人格形成の上で不可欠なものと見なされていた。こうした価値観は、現在でもなお、特に疑問視されることなく我々の日常生活に入り込んでいるが、その原型はこの時期に形成されたと考えてよい。ここでもまた漠然とした人間形成に寄与するものとして、芸術鑑賞が重視されるのだが、古典の研究と異なる点は、芸術体験における感情の重視であった[Büttner, 1990 : 263]。趣味、特に良い趣味へのこだわりと芸術との関係は、当時の啓蒙美学の一つの特徴で、ズルツァーの芸術事典『諸芸術の一般理論』がそれを象徴的に示している。趣味とは「内的感情に他ならず、それによって美・善を感じる」[Sulzer, 4/1792-99II : 371]というものであった。それを感じるということは、「秩序、美、調和についての正しい感情」に目覚めるということであり、同時に「悪、無秩序、醜に対する反感と軽蔑」を抱くことを含意した。そこでは当時の明確な価値観に沿うことこそが主眼とされており、自由きままな鑑賞が許容される余地はない。趣味の概念を考察したビュットナーはそれを「教養の理念と同様、特定の社会集団への所属の指標である」と見ている[Büttner, 1990 : 260]。つまり、あるものに対して共通の感覚を持つことが、同じ社会集団に所属することを示すということであり、市民性の日々の構成においては、作品への感じ方は同じでなければならなかった。

これらのことから、つまるところ、現世の市民がなすべきことは、「すぐれた」芸術作品に直接触れて、自身のうちに「あるべき感情」を喚起することであった。この規範的な価値観もまた、市民性の実践としての文化に属するわけだが、それゆえに、感じ方は個人的なものであってはならないということになる。

音楽における教養の概念については、カール・ダールハウスが音楽の享受と音楽の（論理の）理解という二つに分けて述べている[Dahlhaus, 1990]。彼の音楽的教養についての考察によれば、一九世紀に特徴的だったことは、正規の批評家はプロの音楽家ではなかったことであり、それに対して二〇世紀に特徴的なのは、音楽は享受 genießen するものではなく、理解 verstehen するものであるという考え方である。一九世紀において批評が主としてアマチュアによって行われていたことを、ダールハウスは、当時求められていた音楽的教養が理解というよりもむしろ享受であったことを証明する現象として述べているのである。確かに、一九世紀前半においては、あるいは後半に入ってもなお、音楽雑誌上の批評は作曲技法を熟知した、つまり訓練された音楽家ではなく、編集者や文学者、美学者等と、実際に作曲を行わない人々に担われていることが多かった。もちろんその中に音楽家がいなかったわけではなかったが、批評の仕方は非音楽家によるものと同じで、その主眼は音楽愛好家の啓蒙、すなわち音楽によって人々に教養を身につける手助けをすることである。一方、『一般音楽新聞』の創刊号（一七九八年）の冒頭には、それが「様々な公衆 ein gemischte Publikum」を読者として想定していることが述べられている[AmZ, 1798 : Int. Bl. 1]。ここで言われている様々に入り混じった、という一見、幅広い読者を意識しているような「公衆」とは「博識のある」あるいは「教養のある」人々のことであり、したがって本書が対象としている教養市民層に限られている。編集者自身がその意図を明確にしたうえで、様々な公衆と宣言しているのは、教養市民層における公衆の諸タイプを想定しているためである。それは大きく二つに分けられるのだが、その二つとは音楽の識者 Kenner と愛好家(35) Liebhaber であった。当時から十分に認識されていた音楽受容のこの二つのタイプは、しかしながら、いずれも目指す方向を同じくしていた。実際、一九世紀に音楽に求められたのは倫理的な教養であって、その対極にある「芸術のための芸術」、つまり完全な自律性を主張する芸術観はすでにベートーヴェンによって言われていたにもかかわらず(36)、市民層に支配的な信念ともなっていった教養理念から簡単には解放されなかった[Dahlhaus, 1990：228-230]。教養理念のもとになされるべき音楽享受は、まずは感情美学的なものであった。そのことは当時の芸術が「あるべき感情を呼び覚ますもの」と捉えられていたことに呼応するものと言えよう。ロマン主義ではなく、一八世紀の多感様式・主義にその起源を持つこの感情美学は、後々論争を呼んだにもかかわらず、現在に至るまで好まれているポピュラーな美学であるが[Dahlhaus, 1990：232]、それは感情的なものによって芸術を体験することを要求するものである。

そうした音楽の感情的享受を要求する感情美学にはまた、感情神学が大きく関わっている。一九世紀初頭のプロテスタント圏ドイツにおいて、最も影響力のあった神学はフリードリヒ・シュライエルマッハーの感情神学であった。それは、宗教は個人の魂の内部からおのずと湧き出てくるものとする主張であって、個人の感情を重視するものである。彼は教養の普及のために「理解」を要求する教会を非難し、日常の個々人の生活の中に敬虔な感情が表現され、一般信徒も家庭の神々に聖職者として奉仕することを望んだ。感情美学は音楽に同様の効果を見るものである。自身のうちに感じること、それが、音楽にまず求められた教養であった。またそれによってこそ、この時期において音楽は教養理念の中でそれまでになく重要な機能を認められたのである[Mittmann, 1990：254]。

しかしここにはまだ、ある作品に触れて他者と同様の感情を抱くことはいかにして可能なのかという問題が残っているはずである。この問題を考えるためには、鑑賞の場の共有という方法・制度が採用されたということに留意すべきである。音楽会や展覧会はそうした例として挙げられる。もちろん、これらのシステムは芸術の商品化とその効率性のゆえに整えられたと考える方が現実的で説得的な理由ではあるが、結果として、これらが「あるべき感情」の共有を確認することに貢献していたという潜在的機能を無視すべきではない。そして何よりも、そうした会場で鑑賞作法が厳格に作り上げられていった事実は、合理性という点では全く説明できないのであり、鑑賞者の共同性を抜きにしては解釈できないのである。ここに集まった人々は、「すぐれた」芸術作品に直に接していることを、またそれによって「あるべき感情」を自身のうちに喚起していることを、他者に示すことができたし、自身の感情が他者と同じなのだという確信を得ることができたのである。

2　教養としての音楽聴——聴衆の誕生

ダールハウスは、教養市民層が一九世紀以来、音楽活動に重要な役割を果たしてきたにもかかわらず、歴史学や音楽史学において、それにふさわしい記述はなされてこなかったことを批判している[Dahlhaus, 1990 : 221]。音楽史上の認識では、一八世紀後半以来の「市民社会」の成立は、主として王侯貴族のパトロン制の弱体化とそれに代わるシステムとしての公開コンサートの出現によって特徴づけられる。その代表的なものは、ロンドンの〈古楽アカデミー〉(一七一〇〜九二)や、パリの〈コンセール・スピリチュエル〉(一七二五〜九一、一八〇七〜)、そしてドイツではライプツィヒの〈グローセス・コンツェルト〉(一七四三〜、一七八一には〈ゲヴァントハウス演奏会〉に改称〉等である。その発展は漸進的なものであり、また半公開的なもの、予約制のものなど、諸段階を踏んだが、いずれにせよ公開演奏会の重要な意味は、その入場資格を社会的な地位に帰するのではなく、入場料の支払いという不特定者に獲得し得る条件に変換したことである。公開演奏会の制度化によってそれまでは特権階級のものであった音楽は商品として市場に出された。こうしてオペラ座やコンサートホールが以前よりも多くの人々に門を開いたことによって音楽の「民主化」への道は拓かれたと言える[Raynor, 1972＝1990：34-35]。この段階に至って、一般に言われているように、音楽活動の主導権は富と権力を得始めた市民層に渡ったと言ってよいだろう。音楽会はもはや宮廷内の個人的な集まりの中で催されるものであるよりは、興行主が契約し、企画し、不特定の人々に入場券を販売する公開のもの、そして商業的なものとなっていった。

このような新しい音楽活動の原理は、一般的な音楽史においては、その変化が創作に対して影響を与えたという理由で注目されてきた。つまり新たな聴衆、新たな演奏空間、新たな演奏機会、といったものに応えるべく、作曲家たちが「独創的に」新しい作曲技法を創り出す文脈として取り上げられてきたのである。音楽社会の変化は、オーケストラの規模の拡大や、楽器の音響的増大化、指揮者の役割の増大、楽器の可能性を追求するようなピアノの難曲等の創作に刺激を与えた諸要因の一部であった。そのような作曲家と作曲技法の歴史とは異なる視点を持つ研究は、たとえばヘンリー・レイノアのように匿名の市民の側から音楽活動を見たものである[Raynor, 1975]。しかし、市民社会の音楽というようなタイトルで書かれる音楽史において市民が登場するのは、もっぱら「聴衆」としてである。音楽の歴史と共に常に聴衆が存在していたにもかかわらず、音楽史上、聴衆が特筆されるのは公開コンサートのシステムが整い始める時代について書かれるときなのだが、それが特に重視されているのは、音楽の聴取のされ方が変化し、制度化されたためであり、つまりそれは音楽美学的に重要な現象であったためであると言えよう。
その変化を確認するための材料の一つはコンサートのプログラムによって提供される。現代の通念からするとそれは「ごたまぜのプログラム」[西原、1987; 渡辺、1989 等]と呼ばれるのだが、それは様々な作曲家の様々なジャンルの作品を統一性なく並べた演奏会プログラムであった。そのような例は数多く見出せるのだが、以下に一例としてザルメンが愛好家コンサートの演目として支配的であった[Salmen, 1988 = 1994 : 181]として挙げているプログラムを紹介しよう。

第一部
1　ハイマン作曲…シンフォニア
2　ガルッピ作曲…アリア《抑圧と不服従》
3　ショーベルト作曲…チェンバロ、ヴァイオリン、二本のホルンのための四重奏
4　コッチ作曲…ソプラノのためのアリア《愛らしい君の面影》
5　グラーフ作曲…シンフォニア
第二部
1　ネッツァー作曲…ハープとフルートの小品
2　モリージ作曲…二つのヴァイオリンのための二重奏
3　ハッセ作曲…アリア《気高い花婿、恋しい君よ》
4　ライパッハ作曲…チェンバロとヴァイオリンのためのソナタ

5　ガルッピ作曲…二声のソプラノのための二重唱《恐れもなく、愛もなく》
6　グライナー作曲…シンフォニア
（一七六八年チューリヒ音楽ホールにおける演目［Salmen, 1988＝1994：181-182 より］）

ここに見られるように、当時の一般的な演奏会においては、演奏される作曲家も楽器も様々であり、曲種にしても、多様であるだけではなく、一つの作品を通奏せずに一曲だけを抜粋するなど、変化に富んでいたことが分かる。こうしたジャンルの混在に加えて、一八世紀末には一般的になっていた三ないし四楽章制の協奏曲や交響曲が、ある楽章のみ、あるいはすべて演奏するにしても楽章の間に他のジャンルの作品をはさむなどして、雑多なプログラムを編成することはかなり一般的であった。このような編成は、特にコンサートの公開化および商業化に伴って、様々な人を引き付けようとした結果でもある。様々、というのはジャンルの好みばかりではなく、聴取態度においてもである。渡辺は「言ってみれば一八世紀の演奏会は社交にやってくる者、娯楽の場と心得ている者、そして音楽に一生懸命耳を傾けようとする者といった、さまざまな人々がごたまぜに存在したアマルガムのような場だったのである」［渡辺、1989：11］と述べている(37)。

しかしこうしたプログラム編成は一八二〇年代以降に徐々に変化し始める。ごたまぜのプログラムはなお続けられていたが、そのようなコンサートに加えて、プログラムの選曲と配列に何らかの統一性を与えようとした音楽会が現れてくるのである。そこには、一八世紀には存在しなかった歴史的な演目、すなわち過去の音楽作品を演奏しようとする関心が大きく作用している。つまり、統一的なプログラムの典型は、あるジャンルの音楽を、作曲家の生年順に配列する方法であり、過去の作品から現代作品へと連ねるという、歴史意識に基づくプログラミングであった。こういった演奏会は、もはやそのうちのいずれか好みの作品だけを聴けばよいという程度の心掛けの聴衆ではなく、音楽を聴くために来る聴衆を要求している。一九世紀の中頃までにはそうした音楽会とヴィルトゥオーゾ・コンサート、すなわち作品というよりは演奏家の名人芸を披露することに主眼を置いた音楽会とは明確に分離し、両者は併存していたが、そこで演奏される音楽は「真面目な音楽」と「娯楽的な音楽」として区別されるようになった。その区別を表す一例としてドイツ語ではE-Musik (ernst) とU-Musik (Unterhaltung) という名称が存在している。併存していたこれら二つのタイプのコンサートとその聴取態度の一方がやがて支配的となり他方を駆逐したことは、現在の音楽会の状況を見れば明らかだが、その勢力関係の変化は一九世紀半ばには顕著になり始めていた。ヴァーグナーが特にその「ヴィルトゥオーゾと芸術家」という一八四〇年の著作において、作品そのものを聴かなければならないということを強く主張し、その後一八七六年にバイロイトで聴衆に作品への集中を強いる劇場設計さえ実行したことは(38)、その意識を極端な形で推し進めたものであり、また、現在のような音楽会のスタイル確立でもあった。しかし、彼が表明した意識は、彼が主張しはじめたことなのではなく、それ以前から育まれていたものである。いずれにせよ、一九世紀を通して求められた芸術音楽の聴取態度とは、作品、その音響への専心であった(39)。つまり、「音楽体験の中で作品理解に関与性をもつ有意味なものとそれを欠く無意味なものとを峻別することを要求する」[渡辺、1989：61]態度であって、それを渡辺裕は「近代的聴取」と呼び、その成立過程を「聴衆の誕生」として述べている。先にも述べたが、音楽の存在と共に古くからあったはずの聴衆が、音楽史上特に一九世紀に結びつけて言及されるのは、単に聴く人という認識によるのではなく、あるべき態度で聴くということが言説レベルで、さらにはホールの構造等空間的にも、強制力を持ってはじめてなのである。その「あるべき聴取態度」がなぜ意識化されるようになったかと言えば、まず一つには、「音楽の民主化」という現象をその要因として挙げることができよう。つまり、市民社会と言われる時代に入ってから、それまでよりも多くの人々が——場合によっては特に音楽の基礎的な教育も受けたことのない人々が——公開コンサートによって音楽に触れる機会を得たが、旧体制時と比べて音楽の言わば新参者が急増したために、古参がより正統な聴き方を強調したと理解する立場が一般的にはある。また、一九世紀を通して、音楽の真面目な聴取態度が娯楽的な受容を最終的に駆逐し、あるいは完全な序列を形成したことの理由を、渡辺はさしあたって、真面目派が「音楽の正しい聴き方」とでもいうべき sollen の論理を用いて説得する形で対抗したことに求めているが［渡辺、1989：22］、それはすなわち、古参による新参者の啓蒙の必要性という立場と同様である。つまり、これがより正統な聴き方であることを教える必要性から生じたと考える立場である。この見解は、考え方としては、一八世紀半ばに出版が目立った種々の演奏法に関する教科書(40)が、それぞれの楽器の演奏法に従来通りの慣習が失われ始めた、あるいは慣習を知らないアマチュアの演奏者が出始めたことを示しているとする通念と同様ではあるが、注意しなければならないのは、一九世紀に求められた聴取態度は、従来の考え方および既存の慣習の確認や成文化では決してなかったということである。その意味で、この「聴取」に関する著述家たちの主張はまったくの近代の産物であると言ってよい。渡辺も同様に、聴衆が近代に誕生したことを述べているわけだが、私はむしろ、聴衆が誕生したというよりは、聴衆は、聴取態度の要請によって誕生させられたという認識を持ちたい。一九世紀に求められた音楽聴取態度とは、現代における音楽美学における作品論や美的体験の考察にも影響を与えている。すなわち、音楽コミュニケーションは作曲・演奏・聴取によって作者が発した何らかのメッセージが聴衆に受諾されることによって成立する、あるいは音楽作品は楽譜として存在するのではなく、その音響が聴取されてはじめて存在すると言える、あるいは美的体験は鑑賞されてはじめて完結する、というような美学言説は至る所で見受けられる。そこで言われている聴衆とは、もちろん、「ごたまぜのプログラム」の音楽会に娯楽的な意識を持って足を運ぶ人々のことではなく、真剣に、真面目に、音楽そのものに専心しようという自覚を持っている人々のことのみを指す。つまり聴衆は美的体験、美学に不可欠な要素として、重要な登場人物として、一九世紀にその成立が確認されているのである。美学的な理念としての聴衆は、公開コンサートに実際に来ていた市民に結果的に割り当てられた。

このような演奏会システムと聴衆成立の議論は、後の音楽美学に結びついて行われているが、しかしながら、そもそも音楽を真面目に聴かなければならないという意識がどこから出てきたのかという点については、少なくとも音楽史の側ではほとんど注意が払われてはこなかった。それについて考えることはつまり、「真面目に音楽を聴くということ」、「音楽そのものに専心すること」が実際には何を要求していたのかを再考するということである。視点を現在に置いて当時の音楽受容を語る場合には、それが純粋に芸術的な、あるいは美学的な意識に対する目覚めであったかのように言われているが、先に見たように、むしろ当時はそもそも芸術は道徳的な手段と考えられていたのであって、そこに教養の理念は不可分であった。芸術には真・善・調和に対する正しい感情を個人のうちに呼び覚ますことが期待され、それが芸術であると考えられていたときに、音楽に関して「真面目に聴く」ことが要請されるようになったということは、つまり、音楽芸術にも、美術・彫刻といった造形芸術と全く同じ機能が期待されたということなのである。音楽そのものに専心して聴くということは、その作品に内在する高い精神を直接感じ取るということであり、したがって、そのような聴き方が音楽領域における教養＝自己修養だったと考えるべきである。

音楽の聴取というものが教養のための行為である以上、その会場において社交や食事、娯楽が優先されること——そうした音楽会の風景は、それ以前の時代における王侯貴族のそれとも似通っていたのだが——は、差し控えられるべきものであったし、また、より多くの雑多な客を喜ばせるためのバラエティに富んだプログラムも見直されるべき対象となった。

3　鑑賞作法が意味するもの

(i) 主体的聴取

しかし芸術の自律性を主張する音楽学者・美学者たちにとっては、いかに倫理・道徳目的とはいえ、音楽の手段視は本意ではない。感情面への浸透も要件とされつつ、芸術音楽体験が「理解」されるべきものとなったとき、そこでどのような変化があったのかと言えば、主体的に聴くという態度が要請されるようになったということであろう[Heister, 1983：84-85]。ただしそれは音楽学者たちによる要請である。二〇世紀の多くの芸術作品論においては、作品は鑑賞されてはじめて完成するのであり、言い換えれば鑑賞者からの働きかけがあってこそ作品たり得るのだという議論がなされる。そこで言われるのは、芸術作品はただ感覚的に知覚すればよいものではなく、また芸術音楽においても、聴衆は単に受動的に聴いているのではない、さらに言うなら受動的に聞き流すべきではないということである。鑑賞者はその知と感情を駆使して作品と対峙しているべきだというわけである。音楽社会学者でもあるアドルノもまた、音楽聴取態度のあり方を考察した際、音楽を知的に理解し構造的な聴取を行う人々を「エキスパート」と称して、単に情緒的に聴いたり、娯楽として聴いたりする態度とは区別した[Adorno, 1962]。アドルノほど専門的知識や訓練の有無を明瞭に区別しないとしても、抽象的な音楽を能動的に知と感性を総動員して聴き、「理解」することが目指されるべき聴取態度であること、そして単に聞き流す態度を受容の中の下位に置くことは、芸術論の常識となってすでに久しい[Cook, 1990＝1992：16–31]。つまるところ、「理解」の要請とはすなわち聴取における主体性の要請なのである。それが、聴衆の誕生に対する音楽学の反応であったと言える。

このような個々人による芸術音楽への主体的な関わりという美学的議論の上に立ってみるならば、なるほどコンサートホールでのあの厳格さとの連関が見えてくる。そこでの光景は個々人が真剣に芸術音楽に向かい合い、自分と作品との世界を構築しているのであり、だからこそ最も純化した状態を確保しなければならない、と言えるかもしれない。しかしその厳粛な雰囲気を、各人がそれぞれに真摯に作品と向かい合うための環境として捉えることで十分だろうか。一般的に、演奏の最中に物音を立てようものなら、すぐさま周囲から非難の視線が注がれるし、演奏後の歓声でさえ、それがあまりに直後に入ることの是非がしばしば問題化される。演奏後の歓声や拍手が聴衆の感動の発露と見なされるのならば、逆に、交響曲の第一楽章などにおいて、フォルティッシモで主和音が数回繰り返されて終わった後にはその感動の発露であるはずの拍手が禁止されているという事態の方が、奇妙にも思われる。音楽会場は個々人の主体的で自由な鑑賞の場というよりも、視点を変えれば神経質なまでの不文律に拘束された場だと言うことができる。そこでマナーと呼ばれているものは形式化・儀礼化しており、それゆえに個人の音楽鑑賞とは直接関わらない結果が現出している。むしろその作法に従ってさえいればその人はその音楽を理解し愛好していることになり、それは音楽を聴くことに専念し、かつ特別な感動をしていることの証――つまりは教養の証――にさえなるのである。この作法の遵守という暗黙の要請が、実のところ、音楽学者や美学者たちの主張するところの主体性をも保証しているのではないだろうか。

このように、主体性への欲求を補完する構造をなしているように思われる聴取作法のもとでは、同時に、人々の身体の動きが抑制されていることに気づく。美学的に求められる音楽への専心とは、見る・聴く以外のすべての行為を禁止することに他ならない。聴衆がもし全神経を集中させて音楽の響きに没頭しているのであれば、周囲で立てられた小さな音はたいして気に留めないということも考えられよう。しかし人々はたいてい音楽を聴く行為を中断してでも、雑音に対する非難の態度をあからさまに表明する。つまりもはや「音楽に専念するために」という目的よりも、定着した行動様式に従うことの方が重視されていると言えよう。聴衆は音楽に専念するよりも、いかなる雑音もマナー違反も決して見逃さないように監視しあうという、相互牽制を行なっているのである。そこに存する主体性とは作品への働きかけではなく、むしろ自他の態度に対する自覚と注意力という意味におけるものであろう。

聴取のこのような作法に注目してみると、それに近似したものとして、エリアスが論じた宮廷社会における礼儀作法の意味が想起される。礼儀作法の鎖の中で、各人はそれを仕方なく実践していたかもしれないが、全体としてはお互いをその中に引き留め合っていたという宮廷社会の性格は[Elias, 2/1975＝1981：137]、聴取文化の外観を見る限り、音楽会の中に形成される社会にもあてはまる。そして宮廷で生活する貴族にとって、礼儀作法の拒絶はそのまま貴族という称号の実質的な放棄であったように、音楽会場での礼儀違反は、芸術を解する知性も教養もない素人＝非教養人としての刻印を自動的に受けるということにつながる。誰の目にも明らかな礼儀作法の実践によって貴族が貴族たりえていたように、聴衆もその実践によって教養人あるいは専門家の中に所属しうるのである。

聴衆という共同体への帰属を志向するという視点は、美学的には馴染みのあるものではない。一九世紀以降の美学によれば、芸術音楽は各個人が能動的に臨んでこそ十分に鑑賞できるものとされ、主題はむしろ個人と作品の直接的な関係に置かれていた。特に自律美学は、偉大な作品こそが直接個々人に影響を与えるのだとして、作品以外の一切の条件を排除または差別化してきたのである。しかし実は、個人主義に立脚する近代美学思想に反して、コンサートシステムが成立し始めた頃からすでに音楽／芸術体験は個人的なものというよりも、ある種の共同性を不可欠としていた。現在でこそ、音楽は個人の嗜好品、趣味として一般的に認識されているが、先に見たように、市民社会の音楽活動が展開され始めた一八世紀後半には、音楽の聴取体験は共同体的なものだった。作曲技法上、一八世紀末には個性表現が重視されるようになったことは知られているのだが、聴取の次元では決してそのような個人の自由は要求されていなかった。それどころか、全く個別の体験をすることにある種の躊躇さえ窺えるのである。書簡体で書かれたゲーテの芸術論では、芸術品の判断について、「私の趣向は、その後知己を得た、多くのすぐれた方たちの意見とも一致しているのですから、自分が誤った行き方をしてはいないと思っております。……私の趣味をできるだけ普遍的なものにしようと努めてまいりました」[Goethe, 1799＝1979：396]とあるように、自分の感じ方や判断が他人と同じであることに安堵感が示されているのである。

（ii）作曲家―演奏家―聴衆

儀礼の機能の点では聴取文化と宮廷社会が同型のように見えるにしても、宮廷社会のような、国王を頂点とする権力関係の中で自らが脱落することへの不安は、音楽会場の聴衆たちの不安とは異なる。というのも、聴取作法からは、聴衆にとっては国王という絶対権力者への依存よりも、第一に聴衆同士の同質性の方が深刻であることが浮かび上がるからである。彼らはその秩序を乱すことを恐れ、聴取作法に則りながら、聴衆の中の誰かが目立つことを認めず、匿名性を強制し合っている。マナー違反とは落伍者と見なされるという不安と共に、マナーを軽んじる異端者への不安をも意味するのである。聴衆が同等の人々からなることは、ホールの構造が示している。一八世紀以前に作られたオペラハウスが国王の位置すべき特等席を設け、場合によってはそこから見えさえすれば他の席は大して問題とされないような構造を取ることもあった一方、一九世紀以降現在に至るコンサートホールとは、席に前方から順にランクを設けることはあっても、同じ作りの座席を整然と並べる形態を取るものであり、したがって客席＝聴衆の側に階級差は生じえない。しかし、しばしば理想視されるこの平等な構造が招くのは、そこから突出する者があってはならないし、各人自らがそこから脱落することもまたあってはならない、という拘束である。そこに成立している共同体は、均質な聴衆、より正確には、均質であるという前提を強く意識し合う聴衆と言ってよいだろう。

均質であることに過剰な神経を注ぐこの集団は、外部に絶対者が立つことによって、緊張を孕むその同質性は安定する。音楽会場で国王に相当する存在を考えるとすれば、それは客席とは隔てられた高い舞台の上で脚光を浴びる演奏家、ということになる。確かに、演奏者は聴衆の同質性とは異なることを許容されてはいるが、しかしながら、彼らもまた別の礼儀作法に拘束されていることを見落とすべきではなかろう。演奏者の側に求められるこの作法もやはり一九世紀以降に定着したものである。そうしたものに対置されていたのは、名人芸を披露するヴィルトゥオーゾ・コンサートであった。初期のリストの演奏会におけるように、そこでは熱狂的なファンが思い思いの反応を見せ、卒倒せんばかりに歓声をあげていた［Boehn, 1911＝1993：586-587など］。だが、真面目な聴取が支配的になるにつれ、演奏者の態度にも、ある種の抑制が要請されることになる。この転換が示すのは、舞台の重心が演奏者から作曲者へと移ったということである。つまり、演奏者は自己表現のためだけに演奏を行うのではなく、芸術たる作品を妥当な様式で誠実に再現する責務を負うことになったのであり、作品に奉仕することが彼らの役割になったと言える。演奏者の背後には作曲家が控えているのである。「背後に」控え得るのは、作曲家がその場に演奏家としては存在していないという事実によってである。第1節で述べたように、この時期から音楽会では過去の音楽を演奏する慣習が生まれ、作曲者が自ら演奏・指揮するというそれまでの慣習とは異なる形態が誕生した。過去の音楽を演奏する場には、作曲者の身体は不在となった。しかしその人物は、聴衆が専心し、演奏家が追従する対象として絶対的に存在しているのである。

同質性を神経質に保持しようとする聴衆と、彼らとは区別されながらも作法に従わなければならない演奏者、そして作曲家——これら三者の関係を、もう少し理論的に考えてみよう。聴衆に比して特権を与えられている舞台を考えるときに思い出されるのは、国王の二つの身体の議論である。イギリスにおいて一七世紀以前から政治理論として見られたというこの理論においては、国王は一個の個体をもった個人としての王と、そして象徴的な身体としての王との二重性によって捉えられる［Kantorowicz, 1957＝1992］。それを音楽会に移してみれば、そこでの支配者は現実の次元では礼儀作法に従う演奏者であり、象徴的な次元では作曲家ということになる。演奏者もまた、その礼儀作法を実践しなければその共同体から追放される危険があるということは、「国王もまた一貴族である」［Elias, 2/1975＝1981：190］と述べるエリアスの主張と重なってこよう。演奏家は神権を代理で行使する存在と言えるのである。二重のクリエーターの存在は、一九世紀になって過去の作品を演奏する慣習によって浮かび上がった。それは、演奏家と作曲家の分離が明確に物語る。

この関係においては、作曲家――それは徐々に、限られた数人の天才によって占められることになる――こそが、音楽会場における真の絶対者なのであり、聴衆が相互牽制によって奪い合った自由・個性といったもの、すなわち同質性から逸脱するものは、ここに吸い上げられている。この個性の体現者としての絶対者を立てることによって、聴衆の側から何者かが突出する危険性は減じられ、彼らの同質性はより安定化するのである。それは聴衆が他者をだしぬいて成り代われるものではなく、到達不可能な絶対的なものであり、だからこそ聴衆はそこにだけは安心感をもって卓越性と主体性を許容する。換言すれば、同質性の安定化のためにこそ、天才という絶対者は不可欠な存在として立てられる必要があったと言えよう。

芸術の教養について特に求められた直接体験は、あるべき感情の喚起すなわち芸術鑑賞の教養をアリバイ的に証明するものであり、したがってそこに参加して作法に従う人々が市民であり得ることを、相互に証明する機会であった。しかし同時にその場は、作曲家の不在を共同で――共謀して――確認し合う儀式であり、鑑賞作法はその儀式の厳粛な手続きとして機能していたとも言える。音楽会という場で、作曲者の不在が疑いないものとして確認され、それゆえに作曲家は絶対化され得たのである。

(ⅲ) 市民の証明と同質性

このような礼儀作法と相互牽制の構図は、各個人が「主体的に」聴くために音楽に専心するというような、一般的な美学言説を打ち崩す。ポピュラー音楽を愛好する大衆が煽動されやすく受動的な存在と見なされたのに対して、芸術音楽の聴衆は理性と主体性をもって差異化をはかってきた。彼らは知を動員して能動的に聴取しようとし、不動のキャノンを維持することによって、流動的で不安定な市場価値に抵抗する。そうした芸術音楽の擁護は、主体性をめぐる闘争の表れであると言い換えられよう。聴衆の主体性や個性を代表するかのように現象する天才とその作品は、芸術的価値の高いキャノンとして音楽界に君臨しており、それは同時に統御不能な市場に流されることのない、鑑賞者の主体的態度の証としての存在意義を有する。自らの知性と感性で価値を認定した、その結果がキャノンとなっているわけであり、天才とキャノン作品群の内在的価値を強調することによって、鑑賞者は自らが受動的な大衆とは異なることを、つまり主体的であることを自負することができるのである。しかしながらすでに見てきたように、はからずもそうした主体性の防衛行為自体に、その心許なさが潜んでいる。実際、パトロン制においてはパトロンが作品の価値を決定し、それを好むか拒むかはパトロン個人に左右されるという主権が存在していたのに対して、自律化した作品に対して聴衆は跪くほかはなく、聴衆はキャノンとして措定された作品を拒むことも変えることもできずにいるのであって、つまりそこでは作品群に対する主権が奪われている――否、むしろ聴取様式の選択は、その主権を委譲した結果だと言えよう。このように考えるならば、主体性の証明であるはずのキャノンは、そうであるがゆえに崇拝の対象になればなるほど、主体性の放棄を意味することになる、という循環的な論理構造が芸術音楽界に形成されているのだと導くことができる。芸術音楽への専心、適切な聴取様式、偉大な作品への感動といった言説には、個性の分散に対する脅威、また聴衆全体の受動性が隠蔽されているのであって、芸術音楽の文化には、主体的であるかに見えて、その実、没個性的で均質な聴衆が成立していると言えるのである。同質性を強要するような共同体の成立が、教養を求めた音楽実践の一つの付随的な帰結である。

第３節　教養の共同確認

本章では、抽象的で不明瞭な教養理念が、社会においてどのようにリアルに存在していたのかを見るために、市民性概念を軸に、それが具体的なイメージを纏った場面を取り上げた。それが没後一度はその名が消えかかっていたＪ・Ｓ・バッハの劇的な復興過程であった。しかしながら音楽史的にも、ドイツ史的にも、あまりにも有名なこの出来事は、バッハの音楽そのものの復興であったというよりは、バッハという一人の市民的天才の構築だったことを本章で明らかにした。その伝記で語られ、記念碑に見出されるバッハの像は、一つの理想的な市民性として、具体性を帯びた。

だがこの具体化が可能だったのは、そのイメージが付与された対象が現世の人々には決して到達することのできない存在だったためである。市民の目指す遠い目標であり、しかし到達はできない絶対者として見なされ得たのは、その市民的天才が故人であるがゆえであった。現世の市民が到達できないものであるために、市民的天才は絶対的でなければならなかったわけである。

天才の絶対化は、音楽の現場に生じつつあった当時の慣習に目を向けてみれば、さらに綿密に仕組まれていたことが分かる。芸術作品に直接触れて、望ましい感情を自身のうちに喚起することが求められていた芸術の教養にあたっては、人々が一堂に会し、そこで暗黙の作法に従うという身体規制をもって共同に鑑賞するという慣習が成立し始めた。それが音楽会における聴衆の誕生として、音楽史においては語られているのである。そこは人々が望ましい感情を抱いていることを互いに示し合う場であり、互いに発展途上にある市民であり得ていることを相互に証明し合う場であったと解釈することができる。市民が市民であろうとするために行う音楽会での行為は、やはりこの時期にレパートリーとして定着しつつあった過去の音楽という要素と深く関わり合う。市民たろうとして臨む音楽会場では、すでに故人でありながら、しかしその作品の作者としてその場に存在を示す作曲家が絶対者として君臨することとなり、またその絶対者の存在によって、聴衆たちは僕として、ほとんど差異のない同質な集団として存在せざるを得なくなったのである。作曲者が故人であること、そして聴衆たちは相互牽制しながら作法に従うことをもって、作曲家すなわち市民的天才の絶対化は貫徹される。その関係性は、クラシック音楽の聴取は個々の人間の主体的な姿勢によって成り立つと捉えてきた従来の音楽学的・美学的通念に反して、むしろ聴衆の従順な同質性を浮かび上がらせる。

本章で明らかにしてきたことを改めて捉え直してみれば、共同でアリバイ的に鑑賞するその音楽会の場は、市民たちの市民であろうとする自意識に不可欠であると同時に、共同でシンボルとしての作曲家を崇めることによって、その作曲家本人の身体の紛れもない不在を確認し合い、そうと見なし合う協約の場であったと言うことができる。

市民的天才は、記念碑という身代わりを置くことによって具体性を持ったが、その身代わりの存在ゆえに不在であることが暗黙のうちに了解されている。そして、音楽会場においても、象徴的な作曲家の存在が大きくなればなるほど、その実体としての不在が了解される。鑑賞作法を含めた音楽会場の儀式は、市民の同質性を生み出すとともに、市民的天才が究極的には不在であることを共謀して確認し合うものであった。市民的天才は、あくまで仮象として「存在」するのであり、しかしその核心は隠されたままに保たれているのである。それは、在るはずのものではあるが、誰にも到達できず、誰にも把握できるものであってはならないものだからである。

第四章　音楽芸術の誕生——音楽批評から音楽学へ

第1節　音楽を語り始める市民

第三章においては、市民性の具体的仮象としての天才の構築と、その作品に「直接」触れて「望ましい感情」を喚起する場としての音楽会場を分析した。それによって、一九世紀前半に確立し始めた様々な音楽界の慣習は、市民であろうとする人々にとっては教養の証明でもあり、したがって市民であることの証明としても機能していたことが明らかになった。しかしそのことと同時に、特に鑑賞作法の成立という現象は、天才の作品に文字通り「直接」接してさえいればよかったわけではなかったことを示している。音楽会場とは、その作品の音響に直に触れていることを自他に向けて相互に証明する場であっただけではなく、さらにその聴取作法は、各自の内面に「あるべき感情」を喚起していることを同じく自他に可視化するという、様々な意味でアリバイ的な役割を果たしていた。

教養は抽象的な理念であったが、記念碑となった天才の仮の像には具体的な市民性が見出され、その天才の人間性の結晶である作品にあやかろうとする人々の「直接」体験を保証するのは作法だったのである。

しかし他方、芸術の教養について「直接」の体験があれほど強調された時期の音楽界を眺めてみれば、直接の音楽体験には含められない活動が活発であったことに気づく。すなわち、音楽ジャーナリズムと呼び得るほどに広まった音楽の批評活動である。本章では、音楽雑誌に見られる音楽批評を分析することによって、当時の――そしてそれが現在まで続いているのだが――音楽観がどのようなものに仕立てられたかを明らかにしよう。

音楽についての文筆活動は、一八世紀前半のイギリスの先導によって展開する。ドイツでも一八世紀後半には音楽史的には重要ないくつかの音楽雑誌が刊行されたが、たとえばベルリンの宮廷楽長であったJ・F・ライヒャルトの『音楽芸術誌』は、他の雑誌や一般図書とそう変わらない二〇〇～三〇〇程度の発行部数であった。(1) 一八世紀に徐々に広がった音楽の文筆活動は、一九世紀前半に急速な拡大を見せることになる。そのメルクマールは、一七九八年にロホリッツによって創刊された『一般音楽新聞』である。これはその創刊号で宣言されているように、広い音楽愛好家へ向けて発信されている点で従来のものとは一線を画する。この音楽雑誌は、週刊という高い発行頻度で五〇年間継続し、発行部数も一〇〇〇部と、当時としては第一級のマスメディアであったと言ってよい。(2) 音楽の文筆活動という点では、こうした定期刊行物とは別に、一八世紀のチャールズ・バーニーの旅行記のような書物も挙げられる。しかしこうした記録の単行本ではなく、定期刊行物の形態が一般化したということは、公開コンサートの増加とそれに伴う音楽界ニュースの時事性が重要になったことを表している。

『一般音楽新聞』の誌面を見てみると、毎号の巻頭に比較的長い論文が一～三本掲載されており、ここでは様々な美学論、作曲理論が扱われる。そこには当時の著名な美学者、作曲家、作家たちも名を連ね、譜例を掲載するなど、ある程度専門的な議論がなされるのである。また、読みきりでは終わらず、数回にわたるシリーズとなっているものも少なくない。こうした巻頭論文の後に、小さな記事が続くのだが、不可欠だったのは、各地の演奏会報告や予告の情報を載せる通信欄であった。特に演奏会や音楽活動報告は、ドイツ以外の国も含めたいくつかの都市ごとに行われ、その都市の数は徐々に増えていく。この音楽雑誌は、特派員を置いて各地の報告を掲載していた点でも、領邦横断的な、統一的な刊行物であった。それゆえに、出版地であるライプツィヒに必ずしも限定されない、ドイツ全体との関わりを想定することができる。また、楽譜や音楽書、そして新作の広告の重要性も無視できない。その量からは、現在よりもはるかに活発な創作活動と演奏活動が行われていたことが分かるのである。

もっとも、いかに画期的な音楽雑誌であったとはいえ、情報提供の面では様々な地方紙にはかなわない。現在のドイツがそうであるように、当時のドイツにおいても、人々の生活に密着していたのは地方紙であり、一つの都市だけでもいろいろなジャンルの新聞雑誌が数多く発行されていた。しかし、本書において『一般音楽新聞』を取り上げるのは、生活により密着した情報誌よりも、この雑誌が地方に目を配りつつも、その名の通り一般性を保持し得るためである。そして特に巻頭論文で交わされる議論は、地方に固有の話題ではなく、当時の音楽観のスタンダードになり得るためである。実際、現在にまで影響を与えている一九世紀の重要な美学的・音楽学的議論は、この音楽雑誌の記事と直接的な関係を持つものが多かった。

図５　『一般音楽新聞』創刊号表紙
J. S. バッハの肖像

第2節　たどり着けないユートピア——音楽と教養

1　最も純粋な音楽——器楽

一九世紀前半の音楽状況について、本節で新たに述べておかなければならないことは、音楽の美学についてである。第三章でバッハ復興というキャノン形成を考察しながら音楽の価値が再編されていったのを見たが、ドイツにおいては、音楽自体に対する観念もこの時期に大きな転換を迎えることとなった。それ以前は、芸術の部類にすら入っていなかった音楽は、ようやく芸術と見なされるようになるのであるが、その中でも認められたのは声楽のみであった(3)。器楽は歌詞や概念を持たないという点で不完全態・欠陥態と見なされることもあった。しかしこうした音楽の状況に変化が訪れる。それは器楽こそが最も純粋な音楽であるとする新しい価値観であり、その器楽を戴く音楽芸術こそが最も高尚な芸術であるという価値観である(4)。この転換を特徴づける出来事は、一八〇八年のE・T・A・ホフマンによるベートーヴェンの第五交響曲批評とされている。そこでは、「独立した芸術たる音楽のこととなると、常に器楽のことのみ念頭に浮かべるべきだろう。というのは器楽は他の芸術のあらゆる助け、他の芸術からのあらゆる混入を撥ねのけ、芸術の独特な本質、音楽の中でのみ認識し得る芸術の本質を純粋な形で明言するからである」[Dahlhaus, 1978 = 1986：14-15]とあり、器楽の至高性が公に宣言されたことになるのである。この宣言により、音楽が至上の芸術ジャンルと位置づけられるとともに、他の芸術ジャンルがむしろ下位に置かれるという新しい価値観が広まることになった。もちろん、ホフマンもその他の美学者も、声楽を軽視しているわけではなく、ホフマン自身も声楽曲を批評活動の中に置き、また作曲もしている。器楽だけが高い芸術と見なされたのではなく、器楽が「最も純粋な」、言わば理念型として頂点に掲げられ、それによって音楽全体が神聖視されたと見るべきであろう[5]。

このような器楽への賛美は、所謂《いわゆる》ロマン主義者たちによって精力的に行われたことが知られているが、ここでは彼らの音楽観を詳細に吟味するのではなく、本研究にとって重要な関わりを持っている新しい器楽観を指摘して考察することにする。

ホフマンだけではなく、フリードリヒ・フォン・シュレーゲルもまた、器楽を「今世紀の芸術」とし、音楽は感情の言語でのみあるべきだとしており、ノヴァーリスは、真の wahr 音楽としてソナタと交響曲を挙げて、器楽を特別視した[Dobat, 1984 : 23]。通常の、日常の言語とは区別して、感情の表現として音楽と器楽を捉える見方はこの時期に明確に自覚されることになるが、音楽に宿っているのは、言語そのものではなく「詩Poesie」あるいは「詩的なもの das Poetische」と見なされた。詩 Gedicht という芸術ジャンルとは区別されるロマン主義のポエジー概念は、それ自体、文学論・芸術論上の重大なテーマとなっているように、当時の観念を読み解く鍵ではあるが、注目したいのは、それが「様々な芸術形式の中で、ただ曖昧な形でのみ nur annäherungsweise 実現され得るものである」[Dobat, 1984 : 23]という点である。言語とは区別されたポエジーとは、明確に表されるものではなく、ただ曖昧に、漠然と、不明瞭にしか現れないにもかかわらず、器楽を頂点とする純粋な芸術にとっては真髄にあたるものとされている。そこには、日常言語では語ることのできない何かを音楽は語ることができ、その音楽が表現するものを言語によって代用することはできないという見方が成立している。このように、まずは器楽への注目という現象によって示されたような、言葉では表現できない漠然としたものを究極の価値と見なす立場に、我々はここで光を当てておかなければならない。

当時の器楽への美的評価は、その非規定的な表明形式に見出されたわけだが、器楽は通常の言語よりも「非規定的 unbestimmt」で「不明瞭 unklar」であるのに、同時に「遠い精神の帝国の言語」によって無限のものを言葉の言語よりも正確に述べるものだという見かけ上の逆説を抱えていた[Dobat, 1984 : 73]。ヴィルヘルム・ヴァッケンローダーは音楽のことを「異国の翻訳できない言葉」とし、ルートヴィヒ・ティークはまた「言語よりも洗練されたもの」と述べているように[Dobat, 1984 : 74]、音楽を通常の言語から切り離して代用不可能なものとした上で、しかし言語とのアナロジーで捉えるというのが大きな特徴と言える。そこでは、音楽が何か言語では言い表せないものを表現すると主張されるとともに、音楽自体が翻訳不可能な、すなわち日常的なツールである言語では捉えきれない言語的な何かとして把持され、音楽を聴いた効果もまた、名状しがたい作用 unnennbare Wirkung として語られる。音楽の表現内容、音楽の効果、音楽そのものが、捉えどころのない何かとして過度に強調されるのである。

クラウス＝ディーター・ドーバットによれば、この時期の音楽美学全般にとって決定的な特徴は、イメージ世界と経験的世界の言語との完全な距離である[Dobat, 1984 : 74]。言語とのアナロジーという方法を採りながらも、日常使用される言語との違いは執拗に繰り返される。それはポエジーが詩 Gedicht を超越する概念として立てられたことからも分かるように、あらゆる芸術に適用可能ではある。たとえばホフマンは、グラウンのオラトリオ《イエスの死》に対しても、「描写できないもの」という、器楽的賛美を与えているように、器楽に見出された価値は、声楽曲にも向けられた。しかしそれは器楽においてこそ最も純粋な形で示される言語的な何かだったと言うことができるだろう。通常の言語を音楽表現に及ばないものとする立場は、つまりは、通常の言語による代用が通用している日常世界、言語による暫定的置き換えだけで回っている日常世界をある意味で否定する立場であり、言語による代用を無効化する世界が音楽の領域に発見されたのである。それは「真の言語」が交わされる一種の理想的世界である。

器楽についての議論は、一八三〇年代にも音楽雑誌の中で何度かなされており、そこでも日常言語との距離が強調されている。たとえばホフマン(ローベという筆名を使用)は、詩人と音楽家との対話形式で器楽についての議論を書いており、器楽を「言葉よりも洗練された精神的な伝達者」として「音 Töne の言語」を主張している。その言語においては「さらなる深みから喚起された不思議な、言い表しがたいもの das Unaussprechlichbare が伝えられるのだ。そのような、言語では表現できないが、しかし神々しく紛れもない真実の中で自然の摂理に従って動く感情を……音で描いている」[AmZ, 1830 : 267]とされる。音楽が日常の現実では見えない理想的世界として見なされていることは、ここからも窺える。また、フィンクは、フェルディナント・ハントの『音楽芸術の美学』(6)の書評の中で、著者の主張に沿って以下のように述べている。すなわち、「美の理念はもともと与えられている。我々はただそれを、芸術作品の中に与えられたものを、比較検討して理念の下に秩序づけ、そこでは常に直接感じられるものと言い表しがたいもの ein unmittelbar Fühlbares und Unaussprechliches が元に留まっており、それゆえに芸術作品についてのすべての叙述が不十分に現れる。音楽作品の美的判断は、したがって最も難しいものの一つである」[AmZ, 1841 : 1058]というのである。一八四〇年代に入るとなお明確に、音楽が諸芸術の中でも特に、与えられてはいるけれども人間が未だ足を踏み入れられない世界の直接の表現であるとの見方を確認することができる。音楽、そして芸術についてのすべての語りが不十分でしかありえないと明記されている点に、特別な注意を払うべきであろう。

2　音楽と言語

(i) 器楽の言語性

音楽を言語とのアナロジーで捉える思想の根本にあるのは、まずはその伝達機能である。言語にせよ、音楽にせよ、それを知覚することによって何らかのメッセージを受容するという構図が念頭に置かれており、そこに両者を同種のものと見なす基盤が置かれている。しかしここではもう一つの基盤に注目したい。それは言語における文法にあたるものであり、音楽独自の語法――つまり、伝達を可能にする法則の存在である。「不明瞭性」「非規定性」を重ねて強調することによって、通常の言語では決して語ることのできない、決して到達できないものとして措定された器楽に対しては、それに代わる把握方法が求められたと考えられる。言ってみれば、音楽を語る言葉のより良い手段として――通常の言語よりは音楽そのものに近づける方法として――、音楽語法の議論が広く展開されたと考えられるのである。

音楽独自の語法については、ホフマンやヴァッケンローダーが、器楽が独自の道を歩むものであること、テキストとも関わらずに、その純粋に詩的な世界に留まるものだと語っている[Dobat, 1984 : 47]。つまり、言語とは別の世界で固有の法則に従うものというわけである。ではその固有の法則とは何かと言えば、それは音楽の形式だという見解に彼らは行き着いている。ノヴァーリスが、非規定的な内容の表明と形式的で人工的な堅実さとの同時性が器楽の詩的芸術性であると述べるとき[Dobat, 1984 : 58]、そこには把握不可能な非規定性・不明瞭性を、何とか把握可能な形に保たせているのが形式なのだという意識を垣間見ることができるだろう。(7)このように形式への意識が高まってゆくにつれ、音楽が表現するそのものを語ることはできないにせよ、その言い表しがたいものに近づくことができるのは、音楽形式への知識を備えた者という暗黙の理解が広まってゆくことになる。ホフマンは、形式に通じることだけが「作品の世界への深い洞察」につながると主張しており、しかもその精神とは短く分かりやすいテーマの様々な対位法的応用において表現されると考えた[Dobat, 1984 : 76]。断っておかなければならないが、音楽形式論、あるいは作曲技法などの理論書は、この時期に新しく登場したものではない。むしろ音楽が芸術として見なされなかった時代からすでに、理論とそれをめぐる議論は連綿と続けられてきた。だがここで新しいと言えるのは、作曲をする側にとって形式的な知識が必要だと叫ばれるだけではなく、聴取する側にもそれが求められるようになってきたという変化である。そして、以前は専門家しか読むことのなかった理論書とは異なり、今度はある程度一般向けに書かれる雑誌の中で、音楽形式についての知識獲得の喚起が呼びかけられたことも重視すべきであろう。たとえば、「感情と理解を同時に享受するためには、音楽文法の完全な知識を、対位法の奥義に至るまで備えていなければならない」[AmZ, 1830 : 267]というように、対位法という専門的知識への要請が、愛好家を含めた読者を想定している音楽雑誌の中で繰り返されることとなったのである。(8)

「語る」ことのできない音楽(の内容・魅力も含めて)については、通常の言語ではなく、形式理論が注目されることになった点についての考察を進めよう。音楽の形式を理解し、その形式について語れることは、それができない立場にいる者よりも音楽に近づけるというのであれば、形式理論についての知識は特権化されていることにもなる。形式についての専門的知識は価値ある音楽芸術に近づくための査証として徐々に整備されてゆくのである。

この時期に、形式的な知識、特に対位法の知識が理想かつ必須のものとして求められたことを示す例は、その要求に対する批判からも窺うことができる。たとえば一八三四年の『一般音楽新聞』には、以下のような論考が掲載されている。

有望な若者が対位法を勉強して気づくことは、二重対位法で書かれた楽曲は聴き手にとっては退屈で疲れるものだということである。二重対位法は、すべての感情表現を禁じる。…(中略)…現在の若い学習者たちもまた、二重対位法の延々たる研究に魅力を感じてはいない。そのために自分のオリジナルの作品を全く書けないと思ってしまうからだ。音楽作品に与えられるものは、識者にとっての価値だけではなく、愛好家にとっての価値でもある。無数の若い作曲家が、その豊かなファンタジーにもかかわらず、この知識が欠けているという理由で拍手を得られずにいる。必要なのは、対位法をまじめに研究し、一方で自由な作曲を恐れないということであり、偉大な対位法作家よりも偉大な音楽詩人であることの方が上位にあるのだという確信であろう。もちろん、それによって二重対位法を過大評価も過小評価もするべきではない。(9) [AmZ, 1834 : 804-811]

このような論考から読み取れることは、作曲の前提として対位法の知識が求められ、作曲家を目指す者にその学習が強く要請されていたということである。この批判は、作曲の現場では対位法の知識が「過度に」要求されていたという当時の状況に向けられたものであり、自由な発想よりもその法則の学習に重点が置かれているという状況への嘆きである。そしてまた、聴衆には決して魅力的なものではなかったにもかかわらず、作曲する者の心得として難解な対位法技術が求められていたことが語られている。しかしながら、このような対位法批判の中でも、対位法学習自体を過小評価するような意図は見られないということも、併せて吟味しなければならない。その過大評価に対して懐疑的であっても、それが必要な過程であることには異を唱えているわけではないのである。

一八〇〇年頃、純粋な器楽が注目され始めたときの具体的モデルは交響曲であった(10)。そこには、交響曲が対位法の手法を使うことのできるソナタ形式によって支えられるジャンルだったこと、またそのソナタ形式によってこそ、大規模な楽曲として仕立てることができるジャンルであったことが関係していよう。特にベートーヴェン以降のソナタの技法の地位は高まり、一九世紀前半においては、新人作曲家が「作品一」として出版するのは、まずはピアノ・ソナタという慣習までできあがった[西原、2000：330]。作曲家としてのデビュー作品をソナタで行うことによって、その作曲家が最低限の知識と力量を備えた音楽家であることが証明されることになったのである。

交響曲への新たな注目と価値づけは、当時のドイツにおける器楽観を如実に語っている。前述したようなロマン主義者の思想だけではなく、音楽史的な記述においても、ドイツにおける器楽の特異性が強調されていた。たとえば、フィンクは以下のように述べている。

ハイドンは交響曲だけではなく、器楽全体の新時代を拓いた。……フランスの論文では、ゴセックが交響曲の真の特徴を基礎づけたとしているが、……ゴセックの最初期の交響曲は早くて一七六五〜一七七〇年で、ハイドンの最初の交響曲は一七五九年である。イタリア人も、パルディーニやサンマルティーニらを挙げて、ハイドンより早く交響曲を生み出した名誉を主張したがる。しかし、新しい大規模な交響曲の父はハイドンである。……そしてハイドン、モーツァルト、ベートーヴェンが交響曲を器楽の最高位のものにした。［AmZ, 1835：511–557より抜粋要約］

ここからも分かるように、どの国が交響曲という大規模なジャンルを創始・確立したかというナショナリスティックな議論は、他国も同様であったと言えるが、しかしこの問題はドイツにとって切実であった。フィンクの考えによれば、大規模な交響曲は器楽のオペラに相当するとの考えに賛同しつつも、しかしむしろそれを音楽的言語によってドラマ化された感情の小説 Gefühlsnovelle と呼ぶことを提唱している。そこでは外面的な物語りの素材は単に副次的なものとしてあるに過ぎず、本領は感情状態の物語だとされる。そして、交響曲において使用される楽器はすべて、それぞれの本性と立場に従って本質的な役割を果たすものだとして、単なる補強マシーンではないと強調している(11)。そしてさらに、その物語りが、音によってではなく補助的な言葉によってのみ可能だと考える立場に反対しているのである(12)[AmZ, 1835 : 505–563]。

ここでも、音楽言語が日常言語とは区別された独自のもので、音楽においては、通常の言葉は副次的なもの、補助的なものでしかないという見解が確認できるが、最高位に置かれた音楽の言語、すなわち器楽という形態のシンボル的存在となったのは、交響曲のジャンルであったことを、改めて確認することができる。日常言語では語ることのできない音楽の典型としての器楽に拠り所を求めるとき、疑いようのない具体例として提示されるのは、ソナタ形式に基づいて堅固で大規模な楽曲を構築しうる交響曲であった。それこそが、日常言語なしでも、数十分間ものドラマを描くことのできる音楽言語の理想とされたのである。一つの、あるいは少数の楽器で奏でる数分の器楽では――一八世紀までにイタリアやフランスで成立していた器楽もここに含められるのだが――、一瞬の気分の表現を主張できても、「物語」であることを主張するのは難しい。言葉に依らない音楽が、それだけでいかに雄弁であるかを証明するのは、数多くの楽器が同時にそれぞれに役割を果たす交響曲だと見なされたのである。そしてこのジャンルを確立したのはドイツ音楽であり、特にウィーン古典派と名づけられることとなったハイドン、モーツァルト、ベートーヴェンという「巨匠」であった。一九世紀前半には、政治面でも、郷土意識の面でも、ドイツ諸国とウィーンとは異なっていたにもかかわらず、音楽の領域ではいとも簡単にドイツの文化として括られていた(13)。

(ii) 絶対音楽

純粋器楽概念としての「絶対音楽」に音楽の固有性が見出されたことは、このような器楽の物語性、すなわち音楽だけで長い語りが可能であるという言語性が、交響曲というジャンルによって実現され得るようになった文脈から理解するべきであろう(14)。

器楽にこそ音楽の真髄を見出す論考は徐々に数を増し、その思想は一九世紀後半にはハンスリックの有名な「絶対音楽」という理念へと結実することになる(15)。この理念は一九世紀ドイツの音楽文化において美的パラダイムとなった[Dahlhaus, 1978＝1986 : 17–18]。実際に演奏されていたプログラムを見てみれば、一九世紀前半において器楽が優勢であったとは言えないのだが、その一方でこの時期の音楽概念が絶対音楽の理念に決定的な役割を果たすのである。この音楽観のもとでは歌詞はもちろんのこと、標題なども含めて、言語の助けを一切借りない器楽のみに、ホフマンの言う「言い表せない unaussprechlich」ものを直接に表現できるという特性が与えられることになる。言い表せないもの――まさに定義・規定からは絶対的に逃れることを運命づけられた器楽こそは最も純粋な音楽とされ、言語による明確な説明はできないがゆえに価値ある何かとして、言語を介さない直接的な感情体験として、存在意義を認められたと言える(16)。純粋な音楽とは、それ自体で世界としての音楽 Musik als Welt für sich selbst であり、また絶対的な音楽 absolute Musik であった[Dahlhaus, 1978 : 210]。

従来の音楽学においては絶対音楽の理念に注目が集中してきたが、本研究においてはこの概念そのものを厳密に検討するよりも、むしろその理念を事実上作り上げつつあった一九世紀前半の器楽観、すなわち器楽に音楽の純粋性と固有性を見出したという価値観の方を重視する(17)。この価値観が定着したからこそ、後の絶対音楽概念が成立しえたためである(18)。

第3節　音楽を語る作法――音楽学への道

1　音楽と教養――教養段階

音楽の本領が語り得ないものであると位置づけられたとき、その音楽は教養理念とどのような関係に置かれることになったのだろうか。

ここでまず確認しておきたいことは、「絶対音楽」という概念を使うか否かにかかわらず、一九世紀初頭のロマン主義美学による器楽の再評価、ひいては音楽の芸術化によって、その究極の固有性が日常言語の超越に求められたこと、そしてほぼ同時に、音楽についての語りがジャーナリズムの普及と共に制度化されたということである。音楽を言語によって語ることはできないという観念と、音楽について語るという実践が一九世紀前半に、時期を同じくして広まったことは興味深い。そしてその語りの中で、形式把握への要請が、音楽家にはもちろんのこと、聴衆一般にも課せられるようになってきたのである。この形式への注目は、音楽に関する通常言語の無効性を証明する一事実とも解釈できよう。そして言語で語るよりも、音楽の形式を把握すること、その論理を理解することが、より高次の鑑賞と位置づけられることになり、その専門知識に通じることが、音楽そのものへ近づく道筋として把握されることとなる。その理解こそはまさに、教養理念と同じものだったのである。

一八四一年の『一般音楽新聞』では、同年公刊されたハントによる美学書『音楽芸術の美学』の内容が詳しく紹介されている。特に取り上げられているのは、音楽理論を学ぶことの重要性である。たとえば、「永遠に宙に浮いていることは、我々には何の助けにもならない。我々は飛び立つ前にまず確かな足取りを進めなければならないし、走ることを学ばなければならない。まず我々は外面的で感覚的で認識可能な質料を完成させていなければならない。……音楽の身体は音であり、そのリズム的、和声的関係である。このリアルなものによって……芸術家になろうとする人間は初めて正しく準備できる……」[AmZ, 1841 : 1055]とある。これは、音楽家を目指そうとする者への呼びかけではあるが、音楽の勉強の出発点として、言わば足腰を鍛える重要性を説いていること、そしてそれを音楽雑誌で取り上げていることから、音楽を愛好する者への呼びかけでもあると考えてよいだろう。[19] ここで重要なのは、プロを目指す者にのみ向けた言葉か否かということよりも、音楽の学習が教養理念と密接に結びつけられていたということである。以下の引用からは、著者ハントが、職業音楽家に限定されない教養について語っていることが分かる。彼は「観念自体は永遠のものではなく、常に永遠へ向かう高い段階である」[AmZ, 1841 : 1054]と述べており、終わりのない過程を示唆している。さらに明示的に、「規則としてのみ我々は提示する。最高次の感動が属するもの、そこには同時に不可避的に最高次の分別も属する。――それでは、趣味とは何か? 我々の確信によれば、それは、各々にとっての教養段階 Bildungsstufe の証明あるいは開花以外の何ものでもない。しかしすべての者にとって共通に、ずっと続く教育は必要なのである。それは、死と共に終わる人間の課題である」[AmZ, 1841 : 1059]と主張されている。こうした記述に、音楽の基本的で理論的な学習と教養との接点は明らかであろう。我々はすでに、趣味概念もまた「あるべき感情」の喚起を求めるもので、教養と密接な関係にあることを確認してきた。音楽の勉強には――それは楽譜やリズム、和声などの理論的知識と考えられているのだが――、地道に絶えず努力する過程が見込まれていたのである。

音楽の理論的学習と教養の相同性と並んでここで注目すべきは、「教養段階」という概念である。永遠に続く努力過程は、単に持続を意味しているだけではない。その過程は常に前進であり、進歩や進化なのである。

より良い方向に進むことだけが含意されているのである。つまり、学習すればするほど「教養の段階」は高まることになり、人間としてもより望ましい段階に到達していくこととなる。そして同様に、音楽に関しても、より深い洞察を得ることになるわけである。それは音楽理論に通じていない人間の鑑賞よりも、勉強している人間の鑑賞の方が、より高次と見なされることにつながる。音楽理論の知識への要請は、音楽鑑賞の段階をも導くことになった。後の美学では一般的になることだが、音楽鑑賞の多様性を認めはするものの、しかしそれは浅い感覚的鑑賞から深い理解に至るまでの過程ないし段階づけが行われる。永遠にたどり着くことのできない音楽そのものへの道のりを想定するならば、ここでは音楽への遠近という程度設定・ランクづけが行われたと考えるべきであろう。

音楽と進歩過程としての教養とのつながりを示す例を他にも見てみよう。この時期、伝統的な音楽家養成機関であった町楽師が徐々に消滅する中で、その変化を嘆く声が聞かれた。ここに示す記事は、作曲を学ぶ者に対してだけではなく、演奏家に対しても教養を求めている例である。

「町楽師の機関について」［AmZ, 1837：825–828］（抜粋）

縁日や市場での寄せ集めの音楽家たちは音楽的教養がない。大衆は、よく知られ、愛されているメロディーを、誤った不純な、趣味のない演奏で聴くことに慣れてしまう。そしてますます耳の感受性がなくなり、美しい音楽作品への無関心が蔓延し、健全な聴覚が消えていく。町楽師のもとでの教育――徒弟から職人までのギルド的な昇進、五年の修養期間は、芸術においても重要である。そこではいくらかの音楽的知識が前提とされ、入会を許された徒弟の希望に基づいて楽器が割り当てられる。管弦の両方を学ばなければならないが、ヴァイオリンは全員が学ばなければならない。生徒たちは様々な音、拍子、調和を知る。合奏は頻繁に行われるが、それは彼らの人生全体の中ではかり知れない財産になる。さらに、町楽師はどこでも、教会音楽を扱うので、彼らはその本質と尊厳とを学ぶことになる。大都市での町楽師の活動は劇場やコンサートにも及び、怠ける暇はない。そこには、村や市場でよく見られるような過剰な陶酔もない。このような機関で教育を受けた音楽家は皆有能できちんとしているので、その中でヴィルトゥオーゾを目指すぐれた者は、推薦されて侯爵の宮廷楽団にしばしば受け入れられる。

この著述から分かることは、やはり音楽の適切な教育と努力が重視されているということである。「怠ける暇」もなく研鑽を積み、「健全な聴覚」を養うことが望まれ、「過剰な陶酔」をもたらすような無教養で感覚的な音楽活動は否定的に捉えられた。

音楽の理論的知識と演奏に関する適切な知識が求められたのは、作曲家の志願者だけではなく、都市で活躍する町楽師も同様であった。演奏者にも勤勉な努力と節度を求めるのは、その演奏が聴衆へ与える影響の大きさを意識してのことである。それを示す記事をもう一つ挙げておこう。

「シュレジエンにおける町楽師廃止の帰結」[AmZ, 1838 : 783]

二〇～三〇年前には盛んだったシュレジエンの音楽は、町楽師の廃止により、……ブレスラウと、軍楽隊を聴ける諸都市以外には管弦をどうにか扱えるディレッタントさえ稀、というような状況になった。シュレジエン地域では、そこそこの四重奏が聴ける町が一つあるが、以前はどこにでもあったし、村でも珍しくはなかった。

良い音楽、悪い音楽が一つの民衆の徳 Sitte と教養 Bildung にいかに大きく影響を与えるかは、感じやすい個人にそれ[音楽]が与える印象から推し測られ得る。悪い音楽は、軽薄な内容の詩や絵画よりも危険で悪い。というのも、それは各々の感情に忍び寄り、身を守ることもできず、密かな毒のように、それが作用してくるまで気づかないようなものだからである[AmZ, 1838 : 783]。

一九世紀前半に、音楽 Musik のすべてが「芸術」(Tonkunst)と見なされたのではなく、その一部が「良い」ものと見なされ、他のものは「悪い」ものと見なされたことは、ここからも窺える。作曲の段階でも、演奏の段階でも、望ましい教育過程を踏まえていない音楽は、むしろ害悪と思われたわけである。こうした記事からは、より良い音楽への明るい期待よりも、望ましくない音楽が及ぼす悪影響への危惧を読み取れる。浅薄な詩や絵画よりも影響力が深刻だとされる音楽は、教養を信じる人々にとっては、より警戒しなければならない分野だったと考えられ、それゆえに教養理念にとって、音楽は特異な位置を占めていたとも考えられるのである。まさに「密やかな毒」であるがゆえに、音楽の教養の有無は、他の芸術ジャンルほど放置しておいてよいものではなかった。このような危機感からも、音楽に関する教養がより厳密に求められた事態を理解することができよう。

これらの記事から確認できることは、音楽経験について「深さ・浅さ」が語られたということである。「軽薄」という言葉や「過剰な陶酔」といった言葉に明示されているように、作曲においても演奏においても鑑賞においても、表層的なものから深遠なものまでの程度分けがなされていたのである。それもまた、教養の段階として理解することができるだろう。音楽体験は、教養の無い段階あるいは低い段階から、より高い段階にまで、幅を持たせられたことになる。

ここで、先に見た音楽理論の学習の面でもより高い段階の教養が求められたことと同じ傾向を、演奏と鑑賞についても再び見出すことができる。そして、それは第三章で述べたような鑑賞作法の成立にも重ねられよう。音楽への態度の浅薄さとそれによる悪影響を危惧しながら出来上がったこの段階、すなわち音楽体験における教養の序列化は不可避的に、より高位にある教養段階の正当化を招くことになるのである。

2 教養段階の制度化

音楽経験の教養段階のうち、より高位に位置づけられ、それゆえに推奨された態度は、制度化によりさらに正統性を獲得する。それを端的に示すのが、国立の教育機関の中で音楽の授業を正規に行う必要性を説く主張である。一九世紀前半の「プロ」の音楽家(音楽監督・作曲家など)の経歴は、大学で音楽以外のディシプリンを専攻するかたわら、音楽を自習するというものだったのだが、一九世紀を通して、音楽学校という専門機関が整備されると共に、一般大学の中に音楽専門の講座が設けられるという形で、専門家育成ルートが制度化されることになる。

一八四一年にエアフルトの学術アカデミーで行われた講演では、古代から音楽が人間形成にとって不可欠なものであったことが主張され、その重要性ゆえに、音楽が公的機関で教授されることが求められた。(20) 特に、

「音楽を怠ることは、人間形成 Menschenbildung において直ちに欠陥をもたらす」［AmZ, 1841：997］ことが強調されるのである。この主張もまた、音楽と、人間形成としての教養との密接なつながりが意識されていたことを示す例である。そしてそこでは、人間の成長における一般的な影響の大きさを踏まえたうえで、更なる要求が挙げられている。

……アリストテレスが正しくも言ったように、音楽の授業では一般に、美しい旋律とリズムに触れた若者が意識と認識に結びついた満足を感じることが必要である。……音楽は、理解を刺激し、行為に置き換えるという能力も持つ。音楽作品という建築の中で、旋律の進行、和声、調性の中で、リズムの動きの中で、主題と副主題の形成と秩序の中で、同種のもの、異種のもの、Satz と Gegensatz とを区別するのである。

……さらに音楽の能力は……表現可能な方法である言語にとっても、我々の精神的な感情生活へ影響を及ぼし、多かれ少なかれ感情、魂の気分、アフェクト、情熱を、明確なイメージで提示し、近くへともたらす。

音楽は、そのより高い形式において、そして特に何よりも作り上げられた ausgebildet ソナタ形式の中で、完全な一連の感情、感情の動き、魂の状態、感傷を、絶え間ない発展と順序で、あるいは構築的な交替において、提示する。……獲得された全体の印象の結果は、多かれ少なかれ包括的で崇高な芸術的主要思想へと、芸術的理念へと形成される。［AmZ, 1841：999–1000］

こうした当時の主張の例から、音楽の教養については、人間性を涵養するために不可欠なものという価値観と、それをより高度に進めたものがソナタ形式に代表される器楽理論の習得とが接合されていたことが確認できる。そしてそれは、家庭において日常的に行われるものであり、かつ、国家の機関によっても制度的に実践されるべきだという見解につながるわけである。双方を必要としながらも、後者がより高次の教養段階に位置づけられていたことにも、重ねて注意を促しておきたい。

すでに一八三〇年代には、大学の中に音楽の講座が設けられ始め、それについての議論も散見される。一八三七年のフィンクの記事によれば[AmZ, 1837：16]、ベルリン大学には五年前から音楽講座が一つ置かれ、その教授職にツェルターが任命されたものの、実際には役職名が与えられたに過ぎず、彼が講義を担当することはなかった。しかし、その後理論家のアドルフ・ベルンハルト・マルクスが教授に選任されてようやく、実質的な仕事と講義が伴うことになった。

このマルクスへの評価と期待が高かったことは、翌年の記事からも窺える。彼の記念講演を紹介するために書かれた前置きであるため、多少の社交辞令的色合いも加味して解釈すべきではあろうが、しかしまだ一般的ではなかった一般大学における音楽講座が注目を集めていたこと、そしてマルクスが「ソナタ形式」の認識を普及させた音楽理論家の第一人者であったこと、などを考え合わせれば、音楽界の彼への期待は低くはなかったであろうとも予想できる。

「ベルリン大学の音楽教育についての報告　八月三日の祭典にて」[AmZ, 1838：606-607]

ドイツ中のすべての大学の中で、もしかするとヨーロッパ中の大学の中で、ベルリン大学はその専門に卓越した人物たちによって際立っている。……芸術、特に音楽に対してこれほどの大学はない。マルクス教授は、同大学の音楽講座を担当しているのだが、その高い学問性によって、他にはない人物である。その音楽理論は新しい道を拓いた。ヘーゲルは現在のアリストテレスであるが、すべての学問と芸術について新しい見地を示し、マルクスの音楽理論への影響力は少なくない。したがって、彼の作曲理論は音楽理論の新しい時代の始まりだと見なすことができる。我々に示すのは、古い理論のような、生徒に独学をさせないような、受動性に慣らすような、機械的にしてしまうような規則の複雑さではなく、……音楽理論の原則から自身で先に進めるような形式である。……

マルクス氏が以前の学期で行なった講義について報告が多くの熱心な参加者が学生と若い音楽家からあった。通常講義されるのは——(1)「音楽の百科事典」についての授業一時間、(2)作曲学習の第二コース四時間、(3)第三コース(特にオーケストラ曲)三時間、それに両コースそれぞれに毎週のゼミ形式の会合が加わる。これらの中で作曲の学生は、教師からの評価と修正を受ける。

芸術が彼らの大学生活において副次的なものでしかないとしても、マルクス氏のような人物が指導すれば、その生徒は中庸な程度に教化 gebildet されるわけもない。

この著述には、音楽における学問性と教養との結びつきが浮かび上がっている。ベルリン大学の強みとして音楽を挙げていることは、当地の講演ゆえの強調であるとしても、理論家として名を馳せていたマルクスの紹介を「学問性」を重視して行なっていたことは注目されてよい。それは、これまで大学に正規の場を持たなかった音楽が、その場にふさわしいことをアピールするための書き手のレトリックとも解釈できるかもしれない。

しかし、そのふさわしさ、学問性の内容はと言えば、それはまさに、本書で確認してきた教養理念に沿ったものであったことが分かる。著者によれば、「古い理論」は、膨大な音楽理論の知識を機械的に身につけさせ、自習を許さないほど厳格に教育され、学習者の自由の余地を排除するものであった。だがマルクスは、根本となる音楽原理の土台の上に、自身で歩むことを可能にし、かつそれを推奨するような理論家であり教育家であることが力説されているのである。全く自由ではなく、根本となる部分を学んだ上で、あとはそれぞれの独創性を、言い換えれば個性を生かして前進してゆくというような学習のあり方は、自身の開花に向けて絶え間なく努力を続ける教養の価値観を含みこんだものであったと言える。ここで言及されている「学問性」とは、このような教養のあり方の上に成り立っているものなのである。そもそも、第一章で見たように、教養の証明としての大学教育という位置づけを想起すれば、大学の学問が教養理念と重なっていることは、むしろ当然ではあるが、ここでは、それが音楽の領域でも意識されていたことを改めて確認しておきたい。

さらに注目したいのは、このようなマルクスの教授のもとでなら、「中庸な教化」はないとの主張である。学問性の点で声価の高いマルクスの指導によってなら、その教化が平凡な程度にはならないだろうという語り方からは、教養段階において学問性がより高位に置かれていることが読み取れる。学問性もあくまで教養の段階に含められるものであり、そしてそれはかなり「上」の段階に位置づけられ、その段階に至らない状態はまだ中庸あるいは中程度と見なされるのである。

ここまで見てきたように、音楽をめぐる教養は、音楽を学ぶ者、作曲を学ぶ者、演奏する者、鑑賞者に求められていた。作曲者や演奏者など、音楽に直接携わる者ですら、無条件に高い教養を認められたわけではないということは興味深い。音楽を作り出し、再現する者にも、教養の段階を歩むこと——すなわち、実際には音楽に関する知識を身につけること――が前提とされていたのである。そして、音楽に関する教養のうち、より高位に据えられた学問性は、一九世紀後半には大学の専門分野として独立し、制度化されることになる[21]。一九世紀前半では、その学問的知識が整備されつつも、まだ学問として成立していたとは言えず、先に挙げた記事においても、まだ「大学生活において副次的なものでしかない」という記述が見られる。

とはいえ、まだ作曲理論と実践の区別は明確ではなく、実践と音楽史や美学の知識が並べられていた。作曲するための理論ではなく、学問としての理論が純化するのは、一九世紀後半であり、まさにその時期と音楽学というディシプリンの成立とが重なっていると言える。音楽学の中に設けられた理論は、作曲という実践のためのものではなく、楽曲分析をするための手段であった。実践と切り離されたところで、理論的知識の専門家が登場するのである。そして、音楽学は、一方でこの楽曲理論を柱とし、他方でバッハ全集出版という事業で培った文献学的方法を軸とした音楽史研究を柱として成立することになる。

第４節　不可侵な聖域としての音楽

前節までに明らかにしたことは、器楽を典型とする音楽芸術の成立と同時に、通常言語による音楽の語りが無効化されたこと、そして音楽に近づくために教養が要請され、その方法としての音楽理論に関する知識の習得が高位のものとされるような教養段階が意識されたこと、より高い段階に置かれた知が大学という場で制度化され、正統化されたということである。第一章で確認したような教養理念をもとに、主として音楽雑誌記事に提示された主張に対してこうした分析と解釈を行なってきたわけだが、本節では、一九世紀前半の「音楽」とそれについての語りとの関係を議論し、音楽理論と並んで作者像に対する重みづけが行われたこと、そして音楽とその語りとの相互依存性を明らかにする。

1　音楽の語り方

そもそも一九世紀までは「芸術」とは見なされなかった音楽が、その世界に仲間入りするためには音楽の固有性・独自性を主張する必要があった。そのときに発見されたのが、言語や絵画、その他の要素から独立した、最も純粋な音楽としての器楽であった。従来は辛うじて言語テクストを持つ声楽のみがその価値を認められていたのに対し、この時期にはむしろその声楽への評価に頼らず、下位に置かれてきた器楽を前面に出すことになったのである。そこでは、言語を使用したテクストからの独立とともに、言語表現では到達できない表現としての音楽の価値が新たに宣言され、そして必然的に、音楽以外の表現手段は音楽そのものに成り代わることは決してできないという関係が出来上がった。以前は言語テクストを伴うからこそ、把握可能なものとして声楽のみが認められてきたにもかかわらず、今や音楽は、言語によっては届かないものとなった。つまり、音楽についての語りは常にそのものへは及ばないものとして無効化され、その語りはどこまでも音楽の「代用」に過ぎないことが運命づけられたと言うことができる。

しかしこの語りの無効化が表明されたのとほぼ同じ時期に、音楽に関する語りは批評という形で増殖している。一九世紀初頭に確認できる様々な音楽雑誌・新聞の発行はそれを証明している。一九世紀に音楽ジャーナリズムが発展した、との指摘は音楽史の中でこれまでも特に不思議のない事実として了解されてきたが、音楽批評活動の隆盛の意味を、ここで改めて考えてみる必要があろう。もちろん、定期刊行物を通しての批評活動が活発になったことは、印刷・通信技術の発達など、様々な条件に依っており、また音楽にのみ見られた現象ではない。しかし私は、器楽を音楽の頂点に据える美学を明確に打ち出したドイツ(ドイツ文化圏)においてこそ、芸術と批評との関係が明瞭に表れていると考える。また、他の芸術ジャンルと比べて、音楽が再現芸術であること、つまり一つの作品の創造が一度限りではなく、演奏されるごとに新たに創造され、その度に発言の機会が用意されるという特色も重視したい。

ここで主張するのは、諸々の技術的条件が揃ったときに批評活動が活性化したということではない。言語では及ばない純粋な音楽芸術という観念を生み出したときに、語りが無効化されたまさにそのときに、音楽についての語りを量産したという、同時性に十分な注意を払うということである。論理的には、いかなる表現も音楽そのものには及ばないと考えるならば、代用に過ぎない語りが一切消滅するということもあり得たわけだが、実際はそうはならなかった。むしろその反対の帰結が引き起こされたことを、どのように考えるべきだろうか。

音楽そのものと、音楽についての語りの関係を考えるときに、興味深いのは、一九世紀初頭から、作曲家自身が語り始めたことである。もちろん、当初は音楽の専門的知識を持つ作曲家だからこそ、批評家も兼ねることができたという現実的な状況があったわけだが、しかし、その後の歴史を眺めてみれば、作曲家と批評家が分業し得る現在においても、作曲家は音楽について、とりわけ自作品について「語って」いる。音楽の表現者であるはずの作曲家が、音楽作品を生み出すかたわら、言語による語りを実践しており、あまつさえ自身の音楽作品について「語る」のである。この現象は、音楽についての語りが代用物にとどまるものとして無効化されていたからこそ、そしてそれが無意識的であるにせよ、承認されていたからこそ成立する。もし言語による語りが音楽そのものと同等の価値を持つのなら、音楽そのものを生み出す価値がないことを意味するからである。言語によってどれほど表現しようと、解説しようと、分析しようと、それは所詮音楽そのものには及ばない——そのような価値観が確実に潜んでいたからこそ、作曲者自身も言わば安心して多くを語ることができたのである。

　作曲家自身による語りの実践から、改めて音楽と言語表現との関係を確認したところで、再び、音楽についての語りが増殖したことの意味を考察しよう。いかに言語を尽くしても、音楽そのものを表現することはできず、または音楽が表現するものを伝えることはできないのであれば、音楽についての語りは、それが発せられた瞬間に副次的なものにすぎなくなる。言語による説明は、音楽そのものではないからこそ、常に新たに次の代わりの説明を呼び込まざるを得ない。言語解説に「これでよい」と認められる地点はなく、常に不十分だからこそ、語りを止めることはできず、常に新たな代用を誘発せざるをえないのである。それはそのまま、ある言語解説が音楽そのものではない証となる。ある説明で止めてしまうとすれば、それが音楽に成り代わるものとしての位置を占めてしまうことになるがゆえに、音楽についての語りは、ある地点でとどまっているわけにはいかないのである。単線的に考えるなら、先行する説明が無効であることを証明するために、後続の説明が必要となり、さらに次の説明が連ねられてゆく。つまるところ、音楽批評が広まった当時の現象は、言語による説明の無効性が運命づけられた瞬間に必然的に始まってしまった運動として、そして続けざるを得ない運動として捉えられよう。論理的に、必然的に、報われない——すなわち音楽には成り代われない——語りは、それにもかかわらず止まることができないものとなったのである。確かに、美学のレベルで器楽の純粋性と絶対性が意識的に主張されてはいたが、それを実際に支えていたのは、次々に語りが無効化されてゆくこうした言語運動だったと考えることができる。そして、どこまでも無効な語りの増殖は、音楽そのものが言語では決して埋められないことの保証となっていることも、ここで併せて導くことができる。

(i) 形式論

言語では埋められない音楽について、その証明として無効な言語解説が不可避的に誘発されていたとすれば、すべての説明は無効であるという点で等価であるはずである。どんな説明にも優位性や正統性はないはずで、ただ本物とされる音楽と、代用としてのそれ以外の副次的な解説という関係があるのみ——であるはずだった。しかしながら、現実はそうではない。前節までに確認してきたように、音楽についての語りは決して同等なものではなく、序列が設けられていた。それは教養段階という考え方に端的に示されているように、低いレベルから高いレベルへと連なる道筋に沿ったものとして考えられた。ここで、語りの不平等性について論じる必要が生じる。

音楽についての語りの中で、ある種の様式が生成されると——徐々に結晶化されると言ってもよいかもしれない——、その様式に基づいた語りが可能になる。語りの「一つの」規格が作られるというわけで、その規格に沿って語ったり、それを応用したりすることができる。または、その語りの様式自体についてのメタ的な語りも可能になる。それによって語りは体系化され複雑化され得るのである。つまり、語りの一様式が確立するということは、音楽を語るための準拠点が創出されるということであり、語る者たちは、音楽そのものを直接に対象にする前に、まずその準拠点に立つことができるのである。語りの一様式、かつ一つの規格として出来上がるものは、それに従えば間違いはないという信頼性を付与し、それと同時に、そこに基づいた語りの複雑化を可能にする。音楽そのものではないという点で論理的にはすべて等価であるはずの語りは、実際には次々に発せざるを得ない状況の中で、あるものだけが特権的な地位を獲得してゆくのである。その重要な一つが、音楽理論の知を必要とする形式論である。

音楽についての語りの中で標準化された様式が成立することとなり、その様式に沿った語りはより承認を得やすいものとなる。その様式に従うだけではなく、それ自体の改善や精緻化に寄与するような語りの水準も出来上がる。このように標準化され、さらに精緻化された語りの様式は、まさにそのために、他の「形を持たない」語りよりも正統化されたと考えることもできる。その様式に沿って語る技を身につけることが、音楽を語る特権的な方法であったとも言えるだろう。それは、音楽の語りの運動から生じた正統化の過程であり、特権化の過程であるとも解釈し得る。その語りの様式が、音楽を鑑賞したり解釈したりする方法として求められただけではなく、音楽に直接触れるはずの演奏家にも要求されるようになったことは、その語り、すなわち専門知識の獲得が、いかに正統性を獲得したかを証明している。

注意したいのは、この特権的な語りの様式は、完全に独立して切り離されたわけではないということである。一九世紀前半に、音楽について語る様式が標準化あるいは正統化されていったとき、そこに属さないようなものは除外されたのではなく、浅薄さや中途半端さというラベルを付与されつつも、音楽に近づく態度の中の「初歩的な段階」として組み入れられていた。浅さや平凡さが、「教養の段階」の下位に置かれることによって、高い教養段階を目標にするような教養段階の道筋が連ねられたと言える。もちろん、浅い段階を差異化することによって、高位の教養の卓越性を担保した操作だという言い方もできよう。しかしここでは、差異化・卓越化の議論をするよりも、当時の教養理念との相同性を考察する方が適切であろう。第一章で述べたように、初歩的な段階からより高い段階に至る過程と努力こそが、教養の理念に含意されていたのであり、音楽を語る術はそれに合致するものであった。そしてこのような段階づけから読み取れるのは、音楽についての語り全般が、高い段階から低い段階にまで並べられ、結果的には音楽についての語り自体の層の厚みを証明することに寄与することになったということである。

純粋な器楽を出発地点とする音楽芸術観から必然的に無効化された語りは、常に代用でしかないがゆえに——常に有効ではないことを示すために、無限に新たな語りを必要とするが、その中で序列が設けられたとき、さらに大きな意味を持つ。無限の語りという運動自体が止むことがない中で、さらに、より高等であることが認められた様式をもってしても、決して音楽そのものにはたどり着けないという観念が導き出せるからである。この現象を解釈するにあたり、音楽を語る者の差異化論を論じることもできようが、差異化運動自体も結局のところ、その中で上位にあるものを守るのではなく、あくまでたどり着くことのできない音楽そのものの価値——ここでは不可侵性という価値と言ってもよいかもしれない——を保証することになっていたのである。初歩的な段階から専門的な段階までを設けた教養段階の彼方に設けた音楽の価値はより高いものとなる。音楽は専門的知識の獲得という過程の奥に常に隠されたものとなるのである。一九世紀前半には、無効化を運命づけられた言語活動が、その自己運動の効果として確実に音楽の価値を支え、高めていったと考えられよう。ここで言う価値とは、何によっても成り代われないものとしての価値であり、言語説明ではたどり着くことのできない超越的位置という意味での価値である。

(ii) 作曲家論

前節までに、一九世紀当時、「より高い教養段階」として考えられていたものの例として、つまり音楽についての特権的な語りの様式として、確かめてきたのは、主として形式理論であった。テクストを離れた純粋器楽という理念から出発して、そこにたどり着けない語りが徐々に形式の把握という形でのアプローチを試みたのであった。そしてその形式論が学問として、より精緻化されていったのである。しかしそれと並んで、音楽に近づくための上級の教養として置かれたのは、作曲家論である。もちろん、二〇世紀以降の音楽学の中での作曲家論には、作品研究が不可欠であり、その楽曲分析をする技術として形式理論の知識が不可欠であることから、両者を別項目として立てることは不適切に見えるかもしれない。しかしながら、第三章で述べたように、バッハ復興運動の中で、まず重要な役割を演じたのは、バッハという作曲家の人間性の内容、すなわち伝記的要素であったし、現在でも伝記的要素は決してその意義を薄れさせてはいない。音楽理論の知識とはまた別に、作曲家像を探るための歴史学的手法が必要とされ、その技術と様式を獲得することもまた、音楽を語る上で重視された点で、作曲家像を便宜的に別項目として論じる妥当性はあると考えられる。

一九世紀を概観して、音楽についての語りとして特権化されたのは、主に形式論と作者論の二つである。形式論と作者論とが音楽の語りの準拠点となり、特権化されたという結果から、どのような意味を見出せるだろうか。

形式論が特権化されたことの効果は、前節までに論じたように、言語よりも高等な手段として音楽の秘儀性を高めることに寄与したことにある。音楽形式理論の難解さが、音楽そのものへの近づき難さを示していたと言ってよい。しかし同じように特権化され制度化された作者論は、形式論と同じ効果を生み出したわけではない。ここでは、作者論に照準して、その意味を考察することにする。

もちろん、作者論も、直接触れることのできない音楽の代用として、その語りの準拠点の一つであったに過ぎない。ただそれが特別の地位を与えられた、というだけである。しかしこの準拠点は、さらにそのメタ解説を豊富に生み出しうる肥沃な土地であったと言える。「作曲者」が動員される語りのパターンは、すでにいくつか存在した。まず挙げておかなければならないのは、第三章で述べたような伝記による語りであり、作曲家の経歴をたどることによって、何よりもその精神的成長過程、つまり人間形成の側面が強調された。「偉大な作曲家」が特に故人に割り当てられるようになった一九世紀前半には、その伝記的記述は、現世の人間が到達することのできない教養を現した理想的人間像を、まだ過程にある現世の人々に具体的に提示する役割を担った。市民性ゆえに「人物」像が重要だったのである。

また加えて、もともと言語に匹敵する音楽、言語を超越する音楽として、その芸術的地位を高めてきた音楽には、常に言語とのアナロジーの意識もつきまとっており、そこから音楽という表現による伝達性も発見されていた。メッセージの伝達という観念が採用されれば、その発信者としての作者の重みは増す。情報の伝達としてのコミュニケーションを考えるときには、作者の登場が不可欠なのである。このように芸術体験をコミュニケーションとして捉える議論は、今日なお有力である。その体験は、作品を直接鑑賞することによって、作者と鑑賞者とが何か特別なコミュニケーションを成立させるものであり、そこで相互に交換されるメッセージは、かけがえのないものとされる。芸術のコミュニケーションを、日常生活のそれとは区別した特別なものであると語れば語るほど、その発信者としての作者は特別な存在に仕立て上げられる。コミュニケーションがあると信じられるからこそ、芸術体験は、その他の体験より高尚なものとされ、自然などに接したときの美的体験とはまた別の重みを持たされることになる。媒介となる芸術作品が、人間の手で作られたものであるという点でのみ、この体験のコミュニケーション性と、必然的に作者の存在とが、独特の価値を持つものとして位置づけられるのである。

このような芸術体験をコミュニケーションとして考察するのは専ら美学の仕事とされるが、音楽学は、その考え方を根本的に前提としつつ、作者の意図を解明する作業に心血を注ぐこととなった。断片的な楽譜その他の資料から推理をするように、作者がどのような意図でその一音を選んだかが分析される。偶然性や書き損じ、物理的・制度的条件などの外的な制約をできるだけ排除して、作者の芸術的意図を信じて考察することが、音楽学における作曲家作品研究のあるべき態度となった。一九世紀末に音楽学がディシプリンとして定着し、体系化されると、一九世紀前半のような、学術的とは言えない伝記エピソードが後退するにはしたが、それでも現在に至るまで、楽曲分析の論文の結論で作者の人間性を称える習慣は消滅してはいない。

作者の人間性からどうしても離れられずにいる語りの中で、文学界では、ロラン・バルトによって「作者の死」が提唱されてすでに久しい。以来、テクスト論と呼ばれる考え方は一定の支持を得て、解釈における「作者」の比重を軽くしてきたようにも見える。

そうした文学論・芸術論を踏まえても、作者についての考察をその地点で終わらせることはできない。一九世紀ドイツの音楽活動および芸術活動の中では、「作者」へのフォーカスはそれ以上のものだったからである。第三章で見た天才像の構築も、こうした音楽の語りの特権化された様式の中に当てはめたとき、さらに重要な意味を持っているということに気づくだろう。

音楽という捉えがたいものを語る準拠点として作者が選ばれたとき、それが人物であることと、それ以外であることで、もたらされた効果に違いはないと言えるだろうか。形式理論の習得が音楽の実践にも受容にも必要とされたことの中には、特に地道に対位法を学ぶ過程が重視されていたことから、それ自体が教養の理念と重なっていたことを確認することができた。作者論においても、教養との関わりを考察すべきであろう。作者という人物が語りの準拠点として立てられると、その作者の人生の歩みと人間性とが、教養市民の具体的な象徴として位置づけられたということを、再度思い出す必要がある。教養理念との直接のつながりというよりは、教養を身につけた市民の像が重要な接点であろう。つまり、準拠点が人物に置かれた時点で、音楽の語りは市民性の問題につながるのである。その具体的な過程は第三章でバッハを象徴的な事例として見てきた通りである。

音楽を語るための拠り所として人物が設定されたとき、音楽を何によって代用させて（語って）いるかといえば、作者の人間性の描写なのである。音楽作品と作者の人間性とを直結させて語る慣習に、もはや我々は慣れてしまっているが、作品の内容やある種の価値と、その創り手の人間性とを混同させ、整合的に物語る必然性はどこにあるのかを、改めて考える必要があろう。その慣習が音楽に特有のものではないにせよ、少なくともドイツの音楽界においては、一九世紀を通じて、語り得ない音楽を代弁する特許を得た作者論が正統性を保証されることによって、音楽作品の内容と作者の人間性を連結させて語る正統な道が形成されたと考えるべきである。その確立時点を特定することは不可能であり、またそれほど重要でもないが、音楽について語る運動が広範に行き渡ったとき、音楽はその作曲技法の革新という面だけではなく、人間性の問題として語られることになった。この状況は、現在の音楽観や芸術観にも影響を与えている。前者に相当するのが、前衛・革新としてのアーティストという観念であり、後者に相当するのが、道徳家としてのアーティストである。二〇世紀前半にはどちらかと言えば前者の芸術家像が優勢で、芸術家たる者の要件は保守であってはならないというイメージが作られた。二〇世紀後半には戦後社会の平和・環境運動に芸術が結びつけられることが多くなり、その種のイベントへの新作だけではなく、過去の作品にまで平和的・道徳的意味が読み込まれる事態を引き起こしている。作品批評は、人格論から離れられなくなっているのである。

従来は単なる創り手であった作者が、偉大な芸術家となったのは一九世紀以降であるが、その重要な布石を準備したのは、ドイツの教養理念であったと言える。そもそも、教養理念が注目を浴びたとき、まずはギリシアの古典を直接学ぶことにより、そこに体現された「ギリシア人の人間性」に触れることが重視された。古代の様々な作品には、当時の人々の人間性が宿っていると考えられたわけだが、それこそが教養理念が浮かび上がらせた観念であった。そして一九世紀には、音楽作品にも同様に作者の人間性が反映されていると素朴に考えられたのである。

2　音楽と大学

音楽とそれについての語りの関係を抽象的に論じたところで、第一章で述べた資格・大学という要素を加えておこう。

大学教育およびそれに連結する国家試験による資格は、教養の代用として考えられたものであった。しかし、社会史的にも、人々は資格を持っていることのみで満足していたわけではなく、「そうではない本来的な何か」を求めた。大学教育によっても国家資格によっても充塡することのできない教養として、芸術活動が注目され、本書でもそこにこだわってきたわけだが、音楽芸術の展開を論じてきた結果、語りつくせない音楽を語る方法が、徐々に正統化され、制度化されていったことを明らかにすることとなった。大学教育では埋められないからこそ、余暇としてまたは兼業として芸術活動が活性化したはずであったが、今またその活動の一部が大学に組み入れられたのである。だがここで見るべきことは、振り出しに戻ったということではなく、大学という制度が、より上位にある音楽の語り方を公認することによって、音楽そのものの価値を支持し、高めることに貢献したということである。教養の代用として大学で古典を学ぶことと、音楽の代用として音楽学を学ぶこととの間に根本的な違いがあるとは言えない。しかしながら、本書での議論は、この時期の音楽芸術の展開を見ることによって、教養とその代用との関わりを具体的な過程として浮かび上がらせたと言うことはできよう。私はもとより音楽だけの問題を考えるつもりではなく、この領域で典型的な形で読み取れるものを取り出そうとしていた。むしろ、音楽だけの問題では片づけられないことこそが重要だと考えているのである。音楽の領域で確認できたことは、捉えがたいものを、把握不可能なままで、強力に守る仕組みであった。

音楽の領域で見たような、たとえば文筆活動は、音楽以外の領域にも見られたし、またドイツだけの現象でもない。しかし、音楽がその芸術性を主張したときに取り上げられた器楽の純粋性や絶対音楽の理念と、それを中心にした音楽活動が、好都合な考察対象であることは否めない。ここで解読してきたことは、テクストを持つ音楽にも言えることであり、また他の芸術でも――言語を使用する詩においても――主張できる。

そして、音楽（あるいは他の芸術）という不可侵の本来性を守る語りの様式化と体系化によって、音楽論および芸術論のネットワークの閉鎖性も理解することができる。これが近代的芸術観の重要な特徴である「自律性」の構造である。特に奥義的な語りの様式を築いた音楽は、「素人」――本論の文脈に沿って言えば「無教養人」――を容易には寄せつけないような自己運動を起こしていた。よく知られた芸術の自律性は、単に芸術が自律的なものと信じられてきたというよりは、そのものにアプローチするための分厚い様式の体系によって実際にも保護されてきた。音楽学や芸術学は、そうした様式の秘儀を忠実に守る制度として機能していたと言えよう。

3　音楽の価値

本節では、音楽とそれについての無効な語りとの関係が、相互依存的に価値を高め合い、維持し合う構造を分析してきたが、注意しておかなければならないのは、ここで保証されることになった価値は、まずは抽象的理念としての「音楽」であり、実際に音響として知覚される個々の音楽作品すべてではないという点である。抽象的な「音楽」が不可侵に護られる一方で、そこに属することが認められる音楽とそうでない音楽は、時に厳格に、時に曖昧に、分けられてきた。第三章でたどったバッハの評価過程は、ある作品と作者が選ばれる文脈に、音楽以外の要素が大きな役割を果たしていたことを例証するものであった。無数にある作品の中で、ある作品群だけが特別に優れているという「傑作」の称号を与えることは、芸術におけるキャノン＝正典の形成であるが、それが純粋に音楽作品内在的な価値によるものだという考えは幻想に過ぎない。それが幻想であることは、キャノン形成の歴史的過程を見れば分かるであろう。

しかし、それでもなお作品内在的な価値を諦めさせない要因は確かにある。それが、形式理論であり、作者論なのである。もちろん、作曲技法の歴史に注目した場合に、新しい手法の開拓が一つの価値になり得ることは私も否定しない。ただし、一九世紀以降の音楽学は作曲技術論だけで築かれてきたのではないし、技術的な新しさのみに価値を認める姿勢に反対するのは、むしろ音楽学者当人であろう。技術の次元以外の価値を保持せざるを得ない傾向は、やはり音楽を語る特権的様式としての作者論の影響であり、特に作者の人間性志向の影響である。技術的な革新性以外の価値を求めた瞬間に、音楽の価値は捉えどころのない次元をさまようことになるが、その事態を収拾するのは、やはり教養理念を色濃く反映した作者の人格論なのである。最終的には、作者の何か素晴らしい精神性の投射であるがゆえにその作品の価値が認められるのなら、現在の音楽観も立派に一九世紀的教養を継承していると言えよう。

第5節　音楽への信頼

一九世紀前半における音楽観の転換がなしたことは何だったのだろうか。本章では、この時期にようやく音楽 Musik が音楽芸術 Tonkunst となり、しかも芸術の頂点として器楽を掲げるという企てをも見てきた。「器楽」を最も純粋の芸術を見なすための切り札は、当時の人々の発言に繰り返し登場する「表現し得ないもの」「名状しがたいもの」という、新たに注目された特質である。日常言語をいかに尽くしても説明したり表現したりすることのできないものを、言語を介さない器楽は表現できるのだと、だからこそ最も純粋なのだという価値観である。その純粋性を端的に示す一つの結晶が絶対音楽という極端な器楽理念であった。ここに音楽と言語の新しい関係を確認することができる。

しかし本章第1節で述べたように、まさにこの時期に音楽ジャーナリズムは盛んになった。様々な音楽書や新聞・雑誌における音楽批評や報告、または各種学校での音楽の授業はすなわち、音楽について「語る」行為の制度であった。音楽の本質をその「表現しがたさ・説明しがたさ・筆舌に尽くせないもの」の表現に据えてゆく一方で、音楽を語る場がこれほど多岐に発展し普及したという矛盾を、我々は慎重に吟味しなければならない。これを、ドイツ全体を見れば絶対音楽の理念は普及していなかったためだという説明で済ませることはできない。ここで問題にしているのは、「絶対音楽」の理念そのものの普及度に限ったことではなく、器楽に新たな特質を見出したという事実であり、それなくしては諸芸術における音楽の覇権争いもあり得なかったからである。真面目な音楽と娯楽音楽の区別が広く知られるようになったように、音楽は、ともすれば低俗な快楽、堕落の領域に振り分けられる危険性を常に抱えてきた。この時期の音楽の価値は、何よりも器楽の賞揚によって全体に引き上げられたと考える必要があろう。

絶対音楽の理念に象徴されるように、日常言語による解説や標題やテクストに一切依らない器楽が、音楽のある種の理念型であるならば、それについていかなる形にせよ「語る」ことは、すでに純粋な音楽からは隔たっている。音響によってしか存在しないものを、日常言語で語ることは、それ自体、代替手段による接近ということになる。にもかかわらず、当時の批評家たち、特にロマン主義者たちは、語り得ないものの直接表現あるはずの器楽について、雄弁に語り続けた。

日常言語では決して到達できないところに音楽芸術を置くという手続きを経た上で、代替手段である言語表現によって語るというこれらの行為は、音楽の奥深さや感動をできるだけ誠実に伝達しようと努めながら、しかし決して音楽そのものに到達することはできないことを証明している。言い換えれば、できるだけ正確に綴ることによって音楽そのものへ近づこうとしながら、まさにその近づこうとする行為によって到達することができないという遠さを、逆説的に疑いないものにしているのである。そしてこの到達不可能性は、そのまま音楽の価値につながる。つまりは、代替手段の無効性を証明することによって、「本物」たる音楽の価値がより高まるという構造が出来上がっているわけだが、しかしながら逆に、音楽そのもの、音響そのものが、こうした代替手段の失敗の積み重ねという事実によってこそ支えられているという共存関係を見落とすべきではない。日常言語によっては代用されないのであれば、言語による解説など無効なものとして消滅する――それがあり得たもう一つの可能性であろう。しかし、音楽をめぐる現象はそうは動かなかった。それは、代替手段による失敗という営みがなければ、音楽自体の価値と存在すらも保証されないという関係にあったためだと説明できよう。そして、言葉を尽くして音楽を語る行為が――その接近方法は失敗することを運命づけられているわけだが――繰り返されればされるほど、いかなる方法を用いても音楽を語ることはできないと、音楽そのものに近づくことはできないという確認が強化される。このように考えるとき、当時の音楽ジャーナリズムの発展は、むしろ必然的な展開とも考えられる。むろん、当事者の多くは、音楽とその感動の素晴らしさを、あるいは批判を、個々人の感じるままに率直に述べていたであろう。しかしその行為の中には、音楽は語りつくせないという価値観とその効果が仕組まれていたということに注目すべきである。そして音楽ジャーナリズムの発展が、量的な差はあれ、ドイツ以外にも見出されたという点に関して言えば、一九世紀前半のドイツが、音楽(器楽)を「語り得ない」ものの表現として位置づけるという手続きを明示的に踏んでいたことが重要な相違点として挙げられる。それによって、音楽についてのすべての「語り」は無効であることが共通に了解されているのである。

このような解釈をするときに私が想定しているのは、ロマン主義的な音楽批評だけではない。同じ時期に音楽雑誌で繰り広げられていた種々の音楽形式論、とりわけソナタ形式論と対位法論、さらには一九世紀後半に整備される音楽学的知識をも、この「語り」の営みに含めて考えることができる。これらの形式的な音楽論には、主観的言語による語りとは異なる方法で音楽を、特に器楽を把握しようという企図がある。日常言語ではない形態で、したがって日常言語より高次の語りとして、音楽言語あるいは音楽語法を理論として構築していった。だがそれらも、厳格なソナタ形式の通りに書かれているソナタ作品などないと言われるように、音楽を把握するための一つのアプローチ方法に過ぎない。

ところで第三章で述べたように、音楽の教養については「直接体験」が強調されていたのであった。娯楽としてではなく、教養として音楽を聴くということは、市民性の体現者たる天才の人間性が結晶化した作品に直接触れ、そして個々の内面の中に望ましい感情を抱くということとされたのである。ここに、音楽は語り得ないものであるという言語化の無効性を合わせて考えてみれば、音楽の教養にとって「直接」聴く行為はますます重要なものであることが明らかになる。語りという代用、つまりは間接的なもののすべてが副次的なものと見なされる以上、直接の聴取行為は不可欠である。「何か価値あるもの」を人間に伝える音楽芸術は、媒介な

しに直接触れるもの以外ではあり得ないのである。(22)

だが、その直接体験は、何よりも共同の鑑賞と鑑賞作法によって保証されるものであった——そうした保証を作らざるを得なかったと言うべきであろう。厳格な作法が成立したこと自体が、それなしでは直接体験が成り立たなかったことを露呈させている。

直接性が音楽の教養の第一とされる一方で、間接的な行為とも言える音楽の言語化は序列化と複雑化によって音楽という理念の価値を高めた。ここには同じ型の運動を見出すことができる。すなわち、核心たる何かへと近づくために代替手段の駆使を繰り返すことである。こうした代用に次ぐ代用によって、「埋められないこと」が強烈に浮かび上がってくる一方で、その核心にあるべき音楽は不可侵のままに守られ続ける。音楽についての語りが増殖すればするほど、音楽の何らかの価値に対する信頼は強化されることになるのである。

第五章　音楽が暴く教養の正体

第1節　音楽と教養

ここまでは教養、市民性、音楽芸術に照準して分析し、それぞれの領域で同型の現象を確認することができた。本章では、これまで見てきた領域の底辺に共通に貫かれていたものは何だったのかを明らかにする。そのために改めて、教養と音楽との本質的な関係を確認しておきたい。その関係はもはや「教養をめぐる活動の一つが音楽」という理解で済まされるものではない。教養の不明瞭さは音楽領域を分析することによって明らかになり、そして当時生成された音楽観も教養の論理によって説明できるのである。ここで見直される教養と音楽の関係は、そのまま従来の音楽史の再解釈ともなるだろう。

(i) キャノンと人格

序章で述べたように、音楽社会学的な課題の中で特に重視されるべきものと私が考えたのは、キャノンと呼ばれる「偉大な作品群」の問題であった。音楽やその他の芸術を、社会から独立した自律的世界と見なし、研究においてもその内的世界の解明こそが本領だと考える傾向は、時代や地域を越えて永続的に鑑賞され賞賛される価値を持つとされる傑作すなわちキャノン作品群への信頼によっても成り立ってきた。芸術が自律的な世界を持つのは、現に過去の作品がその輝きを失わずに目の前に在るという事実によって証明されてきたわけである。しかしそうした芸術観に対して、本研究はそのキャノン作品群そのものがどのような経緯で構築されたのかを明るみに出すことによって、その作品の「永続性」を支える「内在的価値」の不確かさを示した。その顕著な例として挙げたのは、J・S・バッハの一九世紀における復興運動である。

一八世紀の死後、一度はその名声も伝承も途絶えたはずのバッハが一九世紀に改めて注目されたとき、重要な役割を果たしたのは、バッハの人生、人間性を紹介する伝記であり、そうした作曲家像についての語りは、一九世紀の音楽ジャーナリズムにおいても、音楽学のオーソドックスな研究態度としても、不可欠な分野を形成することとなった。バッハの勤勉で誠実な性格が強調され続け、市民的な生活者としての側面が二〇世紀半ばになってもなお繰り返されたことには、作曲家が市民層にとって重要なシンボルであったこと、すなわち決して定義され得ない市民性の具現者として祭り上げられたという事情が潜んでいた。音楽学というディシプリンが制度として確立し、音楽自体について語る方法が制度化されてもなお、そこには教養思想との密接な関わりがあったことをここに確認することができる。音楽を語るときに、市民性の具体的な内容、すなわちある理想的な教養人像を併せて語るというスタイルはずっと保たれてきたのである。抽象的でしかない市民性を、具体的な芸術家像を通してその都度確認することは、ドイツ人にとっては市民というものを理解し、また市民であろうとするための重要な手段であった。

市民性の問題が深く関わっていたことを確認してこそ、音楽作品とは単なる音響でも様々な技法の試行でもなく、高い教養段階に達し得た偉大な芸術家たちの人間性の結晶と見なされるという、お馴染みの思考法の意味を問い直せる。そしておそらくは、それが、自然に対する美的体験と芸術作品に対する美的体験との違いとして暗黙のうちに了解されている点であろう。楽曲分析の方法が専門的になる一方で、作品の技法上の価値が見出されるだけではなく、人文主義的な価値が付加されることになり、作者の人間性が語られるようになった。芸術的な音楽作品とは、技術的に高度であったり革新的であったりするからではなく、そこに高い精神性が備わっているからこそ素晴らしいものであると考えられるようになるのである。

もっとも、すでに一九世紀の教養思想の中で、ギリシアの古典に触れる意義は古代ギリシア人たちの高い精神性を学ぶことにあると考えられていたことからすれば、ある作品に人間性の結晶を見ようとする態度はこの時期の教養思想から新しく生み出された芸術観とは言えないかもしれない。しかし、私がこの時期に見出す重要性は、それまでは作者が明らかな作品も作者不明の作品も、特段の区別なく評価されていたのに対して、この時期には作者名が決定的に重視されるようになったという変化である。作品は、それ自体として、単体として評価されるのではなく、作者像に対する評価に基づいて分類され評価されることになったと言うべきであろう。全集出版の学術性の根本にも関わる真贋問題は、「その作者に帰属すること」がいかに重要かを物語っている。どのように小さな断片であっても、それが「大作曲家」の作だと判定されれば世界中が注目し、以前はその作者のものと考えられていた作品が偽作だと分かれば、その痕跡は報告書に残されるにしても正規のリストから外されるという現状は、人々が作品に目を向ける基準が、個々の作品ではなく作者という単位にあることを示しているわけだが、作者へのシフト過程を明示的に見せたのが一九世紀であった。それを顕著に物語るのが、全集出版事業とそのための資料研究の方法である。

個々の作品というよりも、作者を単位として芸術的評価の目を向けるようになったことを示す明白な例が、芸術家の伝記的記述だが、その伝記の中で強調されるのは、市民的な生活と性格の理想的な型であった。市民性の具現者という役割を、他でもなく芸術家——今日的に言えば「文化人」という表現になろう——にあてがった一九世紀の経緯は、音楽社会学的関心の核心とも言えるキャノン形成の解明にも寄与しうる。

キャノンすなわち「偉大な作品群」の問題は、従来の「巨匠」至上主義的な文学・芸術学・音楽学に対するアンチテーゼとして注目されるようになったが、最近では特にフェミニスト批評の領域からの取り組みが目立っている。過去には無数の作品が存在していたにもかかわらず――しかもそれらが当時は評価されていたにもかかわらず――、現在ではある作品群だけに正統性が認められて「傑作」と見なされ、それ以外は二流の作品としてしか扱われないという芸術関係の諸ディシプリンに共通の価値観に異議を申し立てるのは、過去に活躍した女性作家の発掘と評価を求めるフェミニストたちである。本研究は、キャノン形成問題についてジェンダーを変数とする分析を試みてはいないが、しかしキャノンの問題化そのものは共有している。

本書で論じてきたように、作品の価値が作者の人間的価値に結びつけられる奇妙さを明らかにしてみると、キャノンの成立にも疑問を投げかけることができる。偉大な芸術作品に対しては、それらが高い芸術的価値を備えているからだという、同語反復的な回答は[1]、たとえば本研究が対象にしてきた一九世紀の事情を注意深く見ていけば、途端に説得力を失ってしまう。現在では名も知られず、専門家の間では一笑に付される程度のシュナイダーの作品が一九世紀にはいかに評価を得ていたか、そしてバッハの復興には音楽そのものよりも伝記的要素の普及が大きな役割を担っていたことが明らかになると、キャノンの作品内在的な力は、それがもしあるとしても、説明力を失ってしまう。

そのキャノン問題を解明するための最適な事例として挙げたバッハがいかに受容され、国民的英雄として、また天才として祭り上げられていったかを確かめてみれば、そこにはやはり市民性という、人間の道徳的価値とでも言うべき要素が多分に盛り込まれていた。バッハという「偉大な作曲家」にしても、その地位は音楽学者たちが信じているように音楽の内在的価値に基づくものというよりは、市民性ゆえの価値が基準となっていたことを本書は明らかにした。したがって、キャノン＝「偉大な作品群」あるいは「傑作であることが公認されている作品群」は、より正確に言えば「偉大と見なされた作家の作品群」とすべきであろう。キャノンもまた、個々の作品を単位として成立しているのではなく、まずは作家の名を単位としていること、すなわちキャノンの人格性には、もっと注意が払われるべきである。(2)

(ii) 天　才

作品を通して作者の人間性に注目する行為の延長に天才の概念がある。本研究は、一九世紀の天才概念についても従来とは異なる視角から、すなわち教養市民層の問題から再考した。

先に述べたように、作品とは、作者の人間性の結晶と見なされたのであり、人々にとって重要なのはその人間性すなわち市民的な在り方の具体像であった。数ある作者たちの中でも、天才と目される特別な芸術家こそは、市民性のシンボルであり、それは記念碑という形で可視化されることもあった。

そもそも教養や市民性が具体的なヴィジョンを与えられなかったのは、教養理念の核心に埋め込まれた終わりなく続く自己修養過程という考え方のゆえ、というのが私の解釈である。最終目標は具体的には与えられず、ただ何か高みに向かって個々人が努力し続けることが教養であった。そのために、誰もがその過程の最中にあり、誰もが最終的なゴールには達しておらず、誰もが具体的な市民性を体現し得ない。その寄る辺無さに一つの足場を与える役割を果たしたのが「市民的天才」だったと考えられる。一九世紀におけるこの天才観は、従来、近代の天才概念として一般的に想起されてきたカント的な見解とは異なっており、このような市民的な天才観がドイツではしばしば強調されてきたことにも、本書は注意を促した。このことが教養と天才観とのつながりを示しているためである。

自己修養の過程を終えた具体的な市民性の像は、現存する人間に対してではなく、故人の芸術家に映し出された。市民性の完全な体現者たる天才は、人々には到達不可能でなければならない。市民性の具現としてモデルを立てる際には、過去の作曲者のみがその到達不可能性を体現し得た。そして循環的に、故人ゆえに現世の誰もが到達できないからこそ、その作曲家は絶対的な天才として崇められるという構造が出来上がるのである。本書におけるこのような解釈は、一九世紀に音楽界において過去の作曲家が次々に崇められていった現象の解明につながる。この時期の音楽界を分析した結果得られる重要な知見の一つは、故人の天才化という社会的な操作である。そしてそれは教養理念から内在的に引き出される帰結でもあった。

音楽史の上ではよく知られているように、一九世紀に過去の音楽を演奏する慣習が一般化した。この慣習が一般化した背景については、従来の音楽学でも様々に議論されてはきたものの、それを市民的天才の成立の問題として扱ったものはなかった。過去の音楽が復興された現象については、単にロマン主義的な憧れやブームの問題で済ませることも不十分であるし、同様に、聴衆が美的に目覚めて質の良い過去の音楽を求め始めたというような説明にも説得力がない。天才がどのように語られているかを考察してこそ、そこにどのような意味づけが行われていたのかを読み取ることができるのである。

(iii) 音楽の聴き方

音楽界における作曲家像の重要視、天才像、過去の作曲家と作品の復興といった一九世紀前半の音楽事情は、教養と市民性の問題と不可分だったわけだが、それは音楽を語る人々に関わるものだったのではなく、聴く人々の慣習にも大きな影響を与えた。それはたとえば音楽会におけるプログラム編成と聴取態度の変化である。これまでも、音楽史的研究でしばしば聴衆は問題化されてきた。プログラム編成に徐々に統一性やコンセプトが持ち込まれるようになったこと、人気のヴィルトゥオーゾによる名人芸コンサートとは区別されるコンサートが生まれたこと、音楽を聴く聴衆の態度が議論されるようになったことなどは、すでに知られている現象である。これらの音楽界の出来事に対しても、本研究は教養の視角から新たな解釈をした。

私が特に注目した点は、まじめな聴取態度が要求される「歴史的コンサート」と、作曲家―聴衆の関係である。歴史的コンサートとはつまり過去の音楽を演奏するというコンセプトの音楽会であり、そこでは作曲者はすでに亡く、不在でありながら絶対者として存在する。作曲家が――もちろん市民性のシンボルとしてであるが――現世の誰もが到達できないという絶対者の地位を獲得する一方で、コンサートホールの座席にはそれまでの階級社会を直接的に反映するような構造が崩されていった。平等化された聴衆には、作品に専心することが要求され、専心して聴くための手続きと構造が出来上がった。聴取の「作法」を厳守するその場は、作曲家の人間性を直接に感じ取り、同時に聴衆自身が教養を身につける場だったのであり、それは音楽の教養の「儀式」だったと言ってもよいだろう。それは市民的振舞いを実践することによって市民であろうとした人々にとって必要なものだったのである。さらに、キャノン作品群の偉大さは、こうした聴取作法による儀式によっても支えられていたと考えられる。

(iv) 音楽の自律化

序章で述べたように、音楽社会学をめぐる議論においてはほとんど常に音楽芸術の自律性という神話を打破する必要性が唱えられ、呼びかけられたが、しかしそのたびに、現実的には西洋のクラシック音楽作品を扱うスキルという高い壁が音楽学のテリトリーを守ってきた。しかし音楽芸術の自律性とは、単に美学者たちの直接的な主張によってのみ支えられていたのではない。本書で取り上げたのは、美学者たちの芸術信仰の内容ではなく、音楽芸術を理解すると称して彼らが唱えた方法論の方である。

一九世紀初頭においては、音楽は多くの人に感情的に訴えかける教養の重要な要素として、まだ身近で近づきやすいものだったと言えるのだが、一八三〇年代にもなると、音楽そのものに近づくための道筋が徐々に高度化し整備されるようになった。音楽を聴く「正しい」態度とはどのようなものか、どのように聴けば音楽を「真に」理解し得るのか、という内容の議論が、愛好家向けの雑誌で繰り返されていたのである。音楽学という形でまだ制度的に専門家が誕生していない時期に、音楽についてのある語りや態度は正統なものとして特権化され、別の語りや態度は好ましくないものとされるとともに、音楽を理解し得る「教養段階」にまだ達していない者でも、地道な努力によっていつかは到達できるというシナリオの形で、音楽の教養の過程が序列化された。この道筋が作られたときに、人々は音楽を聴く権利は理念上同等に与えられたとしても、その内容を理解する教養の程度は同じではないという実質的な差別化がはかられることとなった。より正統な理解ができる者とは、音楽形式についての知識を備えている者であり、その中でも大規模な器楽ジャンルを支えるソナタ形式や対位法の技法について精通している者のことであった。音楽を理解したいと思う者は、ただ音楽の音響そのものを聴いていればよいのではなく、楽譜を読めるのはもちろんのこと、まずその形式についての知識、言わば音楽リテラシーを習得しなければならないのである。

こうして、ジャーナリズムの中で醸造された語りの序列は、その最上位に位置する人々とその語りの様式を大学という場に移すことによって、制度化されることとなった。音楽理解の特権者に与えられた名称が音楽学である。その時点で、それまで音楽についての言論を主導してきたジャーナリズムは、音楽学者の世界に対して、ディレッタントの世界として格下げされることとなり、音楽学は専門家の中で術語を精緻化していった。しかしこのディレッタントのジャーナリズムがあったからこそ、音楽学は過剰に学問的な志向性を強めたとも考えられよう。音楽を正統に理解できる高位の教養人として自らを差異化しうるのは、音楽形式についての専門的知識と専門用語という指標によってである。高度な専門知識を使用せずに音楽を語ることは、ディレッタントでもできるのである。音楽学の専門書や論文は、作品分析中心となり、それ以外のものは後景に追いやられる。一九世紀後半をかけて音楽学者たちが取り組んだバッハ全集の刊行においても、その楽譜の形態をピアノ伴奏版ではなく総譜にしたことには、専門家志向であり、また日常的な使用ではなく後世に残すべき遺産としての価値を重視した志が窺える。

以上が、本書における分析だが、これは単に芸術の自律性が、思想としてのみ存在していたのではなく、学問的志向性によって実質的に守られてきたことを、当時の記述から明らかにしたものである。

（v）純粋な音楽

ここに結論として整理した諸点は、当時の教養理念と音楽活動がいかに内在的な関係を持っていたかを示すものだが、音楽の具体的な現象を分析することによって見えてくる特質は、極端なまでの抽象性の保持と、その代替としての具体的活動だと言える。それを当時生成された音楽観が如実に物語っている。一九世紀のドイツにおいて新たに注目されたのは、最も純粋な音楽としての器楽であった。このときはじめて音楽は他の芸術ジャンルに対して、独自の価値を獲得し得た。器楽をその典型として掲げる音楽は、言語によっては到達も達成もできない何かとして捉え直されることとなり、そのことは当時の記述に幾度となく登場する「名状し得ないもの、語り得ないもの」という表現に表される。音楽とは決して語りつくすことのできないものであり、言い換えれば、その音響以外の方法ではたどり着けない、到達不可能なものであった。しかし音楽が言語によっては把握できないものだと認識されるようになった時期に、音楽についての代用としての語りは量産されることとなる。音楽の語りが無効化されたときに生じたその活動は同時に、音楽が本当に語りつくせないものであることを保証する役割を果たした。

　このような音楽観の分析は、具体的な定義を拒み続ける教養の論理の解明に役立つ。語り得ない音楽と、代用としての語りの量産とが相互にもたらした帰結は、教養理念にどのような意味が潜んでいたのかという問題点を最も明瞭に映し出す。音楽の諸現象から明らかになったのは、理念自体がいかに価値を保ち、聖域化されるかという点であり、そのメカニズムを、教養理念にも同じように当てはめることができるのである。

第2節　教養がドイツ市民社会にもたらしたもの

1　市民層と市民化

本書で対象としてきたのは、厳密な階層区分が不可能であるにせよ、当時の社会において一般的に市民と見なされていた層の人々の活動であった。中等教育から大学への進学、そしてその後の資格取得の意味を考察し、あるいは公務員という定職に就きながらも余暇を教養サークルに充てていたこと、そうした生活の様式が「市民的」なものとして捉え得ることを述べ、彼らが綴った音楽の観念がどのような意味を持っていたかを論じてきた。これらは、そもそも市民たろうとするための活動でもあったわけである。このことを踏まえれば、そうした市民的な活動を「ドイツ」の問題に、とりわけドイツのアイデンティティの問題に結びつけることに対しては、疑問が生じるかもしれない。社会のある集団の自意識が、ドイツという、カテゴリーとしては国や民族につながっていく概念と直接結びつくわけではないからである。一九世紀について言えば、貴族と、そして地方の農民、都市の労働者が、少なくとも「市民」ではないグループとして存在していた。その中にあって、本書が見てきた市民層、特にその上層である教養市民層の活動と価値観が、いかにして「ドイツ」的なものという一般性を獲得し得るのかという点にも言及しておかなければならない。

市民的な価値観がそれ以外の階層にも分け持たれたのか否か、という点については、たとえばエリアスが「市民的なものの多くがドイツの国民的なものになった」と述べているように、「ドイツ的なもの」は一九世紀において市民層によって培われた特性によって語られることが多い。また、バウジンガーはそうした傾向を歴史学的に明らかにしつつ、それを「市民化」という概念で捉えている。ドイツにおいてはしばしば市民性とドイツ性とを互換的に語る傾向があり、また多くの場合、市民的な価値観がドイツの国民的な性格にまで広まったと考える傾向があるのだが、一つの階層に結びついていた特徴が、国民や民族の特徴として語られるとすれば、それはいかにしてかを考える必要がある。

第一章で論じた通り、そもそもは、教養の理念は市民が市民であることを証明し、自身で確信するために一八世紀末から注目されたものであった。そして、そうでもしなければ、市民というカテゴリーを定義することができなかったというドイツ特有の状況があった。後世の歴史家が力を尽くしてこの階層の実体を把握しようとしても、結局客観的などのような条件によっても定義することができなかった市民という集団は、当時の社会意識において確かに存在することが認知されてはいても、その拠り所が不安定な集団であった。だからこそ、市民的な生活習慣や価値観が、そのまま市民であることの証として見なされたのであり、あるいはそれが資格という形で証明されることになったのである。厳密な定義づけが不可能であるにせよ、大学教育を受けて資格を取り、公務員になるという、紛れもなく市民であることが自他共に認められる人々を、「客観的な、実体としての市民」とするならば、「市民性」として付与された様々な特性は、その実体的市民の間に確かに普及したのであり、その中でアイデンティティとして機能していたと言える。しかし重要なのは、紛れもなく市民であることが保証されない、曖昧なポジションの人々がいたからこそ、このような市民性・市民的生活・市民的価値観が強調されたという点である。確定が可能なら、はじめからこのような形での市民であることの証明をする必要はなかったであろう。市民性は、境界の不確定な人々にこそ足がかりを提供する重要な意識だったのである。具体的な市民性の特徴の数々を生み出したのは、なるほど、アカデミカーとして客観的に定義できる教養市民層というエリートであったかもしれない。しかし、それは何かによって定義されない市民層——場合によっては、教養市民層自身も含み得るような——にとって有効なものでなければならなかった。

教養市民層が作り出した諸価値観を、上層から下層へと広まったとする考えは安易であるし、例えば差異化の論理で徐々に労働者層にも広まったとは言えても、階層としては上位にあたる貴族にも共有され得たことを説明できない。

この問題に取り組むためには、やはりもう一度、ドイツの市民が置かれていた歴史的状況を想起してみる必要がある。第一章で述べたように、一八世紀末にはすでに、ドイツにおいて「市民」とは明確に定義できるものではなくなっていた。結局のところ貴族と農民の中間に配置された「残余」としてしか表せない集団名となっていたのだった。私が注目したい核心部分は、この中間性あるいは残余というポジションにある。その中間性ゆえに当時の市民とは、積極的に明確な形で定義することのできない理念だったと考えることができるのであり、つまり、市民もまた、何らかの代用物で表してみせるしかないものだったわけである。教養の理念と同様、市民という理念もまた、貴族や農民又は労働者という外的要素によって外枠を定めるほかはなく、その意味で非規定的な概念であった。

その市民の内実を模索しようとして生み出されたものが、教養や文化などの理念であり、そして市民であることを証明するはずの市民性概念であった。本書で考察してきたように、市民たろうとした諸々の運動から、規定されない市民理念そのものが充填されるのを待ち、同時にどんな充填をも無効化してきた構造を同じように発見することができる。市民もまた、明確な規定ができないもの、非規定的であるからこそ価値あるものとして置き直された。むしろ、外的条件によって明確に規定できる身分に意義は見出されず、したがって、そうした条件で定義づけられる貴族や農民という身分の価値を貶める一方で、規定も把握もできないからこそ「市民」というものに価値が認められることになる――これは、本研究の教養や文化、市民性や音楽という理念の検討の結果を踏まえてこそ主張できることである。そこには一つの社会的な中間階層を表す概念としての市民は消え去り、それとは別の次元に抽象的に思い描かれた「市民」という理念が生み出されていたと言える。「市民性」という代用の理念によってその存在を証明しようとした「市民」は、市民性と同じ論理を抱えるものとなり、その時点で、現実の社会階層を指示する概念ではなくなっていたのである。つまり、社会の上位から下位を層別するための識別機能をもつ、階層概念としての市民とは異なる、理念としての「市民」が思い描かれていたことになるのである。実体としての市民の階層概念が実際に存続していたにしても、それはもはや社会において第一義的に重要なものとは見なされない。「市民」が階層カテゴリーとは別の意味を持っていたことに目を向ける必要がある。市民性や市民文化の階層超越的な普及(市民化)はそれゆえ、階層カテゴリーで呼ばれる現実の市民たちの行為にあてはまったとしても、目指される「市民」理念は常に実体とは別の水準に置かれていたのであり、それは実体としての市民によっては決して充塡され得ないものなのである。

抽象次元での「市民」は、市民性や教養理念と同様、実体として確定できないものであり、それは市民性という、失敗に終わる代用で逆照射されざるを得ないものであった。市民とは何かは常に問い続けなければならないものであり、そして、埋められないがゆえの独特の価値をも獲得することとなった。

市民性や教養の理念と同じように、市民が階層を識別する記号としての意味を失うと、それと共に、可視的指標である貴族や農民、労働者という身分名称が無効化されてしまう。確定できないからこそ価値ある「市民」という理念の一方で、外的条件によって確定できる貴族は、まさにそれゆえに価値の低い概念となる。実際には社会で名誉ある地位に就き、政治経済での実権をまだ握っていたとしても、貴族という称号への不信は完全には拭えないものとなるのである。貴族の称号だけにすがることに危機感を与えることになったのが、市民理念の効果と言えよう。つまり、一九世紀の市民理念は、身分を表す機能を実質的には放棄し、抽象的な理念として置かれることによって、他の身分記号を超越したと言ってもよい。市民であること、それを表すはずの市民性が、もはや現実の階層を表す記号とは別の次元で成立する以上、これらの概念は、何らかの実体としての市民にのみ関わるものではなくなる。貴族でも農民でも——たとえば大学を出て官僚になることによって市民性を纏うという形で——市民的であることはできることになる。逆に言えば、貴族にその称号の不信を与えて、市民的な価値観に追従するよう強制することにもなり得た。そして、身分規定からは排除されていた女性もまた、市民的であることができた。この市民という理念は、むしろ有無を言わせずに他の階層や集団を巻き込む構造を持っていた。

ドイツの市民についてこのように考察すると、序章で述べたドイツの市民層問題に一つの見通しを与えることができる。ビーレフェルト学派に至るまでのドイツ市民層研究および教養市民層研究は、特にドイツの市民層が特定困難であることを認めざるを得なかった。そのために、実体の暫定的な特定すら留保して市民的な文化に注目するという態度がビーレフェルト学派の新しいアプローチであった。しかし、実体の特定化を保留することの意味は、単に特定ができないからという消極的なものではない。むしろ理念としての「市民」への信頼が、外的指標による市民の特定を無効化してきたのであり、同時に市民的であろうとする様々な運動の効果として「市民」が成立していたと言うことができる。そして、他国以上に市民の特定が困難であるにもかかわらず、しかし市民層全体を問題化する傾向が特にドイツには強かったとするコッカの主張も、この点から理解できよう。ドイツにおいては階層としてではなく、理念として市民であることが重要な意味を持っていたのであり、ドイツの歴史家自身も、その運動の中で市民とは何かの問いを繰り返してきたとも考えられる。

2　逆説としての本質化

本書は、一九世紀にドイツにおいて掲げられたいくつかの理念を分析し、それらの理念をめぐってはほぼ同じ運動が展開していることを論証してきた。それらに共通しているのは、教養理念に埋め込まれた論理である。自己証明の手段を持たなかった中間集団としての市民にとって、自分たちの位置を保証し得るものとして採用した教養の理念の意味は、その内容が非規定的なものとして設定された点にある。「市民」たろうとする人々にとって教養とは、終わりのない自己修養過程であり、到達不可能なものであり、何によっても規定されない、把握されないものであり、どんな資格や定義によっても埋めつくされることのないものであった。その非規定性とは、あらゆる定義を拒否し、現状を永遠に否認し、常に何か別の本来的なものを置くことによって成立する。

非規定的であるからこそ――つまりそれ自体に直接到達することはできないからこそ、そこに近づく過程が重要なものとされる。終わりのない修養過程を歩むことこそが、市民としての証だからである。教養とは、ある最終目標に到達することではなく、ひたすらそこに近づくための努力過程であった。目標には決してたどり着けないからこそ、教養段階という形で設けられたステップを歩むことが、修養過程を実践していることの証となるのである。

本書では、未知の中心に近づく教養段階についての論述を、最も顕著な形で現象した音楽芸術についての言説を扱うことによって行なった。言語では決してそのものに到達することができないとされた音楽、とりわけ器楽は、これもまた非規定な理念の究極的な例を示していた。音楽についての語りはすべてが副次的な代用物に過ぎなかったが、そこには教養段階の高低という形で、音楽そのものに至る道に序列が設けられていた。音楽を語る者も、聴く者も、演奏する者も、より高い段階へ歩んでいくことが望まれる――それが教養を目指す市民の証なのである。音楽のジャーナリズムが活性化した一九世紀前半も、そしてそれ以降も、音楽についての語りは音楽そのものへの近さすなわち教養段階を競って量産された。その競争は言語活動にとどまらず、音楽会場で暗黙に要請される聴取作法を身につけているか否かによっても展開されることになった。語り得ないものとして、決して到達できないものとして見なされた音楽は、あるはずの核心とそこへ近づくための教養の実践活動をきわめて明瞭な形で表している対象だと言うことができる。音楽をめぐって確認できた活動は、教養理念をめぐって展開していた現象を最も端的に顕在させているのであり、つまりは、音楽の現象を見ることによって、教養理念に何が埋め込まれていたのかを読み取ることができる。

音楽とは、それ以外の何によっても表現し得ないし、どれほど言葉を尽くしても埋めることができないものとされた時点で、音楽について語ることは成就の望みのない無効な言説実践となる。その実践はただ教養の証明として必要なものであるはずであった。しかしそれが量産されたこと自体の効果を改めて考えるべきだろう。音楽を語る行為がどれほど重ねられようと、そこにどんな序列が設けられようと、それらの語りは決して音楽そのものには成り代われない。そのものに到達することはできない。予め到達不可能なものとして据えられた音楽は、到達し得ない語りが増えることによって、実際に語り得ない、到達不可能なものであることが証明されるのである。どれほど多くの語りをもってしても、音楽そのものに近づくことはできず、そして近づくための方法がどれほど精緻化されようとも、音楽そのものを捉えることはできない、という事実が語りの実践の結果としてはね返ってくる。音楽は決して言語で捉えることはできないというリアルな実感が、結果としてもたらされるのであり、無効化された語りの量産が、音楽の「遠さ」を証明することになるのである。近づく努力をすればするほど、遠さすなわち到達不可能性が明らかになるのである。そして、どんなに近づいても到達できない音楽は、それゆえに唯一絶対のものとして、不可侵のものとして、特別な価値を獲得することになる。無効な語りを量産し続けることが、それ自体で音楽の理念そのものの絶対化を招くのである。不可侵で絶対的とはすなわち、そもそもその理念自体を疑うことがあり得ないということ、疑う可能性ははじめから除外されているということである。

ここで私が言っていることは、市民たろうとする教養の過程を確認しようと努め続けることが、その中心にある理念の埋めつくせなさ、到達し得なさを逆説的に立証してしまうというメカニズムである。代用物による到達を試みれば試みるほど、たどり着けない理念そのものが、絶対的なものとして押し上げられるという帰結、そしてその理念もまた、その到達の試みなしには存続しえないという帰結である。この構造を、本書では第三章において、不在の作曲家と聴取作法に従う聴衆との関係を分析することによっても明らかにした。当初は漠然とした「何か目指されるべきもの」という程度の曖昧さを伴った理念は、こうした運動の結果として、把握できないままに、否まさに把握し得ないからこそ、不可侵で絶対的な理想として一層強力に神聖化されると言えよう。強調しておきたいのは、市民たち、あるいは市民たろうとした人々は、そうした理念そのものの価値を崇めようとしたわけではないということである。教養や音楽の価値を高めるためではなく、人々にとって教養が必要だったのは、それが「市民」であることの証明になるはずだからであった。本書の主張は、人々が教養や音楽を称えた言葉の内容がそのまま社会に浸透したということではない。むしろそうした意図とは別の論理で、結果的にそれらの理念の価値が高められ、信頼されるものになったという議論である。

このメカニズムを、私はここで「本質化」と呼ぼうと思う——すなわちあたかも核心たる「本質」があるかのように見せかける現象である。教養の理念は、把握も規定もできない何かとして設定され、そこに近づこうとする様々な努力過程が、理念をそのままに、揺るぎない信頼の対象に仕立てたのである。教養も市民性も音楽も、無条件に価値ある何かとして、高尚なものとしてイメージされるという効果が現在でも及んでいることの根底には、こうした構造があったと考えるべきであろう。ここで述べているのは、何か内容や本質があって、それゆえに信頼されるということではなく、むしろ全く反対に内実が確認できなくとも、あたかも確固たる本質が宿っているように信頼させる「本質化」があり得ることの例証である。理念の非規定性を明瞭な形で見せるドイツの教養理念は、本質不在のところにも——すなわち空洞であっても、本質化を成立させてしまう経緯を如実に物語るものであり、このような本質化を引き起こすのが、教養理念自体に潜んでいた論理だと言える。

現実の社会は理念によってのみ動くわけではないことを承知しながら、それでも私が理念に目を向けるのは、それらに対するごく一般的な信頼が存在していると考えるからである。それが社会に対して何らかの力を持つとすれば、それは「疑われないこと」にあり、現実に起きた様々なネガティヴな結果に対しても帰責されることがないという点にこそある。疑われることのない理念は、信頼され、時には強烈な思い入れの対象となり、信仰の対象にすらなり得るとともに、何が結果しようとも帰責されることはない。

一九世紀ドイツが教養の運動の中で生み出した様々な理念と価値観は、このような本質化を経たうえで成立している。その危うさに気づいて教養を疑い、その価値観を放棄する選択肢もあり得たし、それを選択した人々もあったろう。しかししばしば見られた「教養主義批判」は、教養が本来のあり方から逸脱して形骸化しているとことへの嘆きであったし、教養そのものではなくとも、文化への信頼、音楽芸術の純粋性への信頼という形で存続している。本質化を起こした理念は、もはや到達し得なさへの不安を解消しようとするまでもなく、素朴に信じられ、疑われずに生き続けられるのである。

教養を空洞として考える際には、従来の議論に言及しておく必要があろう。しばしば狭義の教養市民層の没落に関しては「教養理念の空洞化」、すなわちこの理念が徐々に意味を失って形骸化したということが理由として持ち出される(3)。しかし、伝統社会から産業社会への発展の中間段階、つまり産業化が遅れている段階＝ブルジョワの未発達段階においてのみ教養や学問を所有する階層がヘゲモニーを発揮し得るのだ［Conze & Kocka, 1985：26; Ringer, 1992＝1996：3も参照］という、教養市民層の成立根拠を採用するならば、この階層の没落の要因には産業化の進展を挙げれば十分であって、教養理念自体の「空洞化」を強調する必要はない。しかし、早くもニーチェが教養主義を批判した時点においても教養理念の「空洞化」は指摘され、それ以後、はじめは理想的であったはずのものが徐々に大衆化し堕落してしまったという失望が表明されてきた。

教養市民層の没落現象を説明するという特定の文脈においてのみならず、教養と市民を対象とした研究において、「新人文主義的な教養理念の空洞化」はほぼ共通見解を得ている。この空洞化とは、単に自己完成を保証し得ないという抽象的な次元で言われるのではなく、万人に等しく近づきやすく、出自の如何にかかわらず獲得可能であるとされた理想的な教養がやがて差異化の機能を果たすに至ったという具体的な機能変化を意味している。実際、ブルデューの理論に則って教養を文化資本と捉え、その差異化機能によって市民層の形成を説明しようとする見解は受け入れられているが［Bausinger, 1987; Hein & Schulz, 1996：14など］、後世から批判するまでもなく、教養の排他的機能は当時から気づかれており、特にマルクスにとっては教養は階級を形成するものであって、階級を超えた共通の教養理念などあり得なかった[Vierhaus, 1972：547]。確かに、教養という記号が果たしていた差異化機能は否定しがたいものであり、(4)したがってこうした説明の妥当性に疑義を呈することはできないが、しかしながら、差異化機能を認める教養市民研究のいずれにおいても共通に指摘されているのは、当時の教養の光と影とでも言うべき二面性、すなわち教養に基づく活動の排他的な側面と、そして相変わらず理想的なものであり続ける開放的・普遍的な教養理念自体との両面性である。しかしこの点について私は、単に二面性と了解するのではなく、もう少し慎重に語らなければならないと考える。ある社会において何らかの信頼を得ているものであれば、その獲得が差異化の指標として働くことは十分にあり得るが、その逆も同様で、差異化の機能を果たす指標は社会の信頼を得ているものでなければその機能を果たしえない。だとすれば、理想としての教養への信頼と結果的にそれが果たした差異化機能は、二面性というよりは、論理的な必然的帰結と言える。教養の差異化機能は、その信頼性ゆえに生み出されるものであり、先に述べたようなその理念の内容自体が招いたものとは言えない。この点を注意深く読み取るならば、新人文主義的な教養理念が当初は重要な意味を持っていたにもかかわらず、徐々にその意味を失って「空洞化」の道をたどったと叙述することは、妥当性を欠くだけではなく、重要な問題を見逃していることにもなる。差異化機能に注目した場合には、文化資本としての教養は差異化の手段として一義的に規定されることになり、広義の資本へと回収されることによって、それ独自の論理は無視ないし軽視される可能性があることを指摘しておきたい。つまり、財産所有よりも賞揚されたはずのドイツの教養は、結局は前者と同じ役割を果たしていたことにもなり、教養市民層という独特の集団を生み出したドイツ近代を考察するには不十分である感を否めない。この点で、理想的な教養理念自体を、またそれが信頼され続けたことの意味をこそ見直す必要がある。

私の見出す非規定性・到達し得なさとは、このような議論における空洞・空虚とは異なっている。あったはずの内実を喪失したということではなく、そもそも到達不可能で把握不可能と捉えられた理念には何もなく、しかしそれでも、あるいはそれゆえに本質化が成立したということである。

3　教養と共同性――教養の「非個人性」

本書では一九世紀のドイツにおいてスローガン的役割を担った理念に注目して、そこに潜む論理を読み込んできたわけだが、そうは言っても、本研究の立場は理念だけによって社会を語ろうとするものではない。象徴的な位置価を持つ理念の重要性を十分に強調しながらも、一部のエリートの号令に一般の人々の多くが直に反応したという解釈の印象を与えることは本意ではない。教養主義の批判に見られるように、誰も彼もが「教養」という理念に群がって学歴社会・資格社会に向かって進んでいくような、機械的な反復はあったのだろう。しかしそうした現象をもって、私の主張する教養の論理が社会に意味を持ち得たことを説明することはできない。言葉の表面的な流行ではなく、その理念には不可視的ではあるが何らかの内実があると信じるような――プレスナーに倣えば、「実在するが目には見えない」(5)と思わせるような――社会的な仕掛けを解明する必要がある。すなわち実体のない理念には、理念を追い求める活動が伴っており、ここにこそ教養(および市民)を実定的に、その意味で歴史社会学の方法を以って解明することのできる根拠がある。

それが、本書の第二章、第三章の中で確認してきたような具体的な活動である。教養の証明であるはずの資格を獲得して公務員になった人々が、本来の教養を求めて実践したのは、フェアアイン活動に代表される様々な余暇活動であった。それは現在の感覚で言う仕事と余暇という観念によるものではなく、余暇活動の方に、教養が求められていた点に注意しなければならない。それにより、大学での古典語教育と資格試験によって保証されたはずの教養は、それ自身では十分ではないとして、すでに無効化されていたことになる。さらに音楽界では、市民性の体現として、死せる作曲家が偉大な芸術家となり、記念碑が作られると共に、コンサートホールでは作曲家を絶対者と見なすような鑑賞作法が整えられた。

これらの活動に見られた重要な特徴は共同性である――つまり、教養を充塡する音楽活動には、多くの場合、大人数の集団がその場に居合わせていたという点である。

フェアアイン活動では、定期的に会員が集まり、食事や会話をも共にするなかで、場合によっては排他的とも指摘される共同体意識が育まれた。社交サークルでは、あるテーマに対して議論や会話が交わされたが、合唱サークルにおいては、声を合わせて一つの作品を作り上げるという行為を通して共同体意識が形成された。それは都市市民が、前近代的な血縁的・地縁的共同体の代わりに生み出した、新しい共同性でもあった。さらに、合唱協会ではしばしば複数の地域が合同する音楽祭が開かれ、交流は非日常的な範囲にまで広がり、そこではドイツ国民というナショナリスティックな意識も表明されることもあった。また、文化人の記念碑の除幕式にも大勢の人が集まり、コンサートも同様であった。

こうした共同体意識は、古今東西のどんなイベントにおいても指摘できるような一体感や同胞意識であって、教養などの理念を掲げたこの時期のドイツに特有のものと言えるわけではない。しかしそこは人々に教養の存在をリアルに感じさせる場であったことを無視するわけにはいかない。ではその、特に珍しくはない共同体意識の高揚と、本書で論じてきた理念とその充塡不可能性とはどのような関係にあると言えるだろうか。

ここでは、どのような定義によっても客観的条件によっても規定し得ない抽象的理念が掲げられるところには担い手集団の共同性があったという、理念と共同体意識との重なりに注目する必要がある。この重なりが必然的だったのは、諸理念が個々人の信頼だけでは成立し得なかったからである。本論で見たように、音楽の様々な活動は、決して充塡し得ない理念を、埋めつくせないほど豊かな内実を秘めたものとして確認するための場として機能していた。それは、不可視的な豊かさを確かめ合う場であり、その気分の高揚で得られるのは、「何がある」という実感ではなく、「何かがある」ことの実感であった。教養という理念が、いかに個々人で信じようとも、その保証の無さゆえに消滅してしまうような不安に対して、祭典などで得られる実感は、定義しつくせないほどの理念の豊かさを、多くの人々が了解しているという安心感と共に得られるものであったと言える。それを共同で確認する仕掛け、大勢の人々によって実施される大掛かりな儀式が、充塡不可能で非規定な理念の存在を保証したわけであり、参加者はその取り決めに共謀する証人であった。それは典型的には、音楽界における鑑賞作法が整えられ、聴衆が共謀して音楽の「直接体験」をすることを要請した現象に表れている。

逆に言えば、そうした共謀なしには語りつくせない理念が存立し得なかったということになる。共謀とは、そこに掲げられた理念が代用の言語によっては語りつくせないこと、規定できないこと自体をも承認し合う行為であったとも言える。集まった人々は、決して具体的には捉えられない理念を、不明瞭なままに引き受け、共有する。共有によってしか成り立たない教養の理念は、まさにそれゆえに伝播するのである。

教養の実践である実際の活動に共同性が伴っていたのは、この理念自体の論理が招いた帰結とは言えない。それはあくまで個人では成立しない現象として付随したものである。しかしその理念が社会的に意味を持ち、したがって社会的に存在するためには不可欠だったと言えよう。教養の過程にあるという確証、そして自身が市民であるとの確証、教養が規定し得ないほど豊かな理念であるとの確証は、人々が相互に同じ行為をもって確認し合う以外に得られなかったのである。教養の証明が常に共同で行われる必要があったという、教養理念の言わば付随的な帰結は、先に述べた理念の「本質化」が集団の共謀によって支えられており、それによって多くの人々に疑われ得ない価値を獲得したということをも説明する。

ここで述べた理念の充塡による本質化とその共同確認は、理念の不可侵性を支えるわけだが、私が主張しておきたいことは、この非規定的な理念には実は何もなかったのだと解釈できるということである。決してその教養は、たとえば市民権という形で国家によって可視的に付与されるものでもなく、ただその存在を共同確認によってのみ保ってきた。人々は把握しがたい、不明確なものを、しかし確かに共有していたのである。その「本質」を見せることのない教養理念は、たとえ空洞であっても同じ現象を引き起こすことができる。そして共謀がなければ解消してしまう危険性を孕むものであり、こうした共同性からは、教養理念がそもそもの意味において「個人」の内面を含意していたにもかかわらず、それが決して個人では成り立たないものであったということ、個人的行為の中では存在し得なかったことをも導くことができる。

担い手集団の共同体意識を形成するだけではなく、教養理念の「語りつくせなさ」という非規定性がその共有を必要とし、それゆえに伝播を招いた。教養理念は、非規定なものとして置かれ、非規定なまま人々に共有されていったのである。そして教養のこのような共同性を特に強く見せたのは音楽活動であった。確かに、ドイツには様々な分野のフェアアイン活動があり、人々は集まっていた。しかし音楽はその音響のはかなさゆえに常に同時の直接体験を伴い、そしてしばしば大規模な集団を伴った。またその再現性ゆえに、常に新たにリアルタイムでの演奏者と聴衆を必要とした。その意味では、音楽活動は教養の共同性＝非個人性を、最も顕著に体現する現象なのである。

本書が音楽分析を通じて取り出した教養の論理とパラレルな議論を、フリードリヒ・キットラーは一八〇〇年頃の詩を主な対象として行なっている[Kittler, 1985]。彼は、「母なる自然」が「沈黙」であることによって他者は無限に「彼女」のことを代わりに語る――それを「詩」と見なし、文字の統制――彼はそこに国家を想定しているのだが――が「自然」に巧妙に隠されていることを暴いている。キットラーが詩について明らかにしたことは、音楽についても同様に言えるが、「詩」以上に「音楽」について顕著な点は、詩が母から子への経験として述べられているのに対して、集団から集団へという音楽の経験の共同性であり、それによる教養の伝播性の大きさである。

4　理念としてのドイツ

さて、最後に教養と音楽の問題が最終的にはドイツの問題にも接続し得ることを示唆しておきたい。そのために、まずは一九世紀のドイツが置かれていた状況を述べて問題の輪郭をはっきりさせておこう。言及しておくべき重要な視点は、一九世紀ドイツの詳細な史実ではなく、第一章で論じた市民の状況と、同じ時期にドイツが置かれていた状況との同型性である。

一九世紀前半のドイツは、ヨーロッパという文脈で言うならば、イギリス・フランスといった先進諸国に対する「後進性」の概念で捉えることができる。ナポレオン戦争の敗北に始まったとも言えるドイツの一九世紀は、フランスとの軍事力の差を認めざるを得ず、プロイセンを皮切りに市民男性への徴兵制が確立されるようになった。「神聖ローマ帝国」から「ドイツ連邦」と名称が変わっても領邦国家の小国分立状態は続き、領邦の異なる住人たちは「ドイツ人」であってもほとんど同国人意識を持っていなかった。そのため、中央集権的な統治を実現することもできず、何より国家として確立していなかった点では、政治的にも英仏に遅れを取っていた。そして産業の面でも、ドイツが本格的な工業化の時期を迎えるのは一九世紀末になってからである。

こうした紛れもない後進性が一九世紀前半のドイツの置かれていた状況だったわけだが、特に注目すべきは、ドイツではとりわけ国家・民族・言語のずれが明瞭で、どこをとっても「ドイツ」と明確に捉えられるものがなかったという点である。フランスやイギリスほど、国家の要件としての国民やその文化について「一致」をある程度了解させるような材料がドイツには揃っていなかった。[6] 他国にしても、それらが完全に一致していた所はどこにもないと言えるだろうが、しかしドイツの場合はそのずれが可視的であり、一九世紀の時点でドイツ人たちにも十分に意識されていたということは強調されてよい。さらに言えば、B・アンダーソン以来ポピュラーになった、国家とは、国民とは、「想像の共同体」であるというテーゼは、ドイツ人にとってはこうした不一致ゆえにむしろ自明のことであったろう。国家、民族、言語、文化のいずれにおいても、大方の了解を得られるような統一性を持っていなかったドイツにとって、想像することによって構築する以外にないものだったと言えるからである。[7]

ドイツとは、その名称は古くからある理念でありながら、その名によってはどんな実体をも指示対象とすることのない理念であって、何によっても把握し得ない理念だったということ、さらに重要なことに、そのことを自認せざるを得ない状況にあったことは、まさしく市民 Bürger が定義できない状況にあったことと同様で

たのである。

ある。「市民」と同じく「ドイツ」という理念もまた、把握しきれない抽象的な理念としての位置を占めていたのである。

一九世紀前半のドイツの後進性に付随する劣等感は、政治・経済以外の領域における優位性を主張することによって当座の慰めを得た[8]。ドイツが誇りを持つべきは文明に対する文化であり、フランスの外面性に対する内面性であり、物質的な成功に対する精神性であり、即物的な価値観に対する非実用性であった[9]——すなわち、教養理念に包含される諸々の価値観がドイツ的なものとして代用され、それはドイツが工業国として諸国を先導するようになる二〇世紀初頭においてもなお保持された。これらの抽象的な理念は、すでに検討してきた通り、中心に空白が設けられた代用物の集合体とも言うべきものであった。

しかしながら、文化などの諸理念がドイツの後進性に対する自身の劣等感を慰めることに役立ったことを認めながらも、それらが単にそのためだけの言い訳として存在していたと言うことはできない。なぜなら、もしそうだとすれば政治・経済面の後進性が克服されたときに、それらの抽象的理念はその役目を終えるはずだからである。確かに一九世紀ドイツは西欧諸国に対しては後進という劣位に甘んじなければならなかった。しかし、一八七一年にひとまずドイツの国家としての統一が達成され、一九世紀末には急速に工業化を進め、フランスやイギリスを追い越すまでになった。

二〇世紀に入っても政治的な近代化という点では、西欧諸国に先進性を示すことはできなかったにせよ、工業化の進展は、確実にドイツの強国化をもたらした。ここで述べたいのは、ドイツが「先進諸国入り」したと言えるかどうかについて、その歴史学的な判断をすることではない。少なくとも一九世紀末の段階では、ドイツは以前のような後進性を脱却した、という程度の確認で十分である。重要なのは、教養とそれにまつわる理念はそのためだけに使い捨てられるような一時的な借り物ではなかったということなのである。

第一章で見た通り、ドイツの自然科学系の研究が他国から評価され、模倣されるほどになっても、ドイツの大学は実用的なディシプリンの価値を認めようとはしなかった。着実に近代化を遂げるドイツ社会の中にあって、頑なとも言えるほどに、教養科目に価値が置かれ続けた。相変わらず、非実用的なもの、直接的な効果の確認できないものの方が優位と見なされた。そして、トーマス・マンらの知識人たちは、改めて非政治的な市民性を称えた。教養とその隣接理念に対する価値づけが、ドイツの工業化と強国化によって一変したとは言えないのである。

国家としての政治的統一、工業化という要因によって、教養観念とそれへの価値づけが変化しなかったことを、単に統一が実は不十分であったこと、民主化が不十分だったことに帰責して、あくまで教養を劣等感の裏返しとして捉える見方に固執するよりも、この理念に仕組まれていた論理がそれらの要因とは独立した論理内在的な動きを持っていたと考えることが重要である。一九世紀ドイツが育んできた教養理念は、むしろ政治的・経済的成功——すなわち外面的で可視的な成功——が達成されたとしても、そこに完全に安住することを許さないような不信感であると同時に、不可視的で埋められない不安定な理念自体に対する信頼である。「ドイツ」は、国家としての政治的なまとまりによっても、圧倒的な工業化によっても、自他に対して十分な証明を調達し得るものではなかった。第二帝政期にも温存されたその価値観は、第一次大戦敗戦で再びドイツが不幸な状況に陥ると、改めて強調されるようになる。

繰り返し確認したいことは、一九世紀を通してドイツ社会で醸造されてきたものは、その中心が永遠に充塡されない理念へのそれまでにない価値づけであり、常に繰り返さざるを得ない代用による充塡の試みによって、その理念の深遠な価値が保たれるという構造である。そこで行われた操作は、何をもってしても埋められない理念性自体に高い価値を置くというものであった。本書での議論を踏まえれば、序章で取り上げたエリアスの言明はむしろ明快なものとなる。「ドイツとは何かを常に新たに問い続けなければならなかった」ことの根拠は、教養理念の論理にあると言えよう。エリアスがドイツに対して感じていたことは、ドイツとは何かを問い続けなければならないような状況であり、それはつまり「ドイツ」が埋めつくせない理念として置かれていたことの証左でもある。一九世紀には「ドイツ」に対しては明確な解答が用意されなかった――否、解答の出ない問題として設定されたと言うべきなのである。

私が述べたいのは、むしろドイツの「定義」は存在しないのではなく、敢えて与えられなかった、ということである。この時代に行われたことは、何をもってしてもドイツの核心を語ることはできないという形での位置づけであり、言い換えれば、ドイツとは何かを「常に問い続けなければならない」状況の設定である。問い続けなければならないということの中には、どんな定義も説明も予め無効であることが運命づけられたということが、必然的に含意される。

教養理念の論理とは、あらゆる定義の無効化、つまりあらゆる可視的指標の無効化を取り決める手続きだったと考えることができる。何によっても捉えられないことが核心的であるのなら、分かりやすく把握する行為のすべてが無意味なものか、せいぜいのところ副次的な意味しか持たないことになるという点で、教養の論理として分析できる種々の社会的な手続きは、外面的な枠組みへの不信を表明していることになる。そこには、一九世紀ドイツの価値観として提示した内面性の重視、非政治性という特徴も深く関わってくる。生まれではなく生き方、結果ではなく過程、物質より精神、文明より文化という一連の二項対立図式は、ドイツが明確に把握され得る可能性を執拗に拒んできた経緯を象徴していると考えられよう。つまりは、規定しがたいもの、非規定的なものに価値を置いてきたのである。そして、次善策としての様々な代用物が、社会では十分に機能していても、そこには常に、そのものではないという不信がつきまとい、それがそのまま、ありもしないのに本来あるはずとされた内実の幻想を強化する。

私がここで主張するのは、単に「ドイツ」と市民が具体的に同じ文脈に置かれたという歴史上の共通性ではない。共通していたのは、どちらの理念も、最終的には規定できないものとして設定されたという論理的な同型性であり、中心を空白にすることによって、理念の存在と価値を担保し得る構造が出来上がっていたという点である。これらは同じ次元に立てられた理念だったと考えられるのである――それは、内実の規定を拒み、しかし常に代用による充塡の試みが繰り返されざるを得ない理念である。

本書で見てきた教養、文化、市民性、音楽芸術、そしてドイツ性などは、どれが上位か下位かという関係ではなく、相互に充塡のための代用として用いられてきた。その中で、敢えてドイツと市民が直結する必然性を言うならば、それは一九世紀のドイツがヨーロッパの中で置かれていた後進性あるいは地理的中間性という状況と、当時の市民が置かれていた状況が似ていたことに見出せるだろう。しかし、重要なのは、たとえば市民が奮起して、自分たちの文化をドイツ国民・民族の文化に仕立てたという方向で考えることではない。もちろん、当時の知識人たちが民衆に呼びかけようとした事実はあるし、下層の人々が上層の文化を模倣しようとしたこともあろうが、私の立場は、彼らが作り出した諸理念の論理が、市民とドイツをめぐって同じ充塡運動を招き寄せたと考えるものである。だからこそそれらの理念の充塡運動は簡単に相互参入していたし、市民性を語ることと、ドイツ性を語ることとは、しばしば重複していたと考えられるのである。音楽芸術を語るときにさえ、そこには作者の市民性、そしてドイツ性が入り込んできていた。偉大な芸術家の構築は、国家的威信のために必要だったというよりは、ドイツにおいては、ドイツ的なものの一つの証明として必要だったと捉えるべきであろう。市民が階層カテゴリーにとどまらない抽象性を得たことに加え、市民とドイツとは、永久に解の出し得ない問題として同次元に設けられたからこそ、同様の充塡を求めるメカニズムを生んだのである。したがって、階層アイデンティティとしての市民的性格が、国民・民族アイデンティティとしての特性に拡張されたというわけではない。そこには境界が不明瞭な非規定性という論理的同型性があったからこそ、市民とドイツとが時には互換的に語られていたと考えることができる。

ドイツという理念もまた常に問わねばならない非規定的なものとして置かれていたことを想起すれば、理念が理念のまま自動的に価値あるものとして強固に信頼されるというメカニズムが、ドイツという理念に関しても成立し得る。エリアスの言うように、ドイツが「常に問い続けなければならないもの」であったのなら、どのような定義も「ドイツ」そのものを規定する力を認められることなく、教養の場合と同じようにその問いと答えの試みが反復される。その積み重ねが、理念そのものの無条件の不可侵性を生み出すのであり、その理念は本質化される。音楽の現象から見えた教養の論理はこの点で、ドイツという理念にも投影して考えることができよう。

注

序章

（1）コッカは「共通の社会的対抗者や共通の文化」という緩やかな境界で教養市民層を暫定的に捉えたうえで、イギリス・フランスとの違いを指摘している。イギリスでは商人、銀行家、その他の企業家が弁護士や裁判官、牧師、医者、官吏よりも優位にあり、ドイツにおけるような高等教育の重要性は確認できない。また一九世紀末になって本格的な高等教育が重要になったとき、ドイツより遅れて台頭したエリートはドイツのそれとは異なる特徴を持っていた。彼らはイギリスでは「プロフェッショナル」と呼ばれており、その共通の基盤は職業ごとの特徴であって、共通の教養ではなかった。フランスでは一八七〇年代まで、ドイツのような総合的な教育・大学の伝統がなく、大学や官吏によってまとめることのできない「知識人」が重要だった［Kocka, 1988＝2000：29-30］。

（2）たとえばカシューバはこの概念に注目したうえで、祭典文化、市民的徳性、旅行の形式などを考察し［Kaschuba, 1988］、ウーテ・フレーフェルトは「名誉」の問題と決闘文化を論じている［Frevert, 1988］。

（3）たとえば、従来の歴史学がドイツ人のナショナル・アイデンティティの問題を扱うときに政治的な領域ばかりを扱ってきたことを指摘して、文学および文学批評の諸活動も同じ程度そこに関わっていたことが論じられる［Hohendal, 1988］。

（4）「自律性というイデオロギー」「音楽学＝音楽の自律性を前提としている」［Leppert & McClary, 1987］［Wolf, 1987］。これらの指摘は、従来の音楽学研究が音楽外の領域との連関を過度に拒んできたことに対してなされている。

（5）それゆえにここでは canon を英語発音でキャノンと表記する。

（6）たとえば以下のような言明にそれが確認できる。「芸術がこのような感覚的趣味を超えて普遍妥当の高い価値を獲得する可能性を持つことも否定できない。事実、非凡の芸術家はこのような名作を残すことに成功した。……時代を超えた傑作の成立やその認識への門戸を開くものである」［渡辺護、1975→1986：229］。

（7）「ウェーバーをもって、音楽社会学確立とされる」［Kaden, 1997：1621］。［Gáspár-Ruppert, 1992：55］参照。

（8）「音楽社会学を歴史的に概観すると、個々の学者に、またしばしばその一つの著作に目が向けられる。個人を超えた包括的な概観を行うのは難しい。……ドイツの音楽社会学は個々人の主導のもとに成り立っていた」[Inhetveen, 1997：30–31]。

（9）他にも、「音楽社会学は長らく確立しなかった。音楽社会学の名は知的詐欺というレッテル以上のものであったかもしれないが、その目標は混乱し、その学問的理論前提は不明瞭である。……この分野はその理論的・メタ理論的な整理をしなければならない状況にある」[Engel, 1990：32]、「音楽社会学：内容・方法ともに極端にバラバラである」[Gáspár-Ruppert, 1992：55]、「音楽社会学の概念のインフレ、消耗」[Inhetveen, 1997：11]と言われている。

（10）音楽史研究においては、キャノン以外の作品も取り上げられるが、多くはキャノン作品群の間の隙間を埋める作業か、あるいは天才作曲家たちとの影響関係という文脈で論じられる。

（11）「たとえばエクスパートや専門家に対する信仰はわたしたちの視界を余りにも限定させたために、領域内の不干渉という……ポジティヴな原則を作り出したのだ。この原則は一般大衆は無知のままにしておくのが望ましく……そしてその専門家とは、……権力に近づくことの専門的特権を付与された『インサイダーの人々』のことである。」[Said, 1983＝1987：247–248]。「熟練というものは、いわばある個人がいかに上手にゲームの原則を学んだかによって決定されることになる。」[Said, 1983＝1987：258]。

（12）アドルノは「偉大な作品」の分析をする点で、従来の音楽学や音楽美学と同じところにあるわけだが、彼がそれでも「音楽社会学」を名乗るのは、その楽曲分析に社会学的なカテゴリーを使用するからである。音楽学が楽曲分析において通常、作曲家の意図を読み込もうとするのに対して、アドルノは音楽作品の中に社会を読み込むという分析になる。

（13）ノルベルト・ボルツは「この時代の芸術的な次元における近代からの逃亡運動」としてゲオルゲ、ロース、ユンガー、ベンを挙げている[Bolz, 1989＝1997：3]。またブロッホには、ユートピアの精神が音楽の哲学として表現されているという価値観が見出せることを指摘している[Bolz, 1989＝1997：28]。

（14）映画音楽を考察したカリル・フリンは、音楽のユートピア機能として、音楽を民族や言語の境界をこえる普遍言語として捉える考えがあることを指摘している。そして、音楽とユートピアの間を結ぶものは音楽における非表象的構成要素であると述べ、この要素に引きずられて批評家たちが日常生活の現実から音楽を引離そうとしたと分析した

[Flinn, 1992：19–20]。

(15) 作品を重視するのはクナイフも同様だが、しかし彼の立場はアドルノの批判的受容であって、音楽社会学の中心的課題と見なされたのは個々の作品ではなくジャンル・様式史であった[Kneif, 1971：89–109; Kneif, 1975：88→In-hetveen, 1997：51 に引用]。

(16) ベートーヴェンのキャノン化過程を、作品の美的価値の議論ではなく、その人脈や社会関係から説明したデノーラは「社会学的な探求は、それを通して現象が把握される構造を、いかに行為者が変形し、多様化させようとするかという問題に照準する。……最終的には、どのように美学的正統性が生産され、維持されるのかという問題を考える。……その問題に答えるためには、常識的な受容イメージから距離を置く必要がある」[DeNora, 1995：7]と述べている。キャノンの脱構築作業としては、[DeNora, 1995：5][Meyer, 1983][Becker, 1982]などが挙げられる。しかし、音楽学内ではこの種の試みは少ない。「文学界ではキャノン概念は研究視角を定義するための基本的なツールで、我々の領域でも近年、自己分析のために有用な語となった。……音楽学は文学界と比べてまだ幼少期にあり、またそこまでの差が開いていないにしても、歴史学にも劣っている」[Citron, 1990：102–103]。

(17) この種の分析は主としてフェミニスト音楽学者によって実践されており、調性におけるジェンダーや、ソナタ形式におけるジェンダーなどを取り上げて作品に潜む権力が暴かれることは、従来の音楽学的分析ではあり得なかった。このアプローチの代表者とも言えるマクレアリは、アドルノに刺激を受けたと言ってはいるが、何のためにキャノン作品を分析するかという問題意識の点ではむしろ対極にある。

(18) 「ジェンダー問題が音楽学の項目に並んだおかげで、新たな研究領域の幅が広がった。重要なのは、音楽学者がようやく音楽の内容を論じるに至ったという事実である。この学問分野は文化的な意味を見失っていた。音そのものの体験は満足に伝えらえられない。」[McClary, 1996＝1997：18]。同じく、フェミニストの立場から「いかに音楽自体が無視されてきたか――部分的には音楽学における実証主義が原因」[Citron, 1994：16]だとする主張も見られる。

(19) たとえば、「ロ長調からハ長調になり、……ひとつの楽節内でこういった音進行をするのは、これらの学生たちがよく知っている芸術音楽では稀である。そこで学生たちはこういった進行を聴き取り違いか、聴き取れても自分の耳を疑うことになる」[Cook, 1990＝1992：173]との結果が出されている。

(20) さらにクックは「分析の場合問題なのは音楽的な美ではなく、音楽学的な美なのである。」[Cook, 1990＝1992：204]と述べている。こうした音楽学的な美に研究者がこだわった一方で、ドビュッシーやマーラーなど、作曲家自身はむしろ音楽的な美を「感じる」ことこそを求めていたことにも注目すべきだろう。

第一章

(1) 両プロジェクトの整理については、森田論文を参照[森田、2001]。
(2) 田村は「若きアカデミカー(＝教養市民層)」[田村、1996：16]として、主として大学生を構成要素と捉えている。
(3) コンツェとコッカによれば、ドイツの教養市民層にとっては、必ずしも職業に尽きない広範な教養知が重視されるのに対して、英米型のプロフェッション集団は職業に関係する業績知に基づいている[西村、1998：401に引用]。
(4) もっとも、このような姿勢は、教養市民層研究に特有のものではなく、文化史や文化社会学などのスローガンが掲げられることが多いことからも、近年の思潮とも影響し合っていると考えた方がよいだろう。ともすると過剰に繰り返されている文化というスローガンに追従するつもりはないが、教養市民層研究全般と、そして本研究とが、そうした現在の思潮と無関係なものと断ずることもできない。ここでは、あくまで市民層の生活様式や価値観を総称する語として便宜上、「文化」を使用しているのであって、これをもって本研究が「文化研究」であるとか「文化社会学」であるというような立場表明をする意図はない。
(5) 大人の識字率は一七七〇年の一五％から一八三〇年には四〇％になったとされる[Schulze, 1985]。
(6) その前身となる組織はすでに一六九七年から存在している[Hardtwig, 1994：44]。
(7) ここで「エリート」とは社会的威信のある人々という意味で使用している。
(8) ドイツの哲学者であるC・ガルヴェは、一七九二年にBürger 概念について、フランス語のブルジョワジーよりも威信があること、ドイツ語の市民には、シトワイヤンとブルジョワジーとの二つのことが同時に意味されていることを述べている[Kocka, 1988＝2000：15]。
(9) フレーフェルトは、様々な職業と財産グループから成るドイツの市民層はウェーバーやマルクス起源の階級モデルでは説明できず、非経済的な規準を採用しなければならないことを指摘しており[Frevert, 1988＝2000：135]、彼女はその規準としての文化ないし生活態度の分析として、市民層における「名誉」の問題を扱っている。
(10) リンガーは独自に「読書人」という理念型を提唱している。そこに含まれるのは、教育上の資格証明によって身分を得た社会的・文化的エリートで、具体的には医師、弁護士、聖職者、国家官吏、中等学校教師、大学教授等である。この種のエリートが繁栄するのは、農業社会から工業社会へと移行する中間期であると述べている[Ringer, 1969＝1991：4]。
(11) またコンツェ及びコッカによっても「イギリス、フランスには教養市民層の対応物はないか、あるいはあっても大きな役割を果たしていない」とされる[Conze & Kocka, 1985：12]。また、教養あるいは教養市民層に相当する語を持つのはスウェーデン(bildning)とロシア(obrazovanije)くらいである[Conze & Kocka, 1985：11]。
(12) しかし実際には彼が従来の身分社会に依拠した見解を持っており、かつユートピア的観念を提示したことの矛盾はすでに指摘されている[Kraul, 1988：48-49]。
(13) 誤った教養は無教養よりも悪いという意見さえあった[Vierhaus, 1972：545]。
(14) 一九世紀後半のポピュラーな思想家であったラガルドは「国家は至上のものではない。君主制、宗教、科学、芸術は独自のものであり、それゆえ、国家より優れており、しかも、国家の外にある」と述べている[Stern, 1961＝1988：95-96]。またプレスナーは、「ドイツ人は、純粋な法手続きを通じての人間の価値転換をいわば不変の原則とする、あらゆる種類の国家に不信の念」を持っていることを指摘している[Plessner, 1935＝1995：106]。
(15) 所謂教養市民層に属する職種(官僚や弁護士等)は、徹底して国家試験を介しており、国家による保証が期待されていたことをもって、ドイツの市民層が他国にはないほど国家と密接な関係があることも指摘されている[Kocka, 1988＝2000：36]。国家との結びつきは重要な論点ではあるが、本研究では、「国家市民」という言葉が生み出されたにもかかわらず、「教養市民」が圧倒的に重要な役割を果たしたことに注目する。
(16) [望田、1995]、[McClelland, 1991]など。
(17) プラールによれば、その祝賀式典の費用は、医者の年収の二、三年分以上、裕福な牧師の一年半分とされている[Prahl, 1978＝1988：122]。
(18) 一七九四年の「プロイセン一般ラント法」は、農民・市民・貴族の伝統的三身分のほかに「国家官吏の権利義務」を独立項として設けており［西村、一九九八：一〇九に引用］、また、十分な資格を持たず、試験を受けていない者は官職に就けないことを規定している［Prahl, 1978＝1988：159 に引用］。リンガーはこの法典の項目について、学位保持者や学識的職業を特別のエリートとして扱っていないと指摘している［Ringer, 1969＝1991：11］。一般ラント法からも、国家試験を受けた官吏が市民階層に独占的なものではないことが分かると同時に、その資格によっては身分が十全に規定できないことが分かる。

(19) その後、近代的大学は、さらにイエーナ、ヴィッテンベルク、ライプツィヒ、ロストック、ハイデルベルクと続く［Prahl, 1978＝1988：146］。実際に役立つ科目として重視されるようになったのは、地理学、数学、建築学、築城学、紋章学、系譜学、年代学、帝国史、世界史、経済学、政治学であった［Prahl, 1978＝1988：149］。

(20) ベルリンには一七二四年医師養成所ができ、ベルリン（一七七〇）、クラウスタール（一七七五）、フライベルク（一七七六）には鉱山アカデミー、また、ベルリンでは獣医学校（一七九〇）、軍医養成所（一七九五）、建築アカデミー（一七九九）、農業研究所（一八〇六）が設立されている［Prahl, 1978＝1988：161-162］。大学および関係諸機関の実用化に呼応する市民の進出は、出世欲というよりは安定志向によるものであった［Prahl, 1978＝1988：165］。

(21) フンボルトの大学理念の核心としては他にも、国が設置する大学の広範な学内自治、講座保持者（正教授）による自己管理、あらゆる直接的な社会的利害から独立した研究の強調、大学教育の一方で中等教育からの、他方で職業実務からの峻別などが挙げられる。

(22) フンボルトの純粋な学問の理念とは、より分かりやすく言えば、利害関係から自由な学問ということであり、この考え方はドイツの大学における理想として支配的な地位を占めることになった［Prahl, 1978＝1988：215］。「純粋なる学問という概念には、実際生活に直接関係を持ち、それに応用され、そしてそれとともに特殊専門化された学問に対する拒否ということが含まれている」［Schelsky, 1963＝1970：90］。

(23) 実科ギムナジウムと実科高等学校が普通のギムナジウムと同等に大学入学資格を認められるようになるのは、二〇世紀に入ってからで、二〇世紀になってようやく総合大学と工科大学の入学資格が法的に同等になるのである［Prahl, 1978＝1988：208］。その一方で、リンガーによれば、読書人たちは一八九〇年以降の「専門化」の危険に不満を持ったとされる。とはいえ、恐れられたのは諸学科相互の孤立化ではなく、研究と哲学の分離であった。大学は

「総体的」、哲学的真理に尽くさなければならないというのが読書人的信条の公理だったのである［Ringer, 1969＝1991：69］。ドイツの技術教育制度については、たとえばイギリスなどの外国から評価されていたにもかかわらず、ドイツの総合大学関係者は化学分野の同僚を蔑視していた［進藤、2001：139］。

(24) 一八一七年の法令による［望田、1995：21］。

(25) Ch. G. イェッヒャーによって一七五〇年から刊行され、一七八四年からはJ・C・アーデルングによって継続・補完される。

(26) この概念史事典は、後の市民層研究を支える前提となっている［森田、2001：102］。ハイデルベルクの研究者集団には、後のビーレフェルト学派の中心的人物の一人であるコッカも入っていたことからも、ハイデルベルク学派と概念史事典はビーレフェルトの教養市民層研究と直接的な関係があると言える。

(27) 二〇世紀に入っても、標準的な百科事典『大ブロックハウス』第五版（一九二八〜三五）における「教養」の項目でも一九世紀とほぼ同じように、ペスタロッチ以来教育学の基本概念である陶冶は周囲の文化を手段として魂を形成することを意味するものであること、陶冶の要素はａ個性、つまり人格形成ないし価値充足へと育成されるべき出発点、ｂ一定の不変性、客観的文化価値の理解と人間本性の豊かさ、ｃ総体性、内面的な完結性であることが述べられている［Ringer, 1969＝1991：54 に引用］。

(28) フィアハウスによれば、ここにはフランス革命によって啓蒙思想に否定的評価が付されるようになったことも関係している［Vierhaus, 1972：522］。

(29) 教養とは成長であり、前進であり、歴史的過程、発展をも意味するものであった［Vierhaus, 1972：516］。ヘルダーは度々植物の成長になぞらえながら、人間性の形成と歴史の展開を自然的なもの、運命的なものとして同一視して論じている［Herder, 1774］。

(30) フィアハウスもこの定義を引用している［Vierhaus, 1972：521］。

(31) イギリスにおける教養小説では「「教養」が形成、自己形成、教育、発展という意味で主体論理的・歴史哲学的な観念の問題になることはあまりなく、むしろ生活実践的な社会化・教育過程が問題とされた」［Voskampf, 1988＝2000：268］。イギリスの教養小説で目指されたものは個々人の自己形成に関わるものではなかったのである。

(32) フレーフェルトは「市民は立派な体裁の作法を具現していた貴族とは違い、教養によって構成された新しい個人主義的文化に義務づけられるものと自認していたが、このような文化は、人格的な完成に向けて努力する主体を中心に置くものであった。彼らの理想は、素質、力量および才能を完全に発揮させる全(男性的)人格の形成であった」と述べている[Frevert, 1988=2000:152]。

(33) 市民社会に対する従来の様々な批判のうち、影響力が大きかったのはマルクス主義的な批判だが、そこでの市民性とはブルジョワジーとプロレタリアートとの対立軸の上に立てられた概念であった。その後の社会主義への失望により市民性へのこの種の批判は減少した[Kocka, 1988=2000:19-20]。

(34) カシューバは、この市民性を、社会的・経済的脆弱さに対する代償モデルとして理解するのではなく、階層、職業、宗派間を横断する留め金のような機能を持つものとして理解している[Kaschuba, 1988=2000:63]。

(35) 文明 civilisation の概念が、そもそもは一六世紀フランスにおける礼節 courtoisie から一七世紀の礼儀 civilité を経たものであるという概念史的な経緯については、エリアスが分析している[Elias, 1969a→2/1975]。

(36) プレスナーは、文化概念を世俗化されたルター主義であると述べ、そこには内面性と創造的なものへの喜び、個人的な本源性へ向かう情念、深い思索、抗議者性(プロテスト)などのルター主義精神が含まれているとしている[Plessner, 1935=1995:132]。

(37) 「パンのための学問」「パンのための学者 Brotgelehrte」とは、そもそもシラーが一七八九年のイエーナ大学への教授就任演説「世界史とは何か、また何のためにこれを学ぶか」の中で使用した言葉であるが、一八〇〇年以後この語は蔑称として盛んに使用された[Schelsky, 1963=1970:82]。

(38) リンガーはドイツの大学のより重要な遺産は、純粋かつ非実用的な学問という理想であると述べている。これはハレ大学などの実用的知識の重視に対する反動として展開し、フンボルトらが重視した学問の自由という考え方においても、非実用性の観念が大きな役割を果たしたとされる[Ringer, 1969=1991:71-72]。

(39) フリッツ・スターンは一九世紀に人気を博した著述家であるラングベーンについて、当時のほとんどのドイツ人と同様、彼は非政治的=高潔と考えていたと述べている[Stern, 1961=1988:192]。

(40) 教養市民層に関わる議論の中でこれほど「非政治性」が強調されたことをここで述べることは、ドイツの市民層が「実際に」非政治的であった、あるいは非政治的であろうとしたということを意味しない。教養観念が社会的・文化的・政治的意味を担っていたことは明らかである[Frevert, 1988＝2000：158]。田村は、教養市民層にとっては非政治的なものが善とされ、彼らの思想を脅かすような思想や行動が政治的なものとして非難されることに対して、「教養市民層の非政治的特性は、意識的に党派的な立場に立たないという意味では非政治的であるとしても、政治的行為に価値判断を含んでいるという意味においては政治的」であったとして、教養市民層の政治性に言及している[田村、1996：36]。しかしここでは、実際に非政治的であったか否かではなく、教養市民層にとって「非政治性」が重要な、価値あるものとして謳われ続けたこと自体に注目したい。

(41) ハルトヴィヒによれば、読書クラブは一八世紀の五〇年代以来、広がった。J・G・モイゼルの著述家事典 *Das gelehrte Deutschland oder Lexicon der lebenden teutschen Schriftsteller* は、一七七二年に三〇〇〇人の生存著者を数えており、一七九〇年には六〇〇〇人以上を記載している。彼らはほぼ一〇〇パーセント、成立しつつあった教養市民層に属する、すなわち役人、「国家化された」インテリであった。そこには弁護士、法律家、公務員、教師、教授などの職業が確認され、彼らは教育を受けたエリートであった[Hardtwig, 1994：66-68]。

(42) 分身小説に見られるような内面性への希求を、「ロマン主義」の特徴の中に含めることもできるであろう。しかし、ここでの目標は、この現象をロマン主義か否かという視角で検討することにあるのではない。そうした大きな思潮との関わりで議論する可能性はひとまず保留したまま、教養概念を操作的に精緻化してゆくことを目指す。

(43) 前田・今村は、Bildung というドイツ語を「教養」という日本語に翻訳すると分かりにくくなるようだが、本来、「人間形成」以外のなにものも意味しないと述べている[前田・今村、1982：568]。

第二章

(1) 男声合唱協会とは、総称としては Männer-Gesangverein と記されることが多いが、北ドイツでは「リーダーターフェル」という組織名を持つ団体が多かった。この種の協会は各地に数多く設立されるが、この名を関する協会はたいていエリート層が会員となっており、会員数制限を設けるなどの排他性が特徴的である。さらに、音楽的素養についてもある程度のレベルを入会条件として求めた。また、それほど政治的でもナショナリスティックでもなかった。

リーダーターフェルに対して、南ドイツでは「リーダークランツ」の名の協会が設立されていたが、こちらは入会資格については寛大であったが、やや政治色を帯びていた[Hahn, 1996 : 194]。

(2) フェアアインとして重要な要素である読書協会 Lesegesellschaft は、時期的には一八世紀末から一九世紀初頭の世紀転換期のものとして扱われている。

(3) 合唱協会一般についての論考では、それがドイツ中に隆盛していることを挙げたうえで、「高められ、広められた教養から生じたこの芸術への需要を満たすのに、合唱協会以上のものはない」と述べられている[AmZ, 1829 : 37-38]。

(4) さらにザルメンは「『愛好家』という概念が「ディレッタント(好事家)」という概念に取って代わられるのは、ようやく一八三〇年を過ぎてのことで、それ以来この「ディレッタント」という呼び方には、プロフェッショナルな要求をもはや満たすことのない専門的能力の欠如というイメージがまとわりつく」と述べている[Salmen, 1988 = 1994 : 176]。楽器の演奏について、一八世紀末からはその技術が高度化したために専門的な教育を受けていないアマチュアにはもはや手に負えないものとなり、プロフェッショナルとアマチュアの境界がより明確になったと言われることは多いが、そうした技術面からのみ見るべきではあるまい。というのも、演奏者のこの二分化が意識されるようになる時期と、音楽会におけるプログラム編成の見直し傾向、したがって聴取態度の変更要請が明らかになる時期とが重なっているためである。

(5) しかしジム・サムソンは「ドイツではアマチュアの合唱協会が音楽生活の重要な要素をなしていた」[Samson, 1991 = 1996 : 31]と述べている。

(6) 西村によれば、私的結社の花形は、私的意志に基づく、私人のための、私的な知の涵養と、三拍子そろった「読書クラブ」である。その数は一八世紀末では二七〇以上、一八〇〇年以前に四三〇との報告もある。これらのクラブは身分的平等と民主的意志決定を原則とする特徴を持っている[西村、1998 : 169-170]。

(7) 「ベルリン・ジングアカデミーと同様の目的・性格を持つ合唱団はドイツ中で設立された」[Söhngen, 1978 : 43]。

(8) 会則は以後、一八二一年、一八三三年、一八六〇年、一八八八年、一九五三年と、幾度にもわたって改訂された。

(9) 一八三四年の『一般音楽新聞』では、ハレ・アン・デア・ザールの新しい音楽協会についての記事が掲載されている。その概要を述べておこう。この地では以前大学音楽監督のナウエがジングアカデミーを設立し、その公開コンサートも賑わっていたが、徐々に人気が薄れてしまい、ナウエがジングアカデミーを再建しようとしてもうまくいかなかった。人々は現在では多くの小規模で私的な歌唱協会などで芸術的欲求を満足させている。芸術はこのような分裂状態にあるべきではなく、一つの共通の芸術目標に向かって統合されるべきであるという考えのもとに、新しい「ハレ音楽協会 Hallescher Musikverein」が設けられたのである。この協会の基金は愛好家の自発的な寄付によるもので、理事たちには高級官僚が名を連ねている。また音楽的な問題についての助言者としては、プロの音楽家たちが選ばれている。この協会の目的は、(1)音楽演奏レッスンの促進、(2)レッスン機会に続く練習時間を与えること、(3)公開の音楽演奏会を催すこと、とされ、そのための機関は、(1)ジングアカデミー、(2)音楽学校、(3)オーケストラ協会、(4)コンサート協会に分けられる。ジングアカデミーの会員は設立当初一五二人で、毎週月曜日の晩六～八時に定期的に集まって真面目なスタイルの声楽曲を練習していた。音楽学校は将来職業音楽家を目指す少年たちと授業の補習を望む生徒のためのもので、無償でレッスンを受けられる生徒たちはコンサートや練習に無償で協力するという義務を追っている。器楽クラスにはすでに一七人の生徒がいる。オーケストラ協会の目的は、当地のオーケストラと共に器楽の練習をすることで、メンバーは(a)ディレッタント、(b)町楽師の見習、(c)独立した専門の音楽家、(d)音楽学校の上級生徒で構成される。コンサート協会は、この音楽協会の会計から大規模なコンサートを企画する部門である[AmZ, 1834 : 611]。この協会は市民たちの自発的な組織ではあったが、地域の諸機関とも密着しており、プロもアマチュアも協同していることが分かる。

(10) この提案は最終的には一八一五年に「大学のゼミナール Seminarium an der Universität」という形で実現する。

(11) ツェルターはこの目標を実現するために、その考えを五巻からなる回想録にまとめた(一八〇三、一八〇四)。ここで引用されているのはハルデンベルクのために書かれた第二巻である[Nitsche, 1980 : 11-12]。

(12) ゾーヴァはツェルターの回想録第二巻に挙げられたアカデミーの改革提案を以下のようにまとめている。すなわち音楽局を設置すること、国家により音楽教授号を設けること、都市楽師職を改造すること、教会音楽を改革すること、教会・学校音楽のためのゼミナールを作ること、カントル及びオルガニストの審査を国が行うこと、である[Sowa, 1973 : 118]。

(13) その主な申請内容は、芸術アカデミーに音楽局を設置すること、国家がツェルターを音楽教授に任命すること、公の音楽活動の監督をツェルターに任せること等である[Sowa, 1973：118]。

(14) 出席者はツェルター、シュルツ、ヨルダン、ヘルヴィヒ、ルンゲンハーゲン、フレミング、ヴォランク、ボルネマン、それにヴォイトゥス夫人及び令嬢であった。

(15) リーダーターフェル設立時の会員の職業は以下の通りである。教授・学校長、軍事顧問官、宝石商、医者、福引き監督、法律顧問官、書籍商、教授、芸術家、大聖堂のオルガニスト、貨幣検査官、商人、王室の俳優、検査官、学芸部記者[Nitsche, 1980]。

(16) 新聞の音楽欄を担当していた記者で、設立時のメンバーであったJ・P・シュミットが、経済的な都合により、一年あまりでリーダーターフェルを脱退したという例がある[Nitsche, 1980：17]。

(17) 一八二〇年代に男声合唱協会の運動が盛んになる[Hardtwig, 1994：48]。ハンス・ウルリヒ・ヴェーラーによれば、革命前には「およそ二五万人の男性がフェアアインに組織されていた」[Hardtwig, 1994：49に引用]。

(18) 参加者の主な職業は、学生、詩人、哲学者、音楽家、音楽研究者、音楽文筆家、楽譜収集家などで、その中にはゲーテやティーク、ジャン・パウル、ツェルター、シュポーア、ロホリッツ、メンデルスゾーン、キーゼヴェッター、ヘーゲルらも含まれる[Pfeiffer, 1989：203]。

(19) たとえば、ウィーンではシモン・モリトールが一八三一年から一八四二年までの間、自宅で「器楽アカデミー Instrumental-Akademie」と称する古楽演奏会を行なっていた[Kier, 1969：67–68]。

(20) 過去の宗教的声楽曲は元来は少年を含む男声合唱によって歌われていた。それは教会では女性が歌うことが禁じられていたからなのだが、一九世紀の市民的合唱運動においては高音部は女声が担当していた。声部についてはジェンダーの視点の導入が欠かせないが、本書においては、この問題は先送りし、特に考察することは控える。

(21) オスヴァルト・シュレンクはベルリン・ジングアカデミーの排他性を指摘している[Schrenk, 1940：45, 56, 70]。ブルデューによれば人数制限とは「最も端的な形における差別的措置」である[Bourdieu, 1979＝1990I：250]。

(22) ハルトヴィヒは学問的・文化的・政治的関心に基づく「教養」を通して新しい人々の相互関係が築かれたと指摘している[Hardtwig, 1984：39]。

(23) 同様の嘆きはその一四年後にもなお見られる。一八一四年には、オラトリオというジャンルの創作がヘンデルやグラウン以来途絶えていることが指摘され、その原因として作曲家たちが教会のために作曲しなくなったこと、人々の礼拝への関心が冷めてしまっていること、オラトリオ用のすぐれたテクストが不足していること、オペラの人気、器楽の高度化による芸術家の専念などが挙げられている[AmZ, 1814：121]。

(24) 「オラトリオは名声や財を得ようとする作曲家には魅力的なものではなかった」[Brown, 1987：v]。

(25) ライプツィヒのグーテンベルク記念祭ではメンデルスゾーンの合唱付き交響曲第二番《讃歌 Lobgesang》が演奏された。

(26) オラトリオ(詩・音楽の用語)…宗教的な、しかし一貫して叙情的な短い、音楽演奏を伴うドラマで、大きな祝祭日に行われる礼拝に用いられる。…中略…オラトリオは、気高い宗教上の出来事の中で強く心を動かされた様々な人物を登場人物として受け入れる。彼らのそれに対する諸感情は、ある時は個々に、ある時は共に、非常に強調して表現される。――このドラマの目的は、聴衆の心に同様の感情を浸透させることである。したがってオラトリオの題材は必ず、よく知られている事柄であり、その記念に祭典が捧げられているのである。それは完全に叙情的に扱われる。なぜなら、ここには対話もナレーションも、出来事の報告も一切必要ないからである。…中略…それゆえ、オラトリオの詩人は、叙事的な、通常の劇的表現を完全に避けなければならない。そしてある事を物語り、あるいはあるテーマを描写したいと望む場合、それを叙情的な調子で行わなければならない。[Schulz, 4/1792-99＝1967：610 -611]

(27) [Smither, 1987：403]参照。シェーリングにおいては「特定化されない声が歌う」[Schering, 1911：392]とされている。

(28) ベルリンにおいてはほとんど毎年聖金曜日に演奏されていた[Smither, 1980：672]。ラムラーの三部作のうち、《イエスの死》以外の二作は、Die Hirten bei der Krippe zu Bethlehem および Die Auferstehung und Himmelfahrt Jesu である。

(29) 但しこの作品は他の作品と比して器楽曲の割合が二九パーセントと、群を抜いて高いことも考慮に入れる必要がある。これは作詞者ロホリッツのテクストが短かったために序曲と第二部の導入とを長くしたシュポーアの処置による。

(30) 一八世紀末においてもなお理想的なオラトリオといて評価され続けたグラウンの《イエスの死》では、独唱も合唱も同じく瞑想的ではあるものの、たとえば独唱によって第九曲の最後に表現される感情を受けて第一〇曲の合唱が静的に反復するといった役割が見られ、やはり合唱は無名である。ハイドンの《天地創造》では独唱による言明の続きを合唱が受け持ち、あるいはアリアを反復するという順列的な関係が見られるのに加え、たとえば第一四曲では、合唱と独唱群が詩編一九を対等に分担するという並列的な関係も見られる。こういった関係は、ヘンデルの《メサイア》にもあり、第二、三、四曲では、独唱によるレチタティーヴォ、アリアと合唱で、イザヤ書第四〇章が分担されている。

(31) [Stanley, 1988 : 108]参照。ゲックはこれを「合唱協会の望みに媚びた」と見なしている[Geck, 1967a : 102]。

(32) その演奏者は、合唱二七五人、楽器奏者二五〇人であった[Jacobs, 1963 = 1980 : 119; Young, 1980 : 507]。

(33) [Stanley, 1988 : 45]参照。

(34) 開催されなかった年は一八三一、四八、四九、五〇、五二、五九年。

(35) 一九世紀のオラトリオは一〇〇〇人を超える人数で演奏されることもあった[Lichtenhahn, 1987 : 173; 大崎／マーリンク、1990 : 97-101]。

(36) その中で主要なものは以下の九つである[Pfeifer, 1989 : 87-88]。①ニーダーライン音楽祭（一八一八〜）、②東プロイセン音楽祭（一八二一、一八三六）、③エルベ音楽祭（一八二五〜一八二六）、④ラインバイエルン音楽祭（一八二七〜一八四二）、⑤テューリンゲン-ザクセン音楽祭（一八二九〜一八三五）、⑥シュレジエン合唱・音楽祭（一八三〇〜一八三二）、⑦北ドイツ音楽祭（一八三一〜一八三三）、⑧マルク合唱協会音楽祭（一八三三〜一八三五）、⑨ニーダーシュレジエン音楽祭（一八三八〜一八四七）。

(37) これらの都市は音楽祭の開催により発展した[Porter, 1980 : 212]。

(38) 文化的偉人の記念碑除幕式などでは、国民的祭典が催されたが、それについてニッパーダイは、「大規模な身分を超えた祭典」であるとし、そこで発生する共同体意識をドイツ共同体というナショナルなものとして解釈している[Nipperdey, 1968 : 545-558]。確かに、音楽祭が「音楽」をメインにする催しであるのに対し、国民的祭典は明白にナショナルな目標を掲げたものである。

第三章

（1）本研究では、キャノン成立過程を明らかにする好例として、その社会的評価が劇的な変化を経験するバッハを取り上げるが、一九世紀における音楽の「巨匠」として、ベートーヴェン、モーツァルト、ヴァーグナーらとの違いを付け加えておけば、彼らはその経歴においても、受容においても、ドイツ以外の国に影響力を及ぼしていた点が挙げられる。だからこそ、「ドイツ」の作曲家として彼らは強調されるのだが、一方バッハは生涯をドイツ内で過ごし、教会の音楽家として地味に生活していたことがしばしば特徴として挙げられる。[Bertram, 1933＝1996]参照。

（2）二〇世紀から振り返れば、ここにハイドンの《天地創造》と《四季》、そしてオラトリオではないが同様の機能を果たしていたベートーヴェンの《交響曲第九番》を挙げるべきであろうが、一九世紀前半においては過去の作品とは見なせない。

（3）ゲックはバッハ受容の三段階を次のように設定している。すなわち、①没後、その遺産を実践的に守る音楽家サークルが存在し、鍵盤音楽の筆写などが行われた時期、②一七七〇年代以降、フォルケルらによってバッハを国民的文化財と見なし、作品吟味よりも国民的芸術の記念碑を立てることが重視された時期、ロホリッツによってAmZ創刊号表紙の肖像に選ばれた時期、③ベルリン・ジングアカデミー設立によるポピュラー化と、一八〇三年シヒトによるモテット集編纂により、博物館化が行われた時期、である[Geck, 1967：11-13]。ゲックは作品理解の仕方に照準しており、《マタイ受難曲》以後、新しい理解がなされるようになったと主張しているが、本書では、教養と市民性の視角から三段階の設定を独自に行なっている。

（4）エルンスト・ルートヴィヒ・ゲルバーの音楽家伝記辞典など[Gerber, 1790-1792 および 1812 以後補巻も出版される]。

（5）ファン・スヴィーテン男爵は外交官としてベルリンに行った折に、マールプルクやキルンベルガーといったバッハ作品のコレクターのサークルに参加していた。そして彼のヴィーンの自宅ではバッハ作品の対位法の研究が楽しみとして熱心に行われていた。このようなバッハの秘儀的なサークルがその仲間内で作品を保存していた[Blume, 1947＝1976：57-61]。

（6）現在ではこの事業はメンデルスゾーンの名と共に語られるが、しかし、ナチ時代にはメンデルスゾーンの作品や様々な活動が音楽史から消され、一八二九年の《マタイ受難曲》再演もツェルターによるものとされたこともあった。

(7) この合唱団は一八一八年にシェルブレが設立したもの。この名称はカトリックの合唱運動に属するものだが、実際にはベルリン・ジングアカデミーにならったもので、プロテスタントの教会音楽に力を入れていた[小林、1985：32]。

(8) この機関は、二年前にヨハン・ヴィーガントによって作られたカッセル・ジングアカデミーの補充機関として設けられた。

(9) 当時は初演以来一〇〇年ぶりの蘇演という宣伝文句が信じられた(しかし実際には何度か演奏されたことはあった)。二月二一日付のA・B・マルクスによる案内記事——「重要で幸運な催しが音楽の世界で、しかもまずもってこのベルリンで目前にさしせまって行なわれる。三月上旬にフェリックス・メンデルスゾーン＝バルトルディの指揮でバッハの《マタイ伝による受難曲》が演奏される。偉大な音詩人のこのうえもなく巨大で聖なる作品が、これによって一〇〇年の眠りから蘇る。これは宗教と芸術の最高の祝典である。」[BAMZ, 1829：57; 西原、1990：141]

(10) Erbarme dich, mein Gott; Buß und Reu knirscht das Sündenherz entzwei; Du lieber Heiland du の三曲。

(11) 小林は、ツェルターによるバッハの自筆譜への書き込みを、「バッハの作品を改善しようとする不遜な態度」、「今から見れば罪業狼藉とも言える」等の表現で責めており、それに対してメンデルスゾーンによる変更は「聴衆に対する妥協案」として免罪するという言わば判決を下している[小林、1985：18-22]。メンデルスゾーン自身にバッハに対する真摯な敬意があったということは認められるにせよ、厳密な資料研究を行なっている音楽学者が時折見せるこうした価値判断は、研究者自身のバッハに対する(およびバッハ精神を受け継いだ創作に対する)崇拝をあからさまにしている。

(12) 一八五〇年七月二六日付の『音楽新報』の第一面[NZfM, 1850]。

(13) 実践にも使用可能な全集出版という思想は、バッハ全集が完成した一九〇〇年に設立された新バッハ協会と新バッハ全集の出版において目指されることとなった[Kretzschmar, 1900：XVIII-LXIII]。

(14) 一九〇〇年以降の新バッハ全集と区別するために、一九世紀のバッハ全集は旧バッハ全集と呼ばれる。

(15) バッハの普遍性について述べているフェッターは、この普遍性とは一個の音楽家とその多面性、全面性

Allseitigkeit ではなく多面性 Vielseitigkeit であると主張している[Vetter, 1951 = 1976]。

(16) 一件は一つの音楽会の報告記事とは限らない。同一のコンサートにおいて、小品を含む複数のバッハ作品が演奏されている場合には、一ジャンルを一件として扱った。

(17) ゲックは、《マタイ受難曲》の再演ラッシュが過ぎると、その後の再演が続かなかったことについて、《マタイ受難曲》が他のオラトリオよりも演奏に高い技術が必要だったことを指摘している[Geck, 1967 : 127]。

(18) 「メンデルスゾーンによって点火されたバッハ崇拝は、折からドイツ各地で起こりつつあった合唱運動に燃え移っていった」[樋口、1993 : 72]とあるが、本書において繰り返し述べているように、《マタイ受難曲》は合唱運動の展開を前提としなければ考えられなかった。

(19) ディレッタントから成るエアフルトの音楽協会についてのエッセイの中では、「宗教音楽は芸術を学び始めた者に高い目標を課し、測り知れない教養の素材を与え、彼らを芸術の聖地へと導く」と述べられている[AmZ, 1835 : 757-758]。本書第二章では、合唱という形態自身が教養理念に適うものであったことを論じたが、当時の意識としては、音楽一般が、特に宗教音楽が教養と素朴に結びつけて考えられていた。

(20) 『一般音楽新聞』を刊行したロホリッツ自身、自身の幼少期からの音楽体験の中でバッハが難しかったことを綴っており、たとえばヘンデルの作品がバッハほど難しくはなかったことを述べている[AmZ, 1802-03 : 509-522]。

(21) しかしだからといってバッハについての情報が正確なものではないということは、現在の研究からはすでに明らかにされている。

(22) 一七一七年にフランスの名高いクラヴィーア奏者でオルガニストのマルシャンがドレスデンを訪れた際、楽師長のヴォリュミエがこの名人とバッハを国王の御前で競演させようとしたことがあった。バッハはこの招きに応じ、マルシャンが提出する課題をすべて即興で演奏しようと申し出、またマルシャンにも同じ条件を要求した。この挑戦をマルシャンも受け入れたので、その競演は実現されることになったが、当日バッハと見物人の前にマルシャンは現れなかった。遣いをやって問い合わせてみると、マルシャンはすでにその日の朝、密かにドレスデンを去っていたことが分かった。バッハはやむを得ず一人で演奏し、人々を驚嘆させた、という出来事のこと。この逸話はフォルケルのバッハ伝をはじめとして、一九世紀の音楽雑誌におけるバッハ関係の記事にもしばしば持ち出された。

(23) 一七九〇年に出版されたゲルバーの『歴史的・伝記的音楽家事典』[Gerber, 1790-92] はその続編を一八一二年〜一八一四年に出しているのだが、この事典においても、バッハについては「テューリンゲン人として思い上がることなく」、「栄誉のことなどは夢に思うことすらなく」、「心ならずも有名になっただろう」という記述が見られる。[Gurlitt, 1951＝1976：114 に引用]。

(24) フェッターは「バッハを男性として人間として傑出させていたあの率直さ、素朴さは、彼の考え方全体にわたって再確認できる」と述べている[Vetter, 1951＝1976：128]。

(25) クリスティーン・バタースビーは、それ以前にも天才のオリジナリティーへの注目があったという例として、エドワード・ヤングの広く読まれたエッセイ「オリジナルな構成(＝作品)についての意見」(一七五九)の記述を挙げている[Battersby, 1989＝1992：150]。また、エドワード・ロウィンスキーは、職人と天才の区別を行い、発明と独創性が天才と才能 talent の違いであり、才能は模倣し、天才は創造するものである、と考えられたことを明らかにしている[Lowinsky, 1964：493]。

(26) ペーター・リヒテンタールの『音楽辞典』(一八二六)やアウグスト・ガティの『音楽百科辞典』(一八四〇)等の「天才」の項目も同様である[Lowinsky, 1964：324-325]。

(27) バッハを独創的天才よりも職人として捉える見方は随所に見られる——バッハは人間としては「なんの変哲もなく、およそ天才らしい気まぐれなど薬にしたくも見当たらぬ存在」[Preuß, 1919＝1996：242]であること、そもそも「中世的な職匠、手職人」[Benz, 1935＝1996：322]であること、バッハは「いわゆる「独創的天才」でもなければ、創始者でもなく」ドイツ音楽の一つの可能性を完結した人物であり、人間としては「市民としての尊敬を受け、実直で信心深く、つつましやかな男」であったこと[Staiger, 1945＝1996：376-377]などである。

(28) 小林は、バッハの音楽におけるほど明確にドイツ性というものがロマン派から知覚されたのは稀で、バッハはあたかも国民的英雄であるかのように褒めたたえられたと述べている[小林、1995：133]。

(29) 音楽芸術の記念碑 Denkmal の定義は二〇世紀初頭から試みられている。特に、MGGにおける Denkmal の項目では、ヴォルフガング・シュミーダーが、「過去の重要な音楽作品を優れた印刷譜で忘却から守るためのもの」だとしている[Hilscher, 1995：20 に引用]。本や楽譜、手稿譜、楽器も保存する価値のある文化遺産であるという認識は一九世紀音楽学の重要な功績で、楽譜と音楽芸術は、それが一つの文化的典型だと思われる場合には記念碑性格を持っていると見なされる[Hilscher, 1995：21-22]。

(30) ハットンはモーリス・アギュロンのフランス共和制におけるマリアンヌのイメージ研究[Agulhon, 1979＝1989]に基づいてこのように述べている。

(31) ニッパーダイは文化タイプの国民的記念碑が真に意味を持ったのは一九世紀前半のみであるとし、この時代には政治領域の運動が文化領域に押しのけられていたこと、そしてその文化領域は断念された政治活動の代償として作用していたと考えている[Nipperdey, 1968：559]。しかし、私は文化活動を未成熟な政治活動の代償とは捉えておらず、一九世紀後半以後も独自の意味を持ち続けたと考えている。

(32) 過去の音楽がレパートリーとして定着してくることを示す例は、過去の音楽への聴衆の無関心という形でも表明されている。「過去の作品に対する聴衆の明らかな無関心は十分言われている。……合唱協会などでバッハ、グラウン、ヘンデルらの作品を上演しても、翌年には賢明に、新しい同時代の作品を上演することになるだろう。作曲者が自作品を指揮するためにそこにいれば、全体が生き生きと力強く進むだろう。現在のものをはやらせないように、没した作曲家の作品だけを扱うような不幸は、……芸術の真の進歩と、それに対する聴衆の持続的な愛着とを損なうことになるだろう」[AmZ, 1835：843]。

(33) フィンクによる「音楽芸術において古い時代は現在のためにいかに使われるべきか」という記事より抜粋。全体の主旨は、過去を学ぶべきではあるが、過去の偉人を崇拝して現代のものを軽視する傾向を疑問視し、それが若い創造力を失わせてしまう危険性に異議を唱えるものである。

(34) ナウエンブルクも同様の論考を発表している。「真の天才は神聖なものであって、酔わせるものではない。彼は育てられるのであって、生まれるのではない。感情によって感動し、理解によって浄化され、自然によって能力を与えられ、研究によって熟する。音楽芸術では獲得された知は不可欠な条件である。シュレーゲルによれば、天才の行為は、彼にとって自然であり、ある意味で無意識的であるが、考える力が大きな部分を占めないわけでは決してないとされる。技術に通じていることは真の芸術家にとって、礼儀正しい人間にとっての教育と同様、自然になるのである。」[AmZ, 1832：153-155]

(35)　あるいは同新聞においてしばしばKennerと対置されていた語としてFreund(Musikfreund)も挙げておくべきであろう。
(36)　ベートーヴェンの音楽観は(1)音楽は社会的な状況から解放されていなければならない、(2)音楽は能動的であるべきである、(3)一八世紀の教養人によって詩の下位に置かれていた音楽は時代を超越したものであるべきである、というものである[Dahlhaus, 1990：229-230]。
(37)　また近年「伝統的な意味での音楽史」とは異なる視点から記述するという自負のもとに刊行されている『西洋の音楽と社会』のシリーズでは、「厳しい言い方をするならば、(一過性の流行で終わったか、古典として現代にまで残っているかという違いこそあれ)こうした音楽はどれも〈芸術〉である前にまず〈娯楽の対象〉だったのである」とある[Samson, 1991＝1996：25]。
(38)　ヴァーグナーは観客が作品以外に注意を向けないような劇場を考案した。まず、劇場内を暗くし、ボックス席、休憩室、娯楽室といったオペラ劇場に従来設けられていた施設を取り除き、また浅い傾斜で座席を並べて舞台を観やすくすると共に、作品に専念することを要求し、上演中の移動をなくすために座席の間に通路をなくした。
(39)　たとえばJ・C・ローベ(ホフマン)は、音楽会の聴衆について次のような対話形式で批判している。「では訊きたいが、どこでどういう状況で器楽は聴かれるだろうか。明るく照明されたコンサートホール、演劇の幕間、茶話サークルなどだろう。音楽のために集まるわけではない幕間と茶話会は言及しないでおこう。しかし、コンサートホールでは音楽が重要である。だが真の芸術鑑賞にとって不可欠な注視がいかなるものかは、君は私と同じように経験しているだろう。この前のコンサートでは、ベートーヴェンの変ロ長調交響曲が始まったとき、深い静けさがホールを支配した。そこに、アレグロの最中にドアが開いて新しい公使、一人の若い美しい男が制服で登場すると、首を伸ばしてオペラグラスを覗いて囁く——それを君は見ただろう。音楽はもう駄目だ。誰も音楽に注意を払っていなかった。分かるだろう、友よ、聴衆がそのような妨害から守られ得るような設備はまだまだないのだ。そして素晴らしい作品の深い作用はなおしばしば救いもなく失われていくのだ」[AmZ, 1830：268-269]。
(40)　エマヌエル・バッハの『正しいクラヴィーア奏法試論』(一七五三)、ヨハン・ヨアヒム・クヴァンツの『フルート奏法』(一七五二)、レオポルト・モーツァルトの『ヴァイオリン教程』(一七五六)等である。

第四章

（1）『音楽芸術誌』はライヒャルトの自費出版で、購読予約者は一三六名、書店の注文を加えると二一六部、予約していない購読者を含めてせいぜい三五〇部と考えられている[西原、1987：147]。これはシラーやゲーテらの文芸雑誌の数百部という部数とはそう変わらない数値である。

（2）西原はドイツの代表的な文学新聞『ドイツ・メルクール』の一〇〇〇部と、最も著名なイエーナの『文学新聞』の二〇〇〇部と比較している[西原、1987：148]。

（3）ハインリヒ・クリストフ・コッホの『音楽事典』には、まだ「エロイカ」が登場していない一八〇二年に次のような記載があった。「器楽とは声楽を模倣したものにほかならないから、交響曲はなかでも合唱の位置を占め、それゆえ合唱と同じく大勢のひとびとの感情表現を目的とすることになるのである。」器楽のなかに「本来の」音楽を見出したロマン派の人々とは反対に、古典主義を奉じる音楽理論家だったコッホは旧来の見方に固執した[Dahlhaus, 1978＝1986：20]。

（4）ダールハウスは音楽とは音が響き出る現象であってそれ以外何ものでもないということ、したがってテキストは「音楽外」の要素のひとつであるということ——このことは、実は二百年となっていない定理、二百年だけの歴史的刻印を帯びた定理であると述べている[Dahlhaus, 1978＝1986：15]。

（5）レオ・シュラーデによれば、バッハ復興運動において教会音楽的モティベーションが重視されているが、一九世紀バッハ受容に決定的だったのは、そうではなく、絶対音楽というロマン主義の形而上学とドイツ音楽の世紀という愛国主義的理念の結びつきだった[Dahlhaus, 1978＝1986：197]。

（6）『音楽芸術の美学 Aesthetik der Tonkunst』Dr. Ferdinand Hand, Professor und Geheim Hofrath. Zweiter Theil. Jena, bei Carl Hochhausen. 1841. S.IV und 630 in 8. 書評は[AmZ, 1841：1049]。フェルディナント・ハントの『音芸術の美学』が歴史的に意味を持つのは、一八四〇年頃の教養人の「ふつうの意識」を示しているからである[Dahlhaus, 1978：26]。

（7）フィンクによる書評の中で紹介されるハントの『音楽芸術の美学』（一八四一）によれば、「音楽もまた可視的なものanschaubarをではなく、心Gemüthの事柄を描かなければならない。音楽芸術の客観性として現れるものは、空間ではなく時間の形式を特徴づけなければならず、そして、聴者のもとで認識されなければならない。それは芸術家によって把握された何らかの感情Gefühlの発展形式である」[AmZ, 1841：1050]とあり、また「芸術の本質でもあり人間的精神の本質でもあるような法則…この土台なしには音楽作品はありえない」[AmZ, 1841：1059]と主張されている。

(8) また、一八世紀後半から、様々な演奏法についての教科書が出版されたことからも、音楽の専門的知識が徐々に知られるようになったと言える。否、より正確には、「正しい」奏法を書物で訴えかける必要が生じるほど、音楽の演奏活動自体が徐々に拡散してきたと言うことができる。

(9) カール・ボロモイス・フォン・ミルティッツによる「対位法学習の価値について」。

(10) ヴァッケンローダーの『現代器楽の心理学』やティークの論文「交響曲」、E・T・A・ホフマンによるベートーヴェンの第五交響曲を論じた評論などがそれを示している。また、シリングの『音楽学百科全書』において、フィンクが一八三八年に書いたように「器楽のうちで最高のものと声価が定まっている」と見られていたのは交響曲であった[Dahlhaus, 1978：19]。

(11) イタリアのコンチェルトなどの形式を意識して述べている。

(12) フィンクの「交響曲について――交響曲の歴史と美学への寄稿として」と題された記事。

(13) 音楽雑誌の影響関係や通信記事からしても、ウィーン音楽文化とドイツ各都市の音楽文化との交流は盛んだったと言える。ライプツィヒの『一般音楽新聞』に『ウィーン一般音楽新聞』記事のレビューがあるなど、毎号、ドイツ語他誌の紹介や批評が掲載されている。

(14) ヴァーグナーの「総合芸術」概念も、ベートーヴェンによるドイツ交響曲の完成という了解の上に生まれたものである。ダールハウスによれば、「一九世紀の中部ヨーロッパの音楽文化のなかで――同時期のイタリア、フランスのオペラ文化とは違って――絶対音楽という考えはしっかり根を張っていたので、リヒャルト・ヴァーグナーですら……一応表面ではこの原理にたいし論議を加えてはいるが、結局はその原理の根本での正しさについては、なんの疑いも抱いていなかったのである。絶対音楽の概念は、音楽美学においては、古典派およびロマン派時代の柱となる理念であった」[Dahlhaus, 1978：8-9]。

(15) ハンスリックの名で有名なこの表現はヴァーグナーが言い出したものである[Dahlhaus, 1978＝1986：32]。ヴァーグナーは絶対器楽を単なる中間的段階と捉えており、ハンスリックは純粋器楽こそ「本来の」音楽であり音楽史の最終目標であるというE・T・A・ホフマンの立場を受容した[Dahlhaus, 1978＝1986：45]。

(16) 「すでに知られるようになっていた器楽の昇格——（絶対音楽という述語は半世紀後に出現したのだが）器楽は概念も対象も目的ももたないわけで、まさにこの理由によって器楽は音楽の本質を一点の曇りもなく純粋に明言しているのだ、という信念こそがそれにほかならない。……E・T・A・ホフマンが、一方では皆に先んじて「構造」としての音楽について語ったのだが、他方で、器楽とは「本来の」音楽である、従って音楽におけることばはいわば「外からの」添加物にほかならぬ、と宣言もしたのであった」[ズルツァーの『芸術総論』「シンフォニア」項——Dahlhaus, 1978：15-16に引用]。

(17) すでにヘルダーには「概念をもたぬ美として」、「目的をもたずして合目的的に」それ自体で存在する、しかも筋によって展開する出来事を支えたり、歌詞の説明になったりはしないというような、後の絶対音楽理念に重なる主張が見られる。そして、その見解によれば、「漠然とした」「ことばや身振りから切り離された」音楽は、従来言われたような声楽の欠陥態ではなく、「本来の」音楽芸術とされた[Dahlhaus, 1978＝1986：124-125]。

(18) ダールハウスは、芸術の「絶対性」の観念自体は、音楽以外の領域にも見られたことを述べつつ、しかし音楽の領域でこそ「歴史的実体を得た」のだと強調している[Dahlhaus, 1978＝1986：222]。

(19) 二〇世紀になっても、たとえばハインリヒ・シェンカーは音楽を何の努力もなく本能的に鑑賞できると考える「ディレッタント」を痛烈に批判している[N. Cook, 1990＝1992：29]。こうした傾向について、従来の音楽学批判をするクックは、「二〇世紀の美学者・批評家の間には、音楽聴取が感覚知覚を音楽構造に関する何らかの知識による理性的理解に結びつける高次の精神活動だとする、または少なくともそうあるべきだとする点で幅広いコンセンサスがある。しかし実のところこのような知識の正体が何かは、そうはっきりとはしていない」[Cook, 1990＝1992：30]と述べている。しかしこのような傾向は二〇世紀のものではなく、すでに一九世紀前半に度々語られていたことは、本章に示す例から明らかである。

(20) 音楽と教育Pädagogikとの関係について。Eine Vorlesung, bei der Feier des Geburtstages Sr. Majestät des Königs, am 15. Oktober 1841, vor der Akademie der Wissenschaften zu Erfurt gehalten. 音楽の教育への関係はまだ暗闇の中にあるという指摘がなされている。[AmZ, 1841：994]

(21) A・B・マルクスがベルリン大学の音楽講座で実践していたカリキュラムには、一九世紀後半に成立することになる音楽学の下地が用意されている。一八三七年の記事によれば、音楽講座の概要は、以下のように、実践的に作曲を学ぶ部門と、音楽史、音楽美学の部門に大別されている。(1)実践的・理論的な作曲教授、(a)初級コース——リズム・旋律・和声、所与の旋律に対する伴奏＝コラールの扱い、教会旋法の扱い、(b)二重対位法——自由作法・厳格書法のすべての形式、(c)声楽・器楽作曲の教授、室内楽、教会音楽、劇作品様式、楽器・テキストへの応用実践、(2)音楽の歴史、(3)音楽芸術の百科事典および哲学[AmZ, 1837：16]。

(22) ホフマンは音楽の中でも器楽の美的価値を重視しつつ、「詩的なもの Das Poetische」を、「聴衆は作品の音楽的進行に集中したときにのみ経験するのである」と述べている[Dahlhaus, 1978：83; Dahlhaus, 1978＝1986：67]。

第五章

(1) キャノン化の過程を専ら市民性の具体像としての伝記的要素から論じる本研究に対しては、たとえば正統派の音楽学者からは、「音楽そのものに踏み込んでいない」という批判があり得よう。しかしむしろ、バッハの作品分析を行なってバッハの音楽的価値を論証する従来のオーソドックスな論じ方は、すでにキャノンであることを社会的に認められた作品群に対して、さらに楽曲分析の側から追認する作業を行うものである。

(2) ここで私が述べたいことは、作品と作者を切り離して考えるべきだという、ニュークリティシズム的な主張ではない。一九世紀の芸術界は、芸術家たる人間にそのような道徳的意味を込めたということ、そしてそれが現在の美的な序列の上位に位置するキャノンと密接に関わっているということを、明示することがここでの主眼である。

(3) ドイツの専門職、資格社会を扱っているチャールズ・マクレランドは、大学について「知的自由の温床ではなく専門職としての訓練をする苗床と化していた」[McClelland, 1991＝1993：4]と指摘しているが、こうした見解もまた、理想と現実は違っていたというネガティヴな捉え方の一例である。このような見方は、大学教育が実務に関するものではなく、あくまで古典語の教養であったことを説明できない。私の関心はむしろ、大学が滑稽なまでに、時代にそぐわない「役立たなさ」に固執し続けたことにある。

（4）一九世紀の特に大都市においては、市民文化の開放性に基づく下層から市民層への階層移動の可能性に対する不安を表す証言が多く見られた[Bausinger, 1987：133]。

（5）プレスナーは、ヘルダーが用いたドイツ民族というカテゴリーについて、「deutsches Volk は……実在するが、目には見えない」と述べ、このロマン主義的カテゴリーが一九世紀に現実性を持つことになったと述べている[Plessner, 1935＝1995：87]。

（6）実際の統一を目指した構想を分析した松本は「彼らは明確に政治的統一と経済的統一を区別して議論していた」ことを明らかにしている[松本、1978：10]。またダンは「ドイツ語系諸民族と民族集団であるドイツ言語共同体と、帝国やドイツ国家を志向する政治的な共同体であるドイツ・ネイションは、区別されなければならない」[Dann, 1993＝3/1996：23]と述べており、ドイツにおける様々なずれはしばしば指摘されている。

（7）スターンは、ドイツにおいては、遠い先に思えた政治的統一よりも文化的凝集の形成が目指されたと述べている。さらに、その政治的統一でさえも民族的な自己意識をもたらすものではなかった[Stern, 1961＝1988：17-18]。

（8）統一ドイツは存在しなかったために、国民を定義しようと思えば純文化的な概念を借りるしかなかった[Ringer, 1969＝1998：77]。

（9）スターンによれば、アルントやフィヒテの世代は、すでに、自由主義的な諸観念や政治制度を、異質なもの、「非ドイツ的なもの」、西欧的なものとして非難していた。ゲルマン主義的批評家たちは、一七八九年の諸観念を異質的で欺瞞的なものとして捨て去ることができた。結局、ドイツの自由主義と議会主義的伝統は、西欧諸国ほど強くはなかったし、また、それゆえに攻撃されやすかった[Stern, 1961＝1988：17]。ドイツ的なイデオロギーであったフェルキッシュという思想は外面よりも内面を重視する[Stern, 1961＝1988：19]。

あとがき

研究や書籍の売り文句として、しばしば「学際的研究」という言葉に出会う。一つの学問分野に閉じこもらず、他分野とも連携を取っていることを高らかに謳うこの言葉は、実は胡散臭いと思う。かくいう私も、自分の研究を売り込まなければならないときにはせっせとこの便利な言葉を使っているのだが、それはこのマジックワードを使えば好印象を与えるということを、何となく分かっているからだ。でも、自分で使いながらも、やはり胡散臭いと思っている。

そんなことをぼんやりと考えることがあるのは、自分のやっていることが所謂「学際的研究」に入るらしいからだ。本書で言えば、タイトルからして「歴史社会学」となっていて、歴史学にも足を踏み入れ、しかし社会学の研究であり、同時に音楽学にもかなり関わっている。自分自身で三つの領域をまたぎながら、それにしても学際的とは何だろうと疑問を感じることがある。よく論文集で、一つの素材やテーマに対して、いろいろな分野の専門家が論文を持ち寄るタイプの学際的研究もあるが、私が考えたいのは、一つの研究の中に複数のディシプリンを持ち込むような学際的研究だ。

そもそも社会学では、冠社会学という昔ながらの言い方があるように、○○社会学という名称が無数にある――その名称すべてが学際的研究を意味するわけではないのだが、他分野との競合・協同が伴うものも少なくない。世の中の現象を何でも社会学にしてしまおうというある種の節操の無さは、音楽学の中でよく分からない悩みを抱えていた私には、ありがたい入り口を提供してくれた。音楽社会学なるものがあるらしいと、飛びつくことができたのだ。だが幸せでいられるのは、入り口までだ。音楽を扱う専門分野として音楽学があるのに、また歴史を扱う専門分野として歴史学があるのに、社会学はそこで一体何をしようというのだろうか。事件の管轄を争う警察ではあるまいし、どの分野が何を対象とするかについてこだわるなどナンセンスだという意見もある。ある事象を追究して新たな知見を提示するという学問の営みの前には、ディシプリンの境界など副次的なものに過ぎないと。明らかにされたものが何学であろうと、そんなことはどうでもいいのだと。

確かに、私も究極的には、研究という行為にディシプリンの境界はそれほど重要ではないと思う。でも経験的には、自分が複数の分野をまたいでいるからこそ、境界を意識せずにはいられなかった。それは私の経歴とも関わっている。

私はもともと東京芸術大学音楽学部楽理科で学部・修士課程を通じて音楽学を専攻し、そこでは特に西洋音楽史を学んだ。そのうちに、自分の関心が作曲家作品研究には向かわず、音楽をめぐる社会現象に向かっていることを自覚するようになったのだが、そうした自分の関心を前に進めてくれるように感じられたのは、社会史という分野ではなく、社会学だった。それまでは音楽史という形で歴史に接していた私にとってとりわけ衝撃的だったのはマックス・ウェーバーの『プロテスタンティズムの倫理と資本主義の精神』で、私の中では歴史に対するアプローチのパラダイム転換だったと言っていい。社会学というディシプリンに身を置いて勉強してみようと思ったのはそれからだった。すぐに音楽社会学なるものを実践したいというよりも、まずは社会学という分野の基礎を学びたいと思い、東京大学大学院人文社会系研究科の修士課程で社会学を専攻することにした。

長年にわたる学生生活への自己弁明なのかもしれないが、新たな専門分野に足を踏み入れるということは、私の意識の中ではそれほど気軽なものではなく、それぞれの学を修めるということに私はこだわっていた。音楽学の中で片手間に社会学を借用することも、社会学の中にいて適当に音楽学を借用することも、私には考えられないことだった。これはあくまで私の流儀ということで、それが正道だという話ではない。ただ、二つの専攻を修めたことで、私はそれぞれの学問分野に対する最低限の敬意というものを持っているつもりだ。本書の研究も、単に音楽学を批判するためのものではない。

学問の究極目標の前では専門分野の壁に大した意味はないと思う一方で、個々のディシプリンには、それぞれが時間をかけて積み上げてきた手続きや作法や価値観があるということを、軽視したくはない。学際的研究とは、単にディシプリンの枠を超えて混ざり合っていればよいものではなく、音楽学があるのに音楽社会学である必要性はどこにあるのか、歴史学があるのに歴史社会学である意味はどこにあるのかを、少なくとも自覚することは必要だろうと思う。「学際的研究」という言葉に胡散臭さを感じるのは、どうかすると、そこにはどのディシプリンの土台もないという根無し草的な匂いがするからだ。何の専門性もなく、幅広く扱えばそれで学際的研究になってしまいそうな危うさが感じられるからだ。

経験上思うことだが、それぞれのディシプリンには独自の手続きと慣習がある。それをある程度の時間をかけて習得するからこその専門分野性であって、それを簡単に飛び越えられるとするような考えはナイーブと言うほかはない。音楽学には楽譜を解読する技法と作法があり、歴史学には一次資料の探索と読み方の手続きがある。それは部外者が容易には習得し得ないものだ。だが同じく、社会学にも社会学の作法というものがあると私は思う。とかく、何でもありで無節操な分野と思われがちな社会学ではあるが、このディシプリンも理論や分析手法の積み重ねによって支えられてきた。それはまた、社会学のキャノンであるかもしれないが、ともかく「社会」の名を出せば社会学になるわけではない。

本書の「歴史社会学」について言えば、私は歴史の論理を解明する中で逆説を見出すことに、歴史学との当座の差異化を試みている。残存する資料を誠実に読む手続きから「逆説」や「意図せざる結果」を導くには想像を伴った飛躍が必要で、それは歴史学の慣習からは実践しにくい――もちろん、不可能と言っているわけではない。私の捉える社会学の意義は、同時に様々な言い訳につながりそうではあるが、少なくとも本書においてはそこに境界を自覚した痕跡を残しているつもりである。そして、本書の「学際的研究」の基盤は社会学に置いていることを、改めて述べておきたい。

本書の出版にあたっては、独立行政法人日本学術振興会・平成一七年度科学研究費補助金（研究成果公開促進費・学術図書）の助成を受けている。そのもとになったのは、東京大学大学院人文社会系研究科に提出した社会学の博士論文であるが、博士論文執筆時から今回の出版に至るまでに、実に様々な方にお世話になったが、この場で感謝の意を表したい。

東京大学の上野千鶴子先生には、私が東大社会学の修士課程に入学した当初からずっと指導教官としてお世話になった。先生の専門であるジェンダーの問題をそのままの形で本書に取り入れることはなかったが、ゼミと個人指導での先生の批判やアドバイスは、私の研究の根本的なところに影響を与えてくれた。本書における議論も、上野先生が常々ジェンダーの問題として取り上げていたものを、自分の問題として考え直して生まれたものである。しばしば非常に厳しい口調で院生を震え上がらせる先生ではあるが、私にとってはその怜悧さが心地よく、いつもその姿に自分なりに刺激を受けていたように思う。そしてその反面、意外にも(失礼)親身に丁寧に私の論文に付き合って下さり、そのお陰で私は長期間に及ぶ博士論文執筆作業に臨むことができた。

東京大学の佐藤健二先生には、文化社会学・歴史社会学という領域の近さゆえに、やはり修士課程時代からお世話になった。現在でも、先生の主催する「歴史社会学フォーラム」とそのメンバーからは、興味深いテーマと素材が提供され、常に新鮮な探究心を喚起されている。メンバーがそれぞれ自分の関心分野に没頭するおたく的(?)性向を持っているのに、研究会が一つの形をなすのは、佐藤先生の柔軟で幅広い姿勢によるものだと思う。私の研究についても、私自身の関心を尊重しつつ、私が考えもしなかったような方向から核心的な助言をして下さるなど、示唆に富む指導をして頂いた。

キャンパスは異なるが、やはり東京大学の佐藤俊樹先生には、長年にわたり、ゼミや個別指導でお世話になった。その中では、院生たちが多岐にわたるどんなテーマで報告しても数分のうちに問題の核心を見抜いて分析するという、先生の鮮やかな手腕に学ぶことも多かったが、私にとって最も重要だったのは、自分が疑問に思うことに徹底的にこだわることの大切さを教えて頂いたことだ。それは、まがりなりにも研究に従事する者にとってごく当然のことのようにも思えるが、自分の中にある疑問がまだ疑問の形にすらなっていないとき、よくそれを佐藤俊樹先生は「気持ち悪さ」という表現で語っていたが、それを他者にも共有しうる問題意識のレベルに持ち上げるまで、根気よく自問自答することは、実はそう簡単なことではないと思う。手っ取り早く、すでに誰かが立てた問題設定に乗って研究する道はいくらでもあるからだ。本書のようにマイナーな領域を扱う私にとって、先生の助言は、研究姿勢の土台を固めてくれるようなものだった。さらに、佐藤俊樹先生からは、ドイツの市民社会論についても様々なコメントを頂いた。

東京大学の盛山和夫先生からは、ゼミや博論審査の過程で、論文の根幹をなす論理についての厳しいご意見とご助言を何度も頂いた。専門領域は異なるものの、いやむしろ異なるからこそ、情報量や真偽についての議論ではなく、論理的な手続きについての先生の見方は、私には不可欠なものだった。

上智大学の吉野耕作先生からも、東京大学時代のゼミや博論審査において貴重なご助言を頂いたが、特に文化ナショナリズムの理論や具体的現象についてのコメントは、私の視野を広げてくれるものだった。

このような社会学の専門家の方々から長期間にわたって指導して頂き、何度も議論し合える環境の中で自分の研究を何とか一つの形にすることができたことは、本当に幸運なことだったと、今改めて思う。本書に直接的な影響を与えて下さった五名の先生方には、心からの謝辞を申し上げたい。

だが私の研究は東京大学時代から始まったものではない。問題意識は、それ以前の東京芸術大学時代から温めていたものだった。まぎれもなく「出発点」となっている芸大時代に関わった方々にも、この場で感謝の気持ちを捧げたい。

東京芸術大学ではまず指導教官である角倉一朗先生に、学部時代と修士課程時代を通してお世話になった。楽書の読み方から、楽譜に記された「一音」の意味を解明する作法まで、音楽学というものが何を目指すものかという基本を教えて頂いたことは、その後の私の研究にとって大きな意味を持つ。それらを学ばずに、私が音楽社会学という領域に進むことはできなかっただろうし、音楽学への批判があってもなお、音楽学への敬意を持っているのは、角倉先生の音楽学を目のあたりにしてきたからだ。

桐朋学園大学の大崎滋生先生と西原稔先生には、先生方が芸大に非常勤で来られたのを機に、桐朋での授業に参加させて頂くなどしてお世話になった。一九世紀のアマチュア合唱運動というテーマとの出会いは大崎先生の幅広い研究を間近で拝見していたからこそであったし、音楽雑誌の批評記事については、西原先生のゼミから示唆されることが多かった。お二方からは特に、一九世紀の無名の膨大な数の音楽家の活動について学ぶことが多く、またそれについての資料に関して様々な助言を頂いた。プロの音楽家に限らず、また有名作曲家にとどまらず、音楽活動全般に対する私の視野が開かれたのは、両先生の興味深い研究や議論の数々があってのことである。

新潟大学の松本彰先生は、ドイツ近代史の専門家であると同時に音楽についても造詣の深い方で、私がある研究会で松本先生と出会えたことは幸せなことだった。男声合唱とナショナリズムの問題、あるいはまたドイツにおける記念碑の問題、教養市民層など、本書の鍵となるテーマのすべてに関わっておられるので、論文を書く度にご助言を仰いだ。松本先生はいつも私のために時間を割いて下さり、丁寧なコメントを下さった。

音楽学とドイツ史の専門家の方々が下さった様々なご批判・ご助言には大変感謝している。ここに心からの御礼を申し上げたい。

また、東京芸術大学と東京大学という二つの場所で、先輩から後輩までを含めた数多くの仲間と出会えたことも、私にとっては貴重な財産となっている。研究会の場では厳しく批判し合いながらも、研究会が終われば信頼し合う仲間として交流できるという環境は、本当にありがたいものだった。その中でも特に、先輩にあたる立教大学の星野宏美さんは、私が初めて論文というものを書いたときから大きな影響を与えてくれた。そして論文を書く技法だけではなく、たった一つの些細に見える事柄であっても突き詰めて明らかにする彼女の真摯な緻密さに、出会った当初から感銘を受けており、そのこともまた、音楽学というものに対する私の敬意を支え続けている。

そして、岩波書店と編集部の高村幸治氏には言葉に尽くせないほどお世話になった。出版自体に関わるすべてが初めての私としては高村氏に多大なご面倒をおかけしてしまったが、新米の私に親身になってお付き合い下さったことに改めて謝意を表したい。

宮本直美

二〇〇六年一月

■岩波オンデマンドブックス■

教養の歴史社会学——ドイツ市民社会と音楽

2006年2月17日　第1刷発行
2007年9月5日　第4刷発行
2019年11月8日　オンデマンド版発行

著　者　宮本直美《みやもとなおみ》

発行者　岡本　厚

発行所　株式会社　岩波書店
〒101-8002　東京都千代田区一ツ橋2-5-5
電話案内　03-5210-4000
https://www.iwanami.co.jp/

印刷／製本・法令印刷

ISBN 978-4-00-730946-5　　Printed in Japan

索　引

ア 行

カ 行

サ 行

タ 行

ナ 行

ハ 行

マ 行

ヤ 行

ラ 行

ワ 行

参考文献

Adorno, Theodor W., 1962. *Einleitung in die Musiksoziologie.* Frankfurt am Main : Suhrkamp Verlag. = 1970 『音楽社会学序説』渡辺健他訳，東京：音楽之友社.

Agulhon, Maurice, 1979. *Marianne au Combat. L'Imagerie et la Symbolique Républicaines de 1789 à 1880.* Paris : Flammarion. = 1989 『フランス共和国の肖像――闘うマリアンヌ　1789-1880』阿河雄二郎他訳，京都：ミネルヴァ書房.

Alf, Julius, 1987. *Geschichte und Bedeutung der Niederrheinischen Musikfeste in der ersten Hälfte des neunzehnten Jahrhunderts.* Düsseldorf : Droste-Verlag.

Alings, Reinhard, 1996. *Monument und Nation. Das Bild vom Nationalstaat im Medium Denkmal — zum Verhältnis von Nation und Staat im deutschen Kaiserreich 1871-1918.* Berlin : Walter de Gruyter.

AmZ = Leipziger Allgemeine Musikalische Zeitung

Anderson, Benedict, 1983. *Imagined Communities.* = 1987 『想像の共同体』白石隆他訳，リブロポート.

Anton, Karl, 1912. *Beiträge zur Biographie Carl Loewes. Mit besonderer Berücksichtung seiner Oratorien und Ideen zu einer volkstümlichen Ausgestaltung der protestantischen Kirchenmusik.* Halle : Verlag von Max Niemeyer.

Apostolidès, Jean-Marie, 1981. *Le Roi-Machine. Spectacle et politique au temps de Louis XIV.* Paris : Les Éditions de Minuit. = 1996 『機械としての王』水林章訳，東京：みすず書房.

Auerbach-Schröder, Cornelia, 1966. "Frauen in der Geschichte der Sing-Akademie." In *Sing-Akademie zu Berlin. Festschrift zum 175 jährigen Bestehen.* Hg. von W. Bollert, Berlin : Rembrandt Verlag, pp. 97-105.

Bach, Carl Philipp Emanuel, 1788. = 1996　C. P. E. バッハの書簡，『バッハ頌』所収，中村皓光訳，角倉一朗編，東京：白水社，64-79 頁.

BAMZ = Berliner allgemeine musikalische Zeitung

Battersby, Christine, 1989. *Gender and Genius.* London : The Women's Press. = 1992 『性別と天才――フェミニズム美学のために』小池和子訳，東京：現代書館.

Bausinger, Hermann, 1987. "Bürgerlichkeit und Kultur." In *Bürger und Bürgerlichkeit im 19. Jahrhundert.* Hg. von Jürgen Kocka. Göttingen : Vandenhoeck & Ruprecht, pp. 121-142.

Beinroth, Fritz, 1986. "Aspekte der Deutung der Mattäus-Passion von Johann Sebastian Bach in Schriften des späten 19. Jahrhunderts." In *Das Werk von Heinrich Schütz, Johann Sebastian Bach und Georg Friedrich Händel――bedeutendes humanistisches Vermächtnis für die sozialistische Gesellschaft.* Hg. von F. Beinroth. Potsdam, pp. 18-30.

Bertram, Ernst, 1933.＝1996 「ヨーハン・ゼバスティアン・バッハ」中村皓光訳，角倉一朗編『バッハ頌』所収，東京：白水社，289-311 頁．
Blume, Friedrich, 1947. *J. S. Bach im Wandel der Geschichte*. Musikwissenschaftliche Arbeit, Nr. 1. Kassel.＝1976 「歴史の変遷におけるバッハ」佐藤厳訳，角倉一朗編『現代のバッハ像』(バッハ叢書 I)所収，東京：白水社，37-96 頁．
Blume, Friedrich, 1962. "Umrisse eines neuen Bach Bildes." In *Musica*, XVI.＝1976 「新しいバッハ像の輪郭」佐藤厳訳，角倉一朗編『現代のバッハ像』(バッハ叢書 I)所収，東京：白水社，337-359 頁．
Blume, Friedrich, 1964. "Bach in the Romantic Era." In *The Musical Quarterly*, vol. L, no. 3, pp. 290-306.
Blume, Friedrich, 1965. *Geschichte der evangelischen Kirchenmusik*. Kassel : Bärenreiter Verlag.＝1974 *Protestant Church Music*. New York : W. W. Norton & Company, Inc..
Blumner, Martin, 1891. *Geschichte der Sing-Akademie zu Berlin*. Berlin : Druck und Verlag von Horn & Raasch.
Bödeker, Hans Erich, 1990. "Die „gebildeten Stände" im 18. und frühen 19. Jahrhundert : Zugehörigkeit und Abgrenzungen. Mentalitäten und Handlungspotentiale." In *Bildungsbürgertum im 19. Jahrhundert. Teil II : Bildungsgüter und Bildungswissen*. Hg. von R. Koselleck. Stuttgart : Klett-Cotta.
Boehn, Max von, 1911. *Biedermeier. Deutschland von 1815-1847*. Berlin : Bruno Cassirer.＝1993 『ビーダーマイヤー時代』飯塚信雄他訳，東京：三修社．
Bollert, Werner (Hg.), 1966. *Sing-Akademie zu Berlin. Festschrift zum 175 jährigen Bestehen*. Berlin : Rembrandt Verlag.
Bolz, Norbert, 1989. *Auszug aus der Entzauberten Welt. Philosophischer Extremismus zwischen den Weltkriegen*. München : Wilhelm Fink Verlag.＝1997 『批判理論の系譜学』山本尤他訳，東京：法政大学出版局．
Bourdieu, Pierre, 1979. *La Distinction. Critique Sociale du Jugement*. Paris : Éditions de Minuit.＝1990 『ディスタンクシオン』I, II，石井洋二郎訳，東京：藤原書店．
Bourdieu, Pierre, 1992. *Les regles de l'art. Genèse et structure du champ littéraire*. Paris : Editions du Seuil.＝1995 『芸術の規則』I，石井洋二郎訳，東京：藤原書店．＝1996 『芸術の規則』II．
Blaukopf, Kurt, 1951. *Musiksoziologie――Eine Einführung in die Grundbegriffe mit besonderer Berücksichtung der Soziologie der Tonsysteme*.→2/1972, Niederteufen : Verlag Arthur Niggli AG.
Blaukopf, Kurt, 1971. "Strukturanalyse des Musiklebens." In *Musik und Bildung*, 3 Jg., pp. 11-15.
Bönnighausen, Marion, 1997. *Musik als Utopie*. Opladen : Westdeutscher Verlag GmbH.
Brown, Clive, 1987. "Introduction." In *Die letzten Dinge of L. Spohr*. New York & London : Garland Publishing, Inc., pp. v-xiii.
Brown, Maurice, 1980. "Carl Loewe." In *The New Grove Dictionary of Music and Musicians*. Ed. by Sadie, London, vol. 11, pp. 126-130.

Büttner, Frank, 1990. "Bildungsideen und bildende Kunst in Deutschland um 1800." In *Bildungsbürgertum im 19. Jahrhundert. Teil II : Bildungsgüter und Bildungswissen*. Hg. von R. Koselleck, Stuttgart : Klett-Cotta, pp. 259–285.

Citron, Marcia J., 1990. "Gender, Professionalism and the Musical Canon." In *The Journal of Musicology*, vol. VIII, no. 1, pp. 102–117.

Cook, Nicholas, 1990. *Music, Imagination, and Culture*. Oxford University Press. = 1992『音楽・想像・文化』足立美比古訳，東京：春秋社.

Conze, Werner & Kocka, Jürgen, 1985. "Einleitung." In *Bildungsbürgertum im 19. Jahrhundert, Teil I : Bildungssystem und Professionalisierung in internationalen Vergleichen*. Hg. von Conze & Kocka. Stuttgart : Klett-Cotta, pp. 9–26.

Dahlhaus, Carl, 1978. *Die Idee der absoluten Musik*. Kassel : Bärenreiter. = 1986 『絶対音楽の理念』杉橋陽一訳，東京：シンフォニア.

Dahlhaus, Carl, 1990. "Das deutsche Bildungsbürgertum und die Musik." In *Bildungsbürgertum im 19. Jahrhundert. Teil II : Bildungsgüter und Bildungswissen*. Hg. von R. Koselleck. Stuttgart : Klett-Cotta, pp. 220–236.

Dann, Otto, 1993→3/1996 *Nation und Nationalismus in Deutchland 1770–1990*. München : C. H. Beck'sche Verlagsbuchhandlung. = 1999 『ドイツ国民とナショナリズム』末川清・姫岡とし子・高橋秀寿訳，名古屋：名古屋大学出版会.

Dennis, David B., 1996. *Beethoven in German Politics, 1870–1989*. New Haven : Yale University Press.

DeNora, Tia, 1995. *Beethoven and the Construction of Genius : Musical Politics in Vienna, 1792–1803*. Berkeley : California University Press.

Dobat, Klaus-Dieter, 1984. *Musik als romantische Illusion. Eine Untersuchung zur Bedeutung der Musikvorstellung E. T. A. Hoffmanns für sein literarisches Werk*. (Studien zur deutschen Literatur; Bd. 77) Tübingen : Max Niemeyer Verlag.

Dusella, Reinhold, 1991. *Die Oratorien Carl Loewes*. Bonn : Gudrun Schröder Verlag.

Elias, Norbert, 1969a→2/1975. *Die Höfische Gesellschaft*. Darmstadt & Neuwied : Hermann Luchterhand Verlag. = 1981 『宮廷社会』波田節夫他訳，東京：法政大学出版局.

Elias, Norbert, 1969b. *Über den Prozeß der Zivilisation. Soziogenetische und psychogenetische Untersuchungen*. Bern : Francke Verlag. = 1977 『文明化の過程』上，赤井他訳，東京：法政大学出版局.

Elias, Norbert, 1989. *Studien Über Die Deutschen*. = 1996. 『ドイツ人論』青木隆嘉訳，法政大学出版局.

Engel, Gerhard, 1990. *Zur Logik der Musiksoziologie. Ein Beitrag zur Philosophie der Musikwissenschaft*. Tübingen : J. C. B. Mohr (Paul Siebeck).

Fink, Gustav, 1835–1838. "Oratorium." In *Encyclopädie der gesammten musikalischen Wissenschaften oder Universal-Lexikon der Tonkunst*. Hg. von Gustav Schilling, = R/1974 Hildesheim, New York : Georg Olms Verlag, Bd. 5, pp. 259–268.

Fisch, Jörg, 1992. "Zivilisation, Kultur." In *Geschichtliche Grundbegriffe. Historisches Le-*

xikon zur politisch-sozialen Sprache in Deutschland. Hg. von O. Brunner & W. Conze, R. Koselleck, Bd. 7. Stuttgart : Ernst Klett Verlag, pp. 679–774.

Flinn, Caryl, 1992. *Strains of Utopia : Gender, Nostalgia, and Hollywood Film Music.* Princeton University Press. = 1994 『フェミニズムと映画音楽　ジェンダー・ノスタルジア・ユートピア』鈴木圭介訳，東京：平凡社.

Forkel, Johann Nikolaus, 1802 = R/1968. *Über Johann Sebastian Bachs Leben, Kunst und Kunstwerke.* = 1983 「バッハの生涯，芸術および芸術作品について」角倉一朗訳，『バッハ資料集』(バッハ叢書 10)所収，東京：白水社.

Foucault, Michel, 1969. *L'Archéologie du Savoir.* Paris : Éditions Gallimard. = 1981→1995 『知の考古学』中村雄二郎訳，東京：河出書房新社.

Frevert, Ute, 1988. "Bürgerlichkeit und Ehre. Zur Geschichte des Duells in England und Deutschland." In *Bürgertum im 19. Jahrhundert Deutschland im europäischen Vergleich.* Hg. von J. Kocka, Bd. 3. München : Deutscher Taschenbuch Verlag GmbH & Co. KG, pp. 101–140.

Freyer, Hans, 1972. „Soziologie und Geschichtswissenschaft" In *Geschichte und Soziologie.* Hg. von Hans-Ulrich Wehler. Köln : Kiepenheuer & Witsch, S. 78–84.

藤井泰　2001 「近代イギリスのエリート教育システム——パブリック・スクールからオックスブリッジへの学歴経路」『エリート教育』所収，京都：ミネルヴァ書房，23–67頁.

Gáspár-Ruppert, Walburga, 1992. "Musik Verstehen. Annäherungen an ein Problem." In *Gesellschaft und Musik. Wege zur Musiksoziologie.* Festgabe für Robert H. Reichardt zum 65. Geburtstag. Hg. von Wolfgang Lipp. Berlin : Duncker & Humblot, pp. 55–66.

Geck, Martin, 1967a. "Friedrich Schneiders »Weltgericht«. Zum Verständnis des Trivialen in der Musik." In *Studien zur Trivialmusik des 19. Jahrhunderts.* Hg. von C. Dahlhaus. Regensburg : Gustav Bosse Verlag, pp. 97–109.（Studien zur Musikgeschichte des 19. Jahrhunderts, Bd. 8）

Geck, Martin, 1967b. *Die Wiederentdeckung der Matthäuspassion im 19. Jahrhundert.* Regensburg : Gustav Bosse Verlag.（Studien zur Musikgeschichte des 19. Jahrhunderts, Bd. 9.）

Geck, Martin, 1971. *Deutsche Oratorien 1800 bis 1840. Verzeichnis der Quellen und Aufführungen.* Wilhelmshaven : Heinrichshofen's Verlag.

Gerber, Ernst Ludwig (ed.), 1790–1792. *Historische-Biographisches Lexikon der Tonkünstler.*→R/Hg. von Othmar Wessely. Graz : Akademische Druck-u. Verlagsanstalt.

Gerber, Ernst Ludwig (ed.), 1812–1814. *Neues historische-biographisches Lexikon der Tonkünstler.* →R/Hg. von Othmar Wessely. Graz : Akademische Druck-u. Verlagsanstalt.

Gerhards, Jürgen (Hg.), 1997. *Soziologie der Kunst. Produzenten, Vermittler und Rezipienten.* Opladen : Westdeutscher Verlag GmbH.

Goethe, Johann Wolfgang von, 1795. *Wilhelm Meiters Lehrjahre,* 5. Buch.→1981 *Goethes*

Werke in 14 Bänden, Bd. 7 : Romane und Novelle II, textkritisch durchgesehen und kommentiert von Erich Trunz. = 1982 「ヴィルヘルム・マイスターの修業時代」『ゲーテ全集』7 所収，前田敬作・今村孝訳，東京：潮出版社.

Goethe, Johann Wolfgang von, 1799. “Der Sammler und die Seinigen.” = 1979→4/1994 「収集家とその友人たち」小栗浩訳，登張正實編『ヘルダー　ゲーテ』(世界の名著 38)所収，東京：中央公論社，381-433 頁.

Gurlitt, Wilibald, 1951. “J. S. Bach in seiner Zeit und heute.” Leipzig. = 1976 「彼の時代の現代におけるバッハ」福田達夫訳，角倉一朗編『現代のバッハ像』(バッハ叢書 I)所収，東京：白水社，99-123 頁.

Habermas, Jürgen, 1962→2/1990. *Strukturwandel der Öffentlichkeit—Untersuchungen zu einer Kategorie der bürgerlichen Gesellschaft.* Neuwied : Luchterhand→Frankfurt am Main : Suhrkamp. = 1994 『公共性の構造転換――市民社会の一カテゴリーについての探求』細谷貞雄・山田正行訳，東京：未来社.

Hahn, Hans-Werner, 1996. „Die «Sängerrepublik» unter der Wartburg. Das Liederfest des Thüringer Sängerbundes in Eisenach im August 1847 als Beitrag zur kulturellen Nationsbildung.” In *Bürgerkultur im 19. Jahrhundert.* Hg. von D. Hein & A. Schulz. München : Verlag C. H. Beck, pp. 191-211.

Hardtwig, Wolfgang, 1984. “Strukturmerkmale und Entwicklungstendenzen des Vereinwesens in Deutschland 1789-1848.” In *Vereinwesen und bürgerliche Gesellschaft in Deutschland.* Hg. von Otto Dann. München : Oldenbourg Verlag, pp. 11-50. (Historische Zeitschrift, Beiheft 9.)

Hardtwig, Wolfgang, 1994. *Nationalismus und Bürgerkultur in Deutschland 1500-1914.* Göttingen.

Hardtwig, Wolfgang, 1997. *Genossenschaft, Sekte, Verein in Deutschland vom Spätmittelalter bis zur Französischen Revolution.* München : C. H. Beck'sche Verlagsbuchhandlung.

Haselauer, Elisabeth, 1980. *Handbuch der Musiksoziologie.* Graz : Hermann Böhlaus Nachf. Gesellschaft m. b. H.

Hauser, Arnold, 1974→3/1988. *Soziologie der Kunst.* München : Beck.

Hein, Dieter & Schulz, Andreas, 1996. “Einleitung.” In *Bürgerkultur im 19. Jahrhundert. Bildung, Kunst und Lebenswelt.* Hg. von D. Hein & A. Schulz. München : Verlag C. H. Beck, pp. 9-16.

Heister, Hanns-Werner, 1983. *Das Konzert : Theorie einer Kulturform.* Band I, II. Wilhelmshaven : Heinrichshofen.

Herder, Johann Gottfried, 1774. „Auch eine Philosophie der Geschichte zur Bildung der Menschheit.“ = 1979→4/1994 「人間性形成のための歴史哲学異説」小栗浩・七字慶紀訳，登張正實編『ヘルダー　ゲーテ』(世界の名著 38)所収，東京：中央公論社，75-176 頁.

Heyden-Rynsch, Verena von der, 1992. *Europäische Salons. Höhepunkte einer versunkenen weiblichen Kultur.* München : Artemis Verlags GmbH.

Herzfeld, Friedrich, 1966. “Sing-Akademie Alltag.” In *Sing-Akademie zu Berlin. Festschrift zum 175 jährigen Bestehen*. Hg. von Bollert, Berlin : Rembrandt Verlag, pp. 11-20.

樋口隆一, 1993 『バッハ探求』東京：春秋社.

Hilscher, Elisabeth Th., 1995. *Denkmalpflege und Musikwissenschaft. Einhundert Jahre Gesellschaft zur Herausgabe der Tonkunst in Österreich(1893-1993)*. Tutzing : Hans Schneider.

Hoffmann, E. T. A., 1814. “Alte und neue Kirchenmusik.” In *AmZ* 16, pp. 577-584, 593-603, 611-619.

Hohendal, Peter Uwe, 1988. “Bürgerliche Literaturgeschichte und national Identität. Bilder vom deutschen Sonderweg.” In *Bürgertum im 19. Jahrhundert. Deutschland im europäischen Vergleich*. München : Deutscher Taschenbuch Verlag GmbH & Co. Kg, Bd. III, pp. 232-256.

Humboldt, Wilhelm von, R/1985. *Bildung und Sprache*. Besorgt von Clemens Menze, Ferdinand Schöningh : Paderborn 4. durchgesehene Auflage. = 1989 『人間形成と言語』小笠原道雄・江島正子訳, 東京：以文社.

Hutton, Patrick H., 1993. *History as an Art of Memory*. University Press of New England, Hanover.

Hutton, Patrick H., 1993. “Placing Memory in Contemporary Historiography.” In *History as an Art of Memory*. = 1995. 「現代史学における記憶の位置づけ」村山敏勝訳, 『現代思想』第 23 巻第 1 号所収, 144-166 頁.

Inhetveen, Katharina, 1997. *Musiksoziologie in der Bundesrepublik Deutschland*. Opladen : Westdeutscher Verlag GmbH.

Jacobs, Arthur, 1963. *Choral Music*. England : Penguin Books. = 1980 平田勝他訳, 『合唱音楽・その歴史と作品』東京：全音楽譜出版社.

Kaden, Christian, 1992. “Abschied von der Harmonie der Welt. Zur Genese des neuzeutlichen Musik-Begriffs.” In *Gesellschaft und Musik. Wege zur Musiksoziologie*. Festgabe für Robert H. Reichardt zum 65. Geburtstag. Hg. von Wolfgang Lipp. Berlin : Duncker & Humblot, pp. 27-53.

Kaden, Christian, 1997. “Musiksoziologie” In *Die Musik in Geschichte und Gegenwart*. (Zweite neubearbeitete Ausgabe.) Hg. von Ludwig Ficscher. Sachteil 6. S. 1618-1670.

Kant, Immanuel, 1790. *Kritik der Urteilskraft*. = 1965 『判断力批判』原佑訳, (カント全集 8), 東京：理想社.

Kaschuba, Wolfgang, 1988. “Deutsche Bürgerlichkeit nach 1800. Kultur als symbolische Praxis.” In *Bürgertum im 19. Jahrhundert. Deutschland im europäischen Vergleich*, Bd. 3, Hg. von J. Kocka. München : Deutscher Taschenbuch Verlag GmbH & Co. KG, pp. 9-44.

Keferstein, Georg, 1843. “Das Oratorium” In *AmZ* 45, pp. 873-879, 897-902, 921-925.

Kier, Herfrid, 1968. *Raphael Georg Kiesewetter(1773-1850). Wegbereiter des musikali-*

schen Historismus. Regensburg : Gustav Bosse Verlag. (Studien zur Musikgeschichte des 19. Jahrhunderts, Bd. 13.)
Kier, Herfrid, 1969. “Musikalischer Historismus im vormärzlichen Wien.” In *Die Ausbreitung des Historismus über die Musik*. Hg. von W. Wiora. Regensburg : Gustav Bosse Verlag, pp. 55–72. (Studien zur Musikgeschichte des 19. Jahrhunderts, Bd. 14.)
木幡順三, 1980→1986 『新版 美と芸術の論理 美学入門』 東京：勁草書房.
木村直司, 1991 「ゲーテにおける市民性の問題」『ドイツ市民文化の光と影』所収, 日本ドイツ学会編, 東京：成文堂, 1–63 頁.
Kirsch, Winfrid, 1986. “Oratorien und Oper. Zu einer gattungsästhetischen Kontroverse in der Oratorientheorie des 19. Jahrhunderts.” In *Beiträge zur Geschichte des Oratoriums seit Händel*. Hg. von Cadenbach & Loos. Bonn : Voggenreiter, pp. 221–254. (Fs. G. Massenkeil zum 60. Geburtstag.)
Kittler, Friedrich, 1985. *Aufschreibesysteme 1800/1900*. Wilhelm Fink Verlag. = 1990 *Discourse Networks, 1800/1900*. Stanford : Stanford University Press.
Kneif, Tibor, 1971→2/1975. *Musik-soziologie*. Köln : Musikverlag Hans Gerig.
小林義武, 1985 『バッハ復活』 東京：日本エディタースクール出版部.
小林義武, 1995 『バッハ——伝承の謎を追う』 東京：春秋社.
小林義武・礒山雅・鳴海史生, 1996 『バッハ事典』 東京：東京書籍.
Kocka, Jürgen, 1987. “Bürgertum und Bürgerlichkeit als Probleme der deutschen Geschichte vom 18. zum frühen 20. Jahrhundert.” In *Bürger und Bürgerlichkeit im 19. Jahrhundert*. Hg. von J. Kocka. Göttingen : Vandenhoeck & Ruprecht, pp. 21–63.
Kocka, Jürgen, 1988. “Bürgertum und bürgerliche Gesellschaft im 19. Jahrhundert. Europäische Entwicklungen und deutsche Eigenarten.” In *Bürgertum im 19. Jahrhundert. Deutschland im europäischen Vergleich*, Bd. 1, Hg. von J. Kocka. München : Deutscher Taschenbuch Verlag GmbH & Co. KG, pp. 11–76.
Kocka, Jürgen, 1989 *Geschichte und Aufklärung—Aufsätze*. Göttingen : Vandenhoeck & Ruprecht. = 1994 『歴史と啓蒙』, 肥前栄一・杉原達訳, 東京：未来社.
Köhler, Joachim, 1997. *Wagners Hitler. Der Prophet und sein Vollstrecker*. München : Karl Blessig Verlag. = 1999 『ワーグナーのヒトラー——「ユダヤ」にとり憑かれた預言者と執行者』 橘正樹訳, 東京：三交社.
Kraul, Margret, 1988. “Bildung und Bürgerlichkeit.” In *Bürgertum im 19. Jahrhundert Deutschland im europäischen Vergleich*. Hg. von J. Kocka, Bd. 3. München : Deutscher Taschenbuch Verlag GmbH & Co. KG, pp. 45–73.
Kretschmar, Hermann, 1900.→R/1968. “Bericht im Auftrag des Direktoriums.” In *Johann Sebastian Bachs Werke*. Hg. von der Bach Gesellschaft, Leipzig : Breitkopf & Härtel, Bd. 46, pp. XVIII–LXIII.
Kris, Ernst und Kurz, Otto, 1934→1995. *Die Legende vom Künstler. Ein geschichtlicher Versuch*. Frankfurt am Main : Suhrkamp Verlag.
Kühne, Thomas (ed), 1996. *Männergeschichte-Geschlechtergeschichte, Männlichkeit im Wandel der Moderne*. Campus Verlag GmbH. = 1997 星乃治彦訳, 『男の歴史 市民

社会と〈男らしさ〉の神話』東京：柏書房.
国安洋，1981 『音楽美学入門』東京：春秋社.
倉橋重史・大塚晴郎，1997『芸術社会学序説』京都：晃洋書房.
Lämmert, Eberhard, 1987. "Bürgerlichkeit als Literarhistorische Kategorie." In *Bürger und Bürgerlichkeit im 19. Jahrhundert.* Hg. von J. Kocka. Göttingen : Vandenhoeck & Ruprecht, pp. 196-226.
Leppert, Richard & McClary, Susan, 1987. "Introduction." In *Music and Society. The Politics of Composition, Performance and Reception.* Ed. by Leppert & McClary. London : Cambridge University Press, xi-xix.
Lepsius, M. Rainer, 1987. "Zur Soziologie des Bürgertums und der Bürgerlichkeit." In *Bürger und Bürgerlichkeit im 19. Jahrhundert.* Hg. von J. Kocka. Göttingen : Vandenhoeck & Ruprecht, pp. 79-100.
Lichtenfeld, Monika, 1967. "Triviale und anspruchsvolle Musik in den Konzerten um 1850." In *Studien zur Trivialmusik des 19. Jahrhunderts.* Hg. von Carl Dahlhaus. Regensburg : Gustav Bosse Verlag. (Studien zur Musikgeschichte des 19. Jahrhunderts. Band 8)
Lichtenhahn, Ernst, 1987. "Das bürgerliche Musikfest im 19. Jahrhundert." In *Stadt und Fest. Zu Geschichte und Gegenwart europäischer Festkultur.* Hg. von Paul Hugger. Unterägeri : W & H Verlags AG, pp. 161-179.
Lipp, Wolfgang, 1992. "Gesellschaft und Musik. Zur Einführung." In *Gesellschaft und Musik. Wege zur Musiksoziologie.* Festgabe für Robert H. Reichardt zum 65. Geburtstag. Hg. von Wolfgang Lipp. Berlin : Duncker & Humblot, pp. 9-19.
Lomnitzer, Helmut, 1961. *Das musikalische Werk Friedrich Schneiders. Insbesondere die Oratorien.* Magdeburger Universität.
Lowinsky, Edward E., 1964. "Musical Genius—Evolution and Origins of a Concept." In *The Musical Quarterly,* vol. L, no. 3 & no. 4, pp. 321-340, 476-495.
Lukács, Georg, 1911. "Bürgerlichkeit und l'art pour l'art." In *Die Seele und die Formen.* =1969 川村二郎訳，「市民性と芸術のための芸術」『魂と形式』所収，東京：白水社，105-144 頁.
前田敬作・今村孝，1982 「解説」『ゲーテ全集』7 所収，東京：潮出版社，565-574 頁.
Mahling, Christoph Helmut, 1966. "Zur Soziologie des Chorwesens." In *Zum 70. Geburtstag von Joseph Müller-Blattau.* Kassel, pp. 192-200.
Mahling, Christoph Helmut, 1980. "Zum „Musikbetrieb" Berlins und seinen Institutionen in der ersten Hälfte des 19. Jahrhunderts." In *Studien zur Musikgeschichte Berlins im frühen 19. Jahrhundert.* Hg. von C. Dahlhaus. Regensburg : Gustav Bosse Verlag, pp. 27-284. (Studien zur Musikgeschichte des 19. Jahrhunderts, Bd. 56.)
Mann, Thomas, 1918→1960. "Betrachtungen eines Unpolitischen." In *Thomas Mann : Gesammelte Werke in 12 Bänden.* Band 12 : Reden und Aufsätze 4. S. Fischer Verlag. =1968 『非政治的人間の考察』上，前田敬作・山口知三訳，筑摩書房.
Mann, Golo, 1966. *Deutsche Geschichte des 19.und 20. Jahrhunderts.* Frankfurt am

Main : Bürgergilde Gutenberg.＝1973 『近代ドイツ史』I，上原和夫訳，東京：みすず書房．

Mann, Thomas, 1947. *Doktor Faustus. Das Leben des deutschen Tonsetzers Adrian Leverkühn erzählt von einem Freunde.* Stockholm : Bermann-Fischer Verlag.→1960＝1971 『ファウストゥス博士』トーマス・マン全集 VI，円子修平・佐藤晃一編，新潮社．

Mannheim, Karl, 1929. *Ideologie und Utopie.* Bonn : Friedrich Cohen.＝1968 『イデオロギーとユートピア』鈴木二郎訳，東京：未来社．

松本彰，1978 「ドイツ近代における『民族と国家』」『世界史認識における民族と国家――1978年度歴史学研究会大会報告』(歴史學研究別冊特集)所収，歴史学研究会編，東京：青木書店，1-17頁．

松本彰，1981「ドイツ『市民社会』の理念と現実――Bürger概念の再検討」『思想』5月号所収，東京：岩波書店，27-53頁．

McClary, Susan, 1987. "The blasphemy of talking politics during Bach Year." In *Music and Society. The politics of composition, performance and reception.* Ed. by Leppert & McClary. London : Cambridge University Press, pp. 13-62.

McClary, Susan, 1991. *Feminine Endings. Music, Gender, and Sexuality.* Minnesota : University of Minnesota Press.

McClary, Susan, 1993. "Narrative Agendas in "Absolute" Music : Identity and Difference in Brahms's Third Symphony." In *Musicology and Difference. Gender and Sexuality in Music Scholarship.* Ed. by Ruth A. Solie. Berkeley : University of California Press, pp. 326-344.

McClelland, Charles E., 1991. *The German Experience of Professionalization : Modern Learned Professions and their Organizations from the Early Nineteenth Century to the Hitler Era.* Cambridge University Press.＝1993 『近代ドイツの専門職――官吏・弁護士・医師・聖職者・教師・技術者』望田幸男監訳，京都：晃洋書房．

Menze, Clemens (Hg.), 4/1985. *Wilhelm von Humboldt――Bildung und Sprache――.* Padeborn.

Mettele, Gisela, 1998. *Bürgertum in Köln 1775-1870 : Gemeinsinn und freie Association.* (Stadt und Bürgertum; Bd. 10) München : R. Oldenbourg Verlag.

Meyer, Leonard B., 2000. *The Spheres of Music. A Gathering of Essays.* Chicago : The University of Chicago Press.

Mintz, Donald, 1954. "Some Aspects of the Revival of Bach." In *The Musical Quarterly,* vol. XL, no. 2, pp. 201-221.

Mittmann, Jörg-Peter, 1990. "Musikerberuf und bürgerliches Bildunsideal." In *Bildungsbürgertum im 19. Jahrhundert. Teil II : Bildungsgüter und Bildungswissen.* Hg. von R. Koselleck, Stuttgart : Klett-Cotta, pp. 237-258.

宮本直美，1996 「19世紀前半のドイツのオラトリオ隆盛に関する社会学的考察――合唱運動とナショナリズム」『音楽学』第42号第2号所収，日本音楽学会，125-136頁．

宮本直美，1998a 「教養理念とドイツ市民層の再検討――教養と市民層および国家」『ソ

シオロゴス』第22号所収，ソシオロゴス編集委員会，257-272頁.
宮本直美，1998b 「芸術音楽における聴取文化の社会学」『現代社会理論研究』第8号所収，現代社会理論研究会，163-172頁.
宮本直美，1999 「19世紀ドイツにおける合唱と共同体意識」『年報社会学論集』第12号所収，関東社会学会，179-187頁.
宮本直美，2000 「19世紀ドイツにおける市民性と共同性——教養としての芸術と『天才』概念への視角」『相関社会科学』第9号所収，『相関社会科学』編集委員会，34-47頁.
Möller, Frank, 1998. *Bürgerliche Herrschaft in Augsburg 1790-1880.* (Stadt und Bürgertum; Bd. 9) München : R. Oldenbourg Verlag.
望田幸男編，1995 『近代ドイツ＝「資格社会」の制度と機能』名古屋：名古屋大学出版会.
望田幸男，1998 『ドイツ・エリート養成の社会史——ギムナジウムとアビトゥーアの世界』京都：ミネルヴァ書房.
森田直子，2001 「近代ドイツの市民層と市民社会——最近の研究動向」『史學雑誌』第110編第1号所収，史學會，100-116頁.
Mosse, George L., 1964. *The Crisis of German Ideology. Intellectual Origins of the Third Reich.* New York : Grosset & Dunlap.→1981. New York : Schocken Books.＝1998『フェルキッシュ革命　ドイツ民族主義から反ユダヤ主義へ』植村和秀他訳，東京：柏書房.（Preface 1981）
Mosse, George L., 1975. *The Nationalization of Masses. Political Symbolism and Mass Movements in Germany from the Napoleonic Wars through the Third Reich.* New York : Cornell University Press.
Mosse, George L., 1985. *German Jews beyond Judaism.* Indiana University Press.＝1996『ユダヤ人の〈ドイツ〉宗教と民族をこえて』(講談社選書メチエ78)，三宅昭良訳，東京：講談社.
村瀬裕也，1992 『教養とヒューマニズム』東京：白石書店.
室井尚・吉岡洋，1987 「解説」『反美学——ポストモダンの諸相』所収，東京：勁草書房，293-305頁
Nägeli, Hans Georg, 1826.＝1996 「素人を考えに入れた音楽講義」東川清一訳，角倉一朗編『バッハ頌』所収，東京：白水社，120-125頁.
内藤克彦，1999 『シラーの美的教養思想——その形成と展開の軌跡』東京：三修社.
Nipperdey, Thomas, 1968. “Nationalidee und Nationaldenkmal in Deutschland im 19. Jahrhundert.” In *Historische Zeitschrift*, Heft 206/3, 529-585.
Nipperdey, Thomas, 1987. “Kommentar : »Bürgerlich« als Kultur Bausingers.” In *Bürger und Bürgerlichkeit im 19. Jahrhundert.* Hg. von J. Kocka. Göttingen : Vandenhoeck & Ruprecht, pp. 143-148.
西川正雄，1994 「19世紀後半　ドイツ」『国民国家を問う』所収，歴史学研究会編，東京：青木書店，44-69頁.
西川長夫，1993 「国家イデオロギーとしての文明と文化」『思想』827所収，東京：岩波

書店，4-33 頁.
西原稔，1987 『音楽家の社会史』東京：音楽之友社.
西原稔，1990 『聖なるイメージの音楽』東京：音楽之友社.
西原稔 , 2000 『「楽聖」ベートーヴェンの誕生——近代国家が求めた音楽』(平凡社選書 206)，東京：平凡社.
西村清和，1984 「近代美学の成立——ドイツ観念論美学」今道友信編『講座 美学』第 1 巻所収，東京：東京大学出版会，135-172 頁.
西村稔，1998 『文士と官僚』東京：木鐸社.
Nietzsche, Friedrich, 1887. *Zur Genealogie der Moral.*＝1940 『道徳の系譜』木場深定訳，東京：岩波書店.
Nitsche, Peter, 1980. “Die Liedertafel im System der Zelterschen Gründungen.” In *Studien zur Musikgeschichte Berlins im frühen 19. Jahrhundert.* Hg. von C. Dahlhaus, Regensburg : Gustav Bosse Verlag, pp. 11-26.（Studien zur Musikgeschichte des 19. Jahrhunderts, Bd. 56.）
野田宣雄，1988 『教養市民層からナチズムへ——比較宗教社会史のこころみ』名古屋：名古屋大学出版会.
Norton, Richard, 1984. *Tonality in Western Culture.* University Park.
NZfM＝Neue Zeitschrift für Musik
大崎滋生／マーリンク，クリストフ・ヘルムート共著，1990 『オーケストラの社会史』東京：音楽之友社.
大崎滋生，1993a 『楽譜の文化史』東京：音楽之友社.
大崎滋生，1993b 『音楽演奏の社会史』東京：東京書籍.
大橋洋一，1996 「断片と全体」『現代思想』3 月号(第 24 巻第 3 号)所収，東京：青土社，116-123 頁.
小野紀明，1999 『美と政治——ロマン主義からポストモダニズムへ』東京：岩波書店.
Peisert, Hansgert & Framhein, Gerhild, 1994. *Das Hochschulsystem in Deutschland.* Bonn : BMBW.＝1997 『ドイツの高等教育システム』小松親次郎・長島啓記他訳，東京：玉川大学出版部.
Pfeiffer, Herald, 1989. *Heidelberger Musikleben in der ersten Hälfte des 19. Jahrhunderts.* Heidelberg : Verlag Brigitte Guderjahn.（Buchreihe der Stadt Heidelberg, Bd. 1.）
Pinthus, Gerhard, 1977. *Das Konzertleben in Deutschland. Ein Abriss seiner Entwicklung bis zum Beginn des 19. Jahrhunderts.* Baden-Baden : Verlag Valentin Koerner.
Plessner, Helmut, 1935. *Das Schicksal deutschen Geistes Ausgang seiner bürgerlichen Epoche.*＝1995 『ドイツロマン主義とナチズム』松本直介訳，東京：講談社.
Prahl, Hans W., 1978. *Sozialgeschichte des Hochschulswesens.* München : Kösel-Verlag GmbH & Co.＝1988 『大学制度の社会史』山本尤訳，東京：法政大学出版局.
Porter, Cecelia Hopkins, 1980. “The New Public and the Recording of the Musical Establishment : The Lower Rheine Music Festivals, 1818-67.” In *19th Century Music,* vol. III, no. 3（March）, pp. 211-224.
Preuß, Hans, 1919.＝1996 「人類に生の理想の灯火を掲げた人々」中村皓光訳，角倉一朗

編『バッハ頌』所収，東京：白水社，241-264 頁.

Preußner, Eberhard, 1935→2/1954. *Die bürgerliche Musikkultur. Ein Beitrag zur deutschen Musik-geschichte des 18. Jahrhunderts.* Kassel & Basel : Bärenreiter Verlag.

Raynor, Henry, 1975. *Music and Society. Since 1815.* New York : A Crescendo Book Taplinger Publishing Co.. = 1990 『音楽と社会』城戸朋子訳，東京：音楽之友社.

Riedel, Manfred, 1972 "Bürger" In *Begriffe und Geschichte,* Bd. 1. Stuttgart : Ernst Klett Verlage GmbH u. Co. KG. = 1990 『市民社会の概念史』河上倫逸他編訳，東京：以文社.

Riedel, Manfred, 1975 "Bürgerliche Gesellschaft" In *Begriffe und Geschichte,* Bd. 2. Stuttgart : Ernst Klett Verlage GmbH u. Co. KG. = 1990 『市民社会の概念史』河上倫逸他編訳，東京：以文社.

Riedel, Manfred, 1979. "Bürger, Staatsbürger, Bürgertum" In *Begriffe und Geschichte,* Bd. 1. Stuttgart : Ernst Klett Verlage GmbH u. Co. KG. = 1990 『市民社会の概念史』河上倫逸他編訳，東京：以文社.

Riedel, Manfred, 1990 "System-Struktur" In *Begriffe und Geschichte,* Bd. 6. Stuttgart : Ernst Klett Verlage GmbH u. Co. KG. = 1990 『市民社会の概念史』河上倫逸他編訳，東京：以文社.

Riethmüller, Albrecht, 1991. "Ferruccio Busoni und die Hegemonie der Deutschen Musik." In *Nationaler Stil und Europäische Dimension in der Musik der Jahrhundertwende.* Hg. von H. de la Motte-Haber. Darmstadt : Wissen-schaftliche Buchgesellschaft, pp. 64-78.

Ringer, Fritz K., 1969. *The Decline of The German Mandarins : The German Academic Community, 1890-1933.* Harvard University Press.→1988 = 1991 『読書人の没落 世紀末から第三帝国までのドイツ知識人』西村稔訳，名古屋：名古屋大学出版会.

Ringer, Fritz K., 1992. *Fields of Knowledge. French academic culture in comparative perspective, 1890-1920.* Cambridge University Press. = 1996 『知の歴史社会学——フランスとドイツにおける教養 1890-1920』筒井清忠他訳，名古屋：名古屋大学出版会.

Rochlitz, Friedrich, 1803. "Über den Geschmack an Sebastian Bachs Kompositionen, besonders für das Klavier." In *AmZ* 5, pp. 509-522. = 1996 「ゼバスティアン・バッハの作品，とくにクラヴィーア作品の魅力について」東川清一訳，角倉一朗編『バッハ頌』所収，東京：白水社，98-106 頁.

Roth, Ralf, 1996. "Von Wilhelm Meister zu Hans Castorp. Der Bildungsgedanke und das bürgerliche Assoziationswesen im 18.und 19. Jahrhundert." In *Bürgerkultur im 19. Jahrhundert.* Hg. von D. Hein & A. Schulz. München : Verlag C. H. Beck, pp. 121-139.

Said, Edward W., 1983. *Permission for "Opponents, Audiences, Constituencies and Community."* Ed. by E. W. Said, Chicago : University Chicago Press. = 1987 室井尚訳，『反美学 ポストモダンの諸相』東京：勁草書房.

Said, Edward W., 1991. *Musical Elaborations.* New York : Columbia University Press. = 1995 『音楽のエラボレーション』大橋洋一訳，東京：みすず書房.

坂井榮八郎，1996「改革と解放の時代」成瀬治他編『世界歴史体系 ドイツ史2 1648年～1890年』所収，東京：山川出版社，181-219頁.
坂井榮八郎，1996『ゲーテとその時代』朝日選書546，東京：朝日新聞社.
Salmen, Walter, 1988. *Das Konzert.* München : C. H. Beck'sche Verlagsbuchhandlung.＝1994『コンサートの文化史』上尾信也他訳，東京：柏書房.
Salmen, Walter, 1994. *Studien zur Sozialgeschichte des Musikers und des Musizierens.*＝『音楽家の誕生――中世から現代までの音楽の社会史』上尾信也他訳，東京：洋泉社.
Samson, Jim, 1991. *Man and Music : The Late Romantic Era. From the mid-19th Century to World War I.* London : The Macmillan Press Limited.＝1996『西洋の音楽と社会8：市民音楽の抬頭』三宅幸夫他訳，東京：音楽之友社.
佐々木健，1984「近世美学の展望」，今道友信編『講座 美学』第1巻所収，東京：東京大学出版会，87-134頁.
佐々木健一，1985『作品の哲学』東京：東京大学出版会.
Schelsky, Helmut, 1963. *Einsamkeit und Freiheit. Idee und Gestalt der deutschen Universität und ihrer Reformen.* Rowlhlt Verlag GMBH.＝1970『大学の孤独と自由』田中昭徳・阿部謹也・中川勇治訳，東京：未来社.
Schering, Arnold, 1911. *Geschichte des Oratoriums.* Kleines Handbuch der Musikgeschichte III. Leipzig : Breitkopf und Härtel Verlag.
Schilling, Gustav, 1835-1838. *Encyclopädie der gesammten musikalischen Wissenschaften oder Universal-Lexikon der Tonkunst.*＝R/1974 Hildesheim, New York : Georg Olms Verlag.
Schleiermacher, Friedrich E. D., 1799. *Über die Religion. Reden an die Gebildeten unter ihren Verächtern'.*＝1991『宗教論 宗教を軽んずる教養人への講話』高橋英夫訳，東京：筑摩書房.
Schmidt, Martin, 1972. *Pietismus.* Stuttgart : Kohlhammer.＝1992『ドイツ敬虔主義』小林謙一訳，東京：教文館.
Schrade, Leo, 1937. "Johann Sebastian Bach und die deutsche Nation : Versuch einer Deutung der frühen Bachbewegung." In *Deutsche Vierteljahrsschrift für Literaturwissenschaft und Geistesgeschichte*, 15, pp. 220-252.
Schrenck, Oswald, 1940. *Berlin und die Musik. Zweihundert Jahre Musikleben einer Stadt, 1740-1940.* Berlin : Ed. Bote & G. Bock.
Schulz, J. A. P., 4/1792-99. "Oratorium" In *Allgemeine Theorie der schönen Künste.* Hg. von J. G. Sulzer.＝R1967. Hildesheim : Georg Olms Verlagsbuchhandlung, vol. III, pp. 610-614.
Schulze, Hagen, 1994. *Staat und Nation in der europäischen Geschichte.* München : Verlag C. H. Beck.
Schumann, Robert, 1840.＝1996「メンデルスゾーンのオルガン演奏会」角倉一朗訳，角倉一朗編『バッハ頌』所収，東京：白水社，140-150頁.
Schutz, Alfred, 1964. *Collected Papers II, Studies in Social Theory.* Ed. by A. Brodersen,

The Hague. = 1980→1997 『現象学的社会学の応用』桜井厚訳，東京：お茶の水書房.

Shepherd, John, 1993. "Difference and Power in Music." In *Musicology and Difference. Gender and Sexuality in Music Scholarship*. Ed. by Ruth A. Solie. Berkeley : University of California Press, pp. 46-65.

Shepherd, John and Wicke, Peter, 1997. *Music and Cultural Theory*. Cambridge : Policy Press.

進藤修一, 2001. 「近代ドイツのエリート教育――『エリート』をめぐる教育改革の100年」『エリート教育』所収，京都：ミネルヴァ書房，111-144頁.

進藤修一, 2001. 「ドイツエリートのエートス――ドイツの大学生活における決闘」『エリート教育』所収，京都：ミネルヴァ書房，277-298頁.

Silbermann, Alphons, 1957. *Wovon lebt die Musik*. Regensburg : Gustav Bosse Verlag. = 1966 『音楽はいずこへ』城戸朋子訳，東京：紀伊国屋書店.

Sluga, Hans, 1993. "The German Mission." In *Heidegger's crisis*. Harvard Univ. Press. = 1995 「ドイツ的なるものの形而上学，あるいは人種の政治学」浅見昇吾訳，『現代思想』7月号(第23巻第7号)，東京：青土社，232-247頁.

Smith, Anthony D., 1986. *The Ethnic Origins of Nations*. Oxford : Blackwell.

Smither, Howard E., 1980. "Oratorio." In *The New Grove Dictionary of Music and Musicians*. Ed. by Sadie, vol. 13, pp. 656-678.

Smither, Howard E., 1987. *A History of the Oratorio, vol. III : The Oratorio in the Classical Era*. Oxford : Clarenden Press.

Sobania, Michael, 1996. "Vereinsleben. Regeln und Formen bürgerlicher Assoziationen im 19. Jahrhundert." In *Bürgerkultur im 19. Jahrhundert*. Hg. von D. Hein & A. Schulz. München : Verlag C. H. Beck, pp. 170-190.

Söhngen, Oskar, 1978. "Theologische, geistes- und musikgeschichtliche Voraussetzungen der Entstehung der außerliturgisch religiösen Musik im 19. Jahrhundert." In *Religiöse Musik in nicht-liturgischen Werken von Beethoven bis Reger*. Hg. von W. Wiora. Regensburg : Gustav Bosse Verlag, pp. 19-45. (Studien zur Musikgeschichte des 19. Jahrhunderts, Bd. 51.)

Solie, Ruth A. (ed.), 1993. *Musicology and Difference. Gender and Sexuality in Music Scholarship*. Berkeley : University of California Press.

Sowa, Georg, 1973. *Anfänge institutioneller Musikerziehung in Deutschland (1800-1843)*. Regensburg : Gustav Bosse Verlag. (Studien zur Musikgeschichte des 19. Jahrhunderts, Bd. 33.)

Sponheuer, Bernd, 1987. *Musik als Kunst und Nicht Kunst : Untersuchungen zur Dichotomie von ‚hoher' und ‚niederer' Musik im musikästhetischen Denken zwischen Kant und Hanslick*. Kassel : Bärenreiter.

Staiger, Emil, 1945. = 1996 「ヨーハン・ゼバスティアン・バッハとオルガン」中村皓光訳，角倉一朗編『バッハ頌』所収，東京：白水社，362-381頁.

Stanley, Glenn, 1988. *The Oratorio in Prussia and Protestant Germany : 1812-1848*. Ph.

D Diss., Columbia University.
Stern, Fritz, 1961. *The Politics of Cultural Despair : a Study in the Rise of the Germanic Ideology*. California UP.＝1988 『文化的絶望の政治』中道寿一訳，東京：三嶺書房.
Sulzer, J.G. 1771-74.→4/1792-1799. *Allgemeine Theorie der schönen Künste*.＝R1967. Hildesheim : Georg Olms Verlagsbuchhandlung.
Tadday, Ulrich, 1993. *Die Anfänge des Musikfeuilletons. Der kommunikative Gebrauchswert musikalischer Bildung in Deutschland um 1800*. Stuttgart : Verlag J. B. Metzler.
玉川裕子，1991 「ビーダーマイアー期における『市民』と音楽」『ドイツ市民文化の光と影』所収，日本ドイツ学会編，東京：成文堂，105-141 頁.
田村栄子，1996 『若き教養市民層とナチズム――ドイツ青年・学生運動の思想の社会史』名古屋：名古屋大学出版会.
Taruskin, Richard, 1984. "The Limits of Authenticity : A Discussion － The authenticity, movement can become a positivistic purgatory, literalistic and dehumanizing." In *Early Music*, Feb..＝1990 「オーセンティシティとは何か」岡部真一郎訳，『現代思想：もう一つの音楽史』12 月臨時増刊所収，東京：青土社，53-67 頁.
Thibaut, Anton Friedrich Justus, 1825. *Über Reinheit der Tonkunst*.→7/1893＝R Darmstadt : Wissenschaftliche Buchgesellschaft.
徳丸吉彦，1981 「音楽社会学」『音楽大事典』第 1 巻所収，東京：平凡社，422-428 頁.
Vetter, Walter, 1951. "Bachs Universalität." Leipzig.＝1976 「バッハの普遍性」酒田健一訳，角倉一朗編『現代のバッハ像』(バッハ叢書 I)所収，東京：白水社，125-155 頁.
Vierhaus, Rudolf, 1972. "Bildung." In *Geschichtliche Grundbegriffe. Historisches Lexikon zur politisch-sozialen Sprache in Deutschland*. Hg. von O. Brunner & W. Conze, R. Koselleck, Bd.1. Stuttgart : Ernst Klett Verlag, pp. 508-551.
Voskampf, Wilhelm, 1988. "Der Bildungsroman in Deutschland und die Frühgeschichte seiner Rezeption in England." In *Bürgertum im 19. Jahrhundert. Deutschland im europäischen Vergleich*. Hg. von J. Kocka. München : Deutscher Taschenbuch Verlag GmbH & Co. Kg, Bd. III, pp. 257-286.
渡辺和行, 2001. 「近代フランスの中等教育におけるエリートの養成――リセについて」『エリート教育』所収，京都：ミネルヴァ書房，69-109 頁.
渡辺和行, 2001. 「近代フランス高等教育におけるエリートの再生産――ファキュルテと高等師範学校」『エリート教育』所収，京都：ミネルヴァ書房，241-276 頁.
渡辺裕，1989 『聴衆の誕生』東京：春秋社.
渡辺護，1975→1986 『芸術学(改訂版)』東京：東京大学出版会.
Weber, Max, 1920. "Die protestantische Ethik und der »Geist« des Kapitalismus". In *Gesammelte Aufsätze zur Religionssoziologie*, Bd. 1, SS. 17-206.＝1989 『プロテスタンティズムの倫理と資本主義の精神』大塚久雄訳，東京：岩波書店.
Weber, Max, 1921.→4/1956 "Die rationalen und soziologischen Grundlagen der Musik". In *Wirtschaft und Gesellschaft, Grundriss der verstehenden Soziologie*. Anhang.＝1967 『音楽社会学』安藤英治他訳，東京：創文社.

Weber, William, 1975. *Music and the Middle Class. The Social Structure of Concert Life in London, Paris and Vienna between 1830 and 1848.* London : Croom Helm. = 1983『音楽と中産階級——演奏会の社会史』城戸朋子訳，東京：法政大学出版局.

Weigl, Engelhard, 1997 『啓蒙の都市周遊』三島憲一他訳，東京：岩波書店.

Weigl, Engelhard, 2001. „Rahel's Sofa : The Berlin Salon around 1800 between intimacy and public sphere." = 2001 「ラーエルのソファ——1800年前後のベルリンのサロンにおける親密圏と公共圏のはざま」三島憲一訳，『思想』925号所収，東京：岩波書店，123-148頁.

Wolff, Janet, 1987. "Foreword. The ideology of autonomous art." In *Music and Society. The Politics of Composition, Performance and Reception.* Ed. by Leppert & McClary. London : Cambridge University Press, pp. 1-12.

矢代梓，1997，『啓蒙のイロニー——ハーバーマスをめぐる論争史』(ポイエーシス叢書38)，東京：未来社.

安原義仁　2001 「近代オックスフォードと文化——装置とエートス」『エリート教育』所収，京都：ミネルヴァ書房，201-240頁.

吉田寛　1999 「聴衆とは何か——ハンスリックの音楽批評と公共的演奏会活動」『美学』197号所収，美学会編，25-36頁.

Young, Percy M., 1980. "Festival." In *The New Grove Dictionary of Music and Musicians.* Ed. by Sadie, London, vol. 6, pp. 505-510.